新时代高校
思想政治教育改革创新

XINSHIDAI GAOXIAO
SIXIANG ZHENGZHI JIAOYU GAIGE CHUANGXIN

主　编○何勇平
副主编○刘富胜

西南财经大学出版社
Southwestern University of Finance & Economics Press
中国·成都

图书在版编目(CIP)数据

新时代高校思想政治教育改革创新/何勇平主编;刘富胜副主编.—成都:西南财经大学出版社,2022.2
ISBN 978-7-5504-5243-5

Ⅰ.①新…　Ⅱ.①何…②刘…　Ⅲ.①高等学校—思想政治教育—教学改革—研究—中国　Ⅳ.①G641

中国版本图书馆CIP数据核字(2022)第012494号

新时代高校思想政治教育改革创新
主　编　何勇平
副主编　刘富胜

责任编辑:李晓嵩
助理编辑:石晓东
责任校对:杜显钰
封面设计:何东琳设计工作室
责任印制:朱曼丽

出版发行	西南财经大学出版社(四川省成都市光华村街55号)
网　　址	http://cbs.swufe.edu.cn
电子邮件	bookcj@swufe.edu.cn
邮政编码	610074
电　　话	028-87353785
照　　排	四川胜翔数码印务设计有限公司
印　　刷	四川五洲彩印有限责任公司
成品尺寸	185mm×260mm
印　　张	10.75
字　　数	232千字
版　　次	2022年2月第1版
印　　次	2022年2月第1次印刷
书　　号	ISBN 978-7-5504-5243-5
定　　价	88.00元

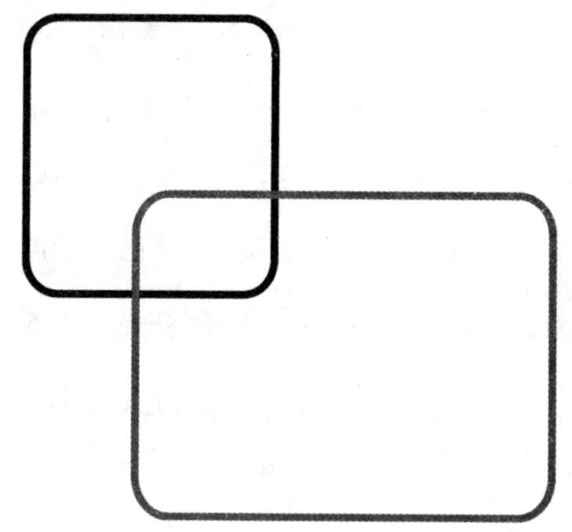

目录

坚持以社会主义核心价值观引领文化建设制度研究

罗　琼
（重庆工商大学马克思主义学院　重庆　400067）

摘要： 社会主义核心价值观是社会主义核心价值体系的内核，代表着社会主义传统文化和新时代中国特色社会主义先进文化发展的方向。本文在深入学习和领会党的十九届四中全会精神的基础上，分析了以社会主义核心价值观引领文化建设制度研究的三个维度。

关键词： 社会主义核心价值观；引领；文化建设；制度研究

社会主义核心价值观是社会主义核心价值体系的内核。加强文化领域的制度建设，推进社会主义先进文化的不断发展，实现国家治理体系和治理能力现代化，必须坚持以社会主义核心价值观引领文化领域的制度建设。

一、社会主义核心价值观是社会主义核心价值体系的内核

任何一种价值观的产生、形成和发展，既不是天上掉馅饼，又不是外力的强加，总有其特定的历史底色和精神脉络。抛弃传统、丢掉根本，就等于割断了自己的精神命脉。因此，社会主义核心价值观的形成、巩固和发展不是无源之水、无本之木，它深深地根植于中华优秀传统文化之中，是中国精神在价值观层面的集中体现。

“人无精神则不立，国无精神则不强。精神是一个民族赖以长久生存的灵魂，唯有精神上达到一定的高度，这个民族才能在历史的洪流中屹立不倒、奋勇前进。”① 重精神，特别是注重核心价值理念的培养和践行是中华民族的优良传统。古圣先贤认为，人之所以异于禽兽，在于人有道德，人有理想，人有精神追求。中国传统文化强调“不义而富且贵，于我如浮云”，崇尚“一箪食，一瓢饮，在陋巷，人不堪其忧，回也不改其乐”的精神追求，推崇见利思义、以义制利、先义后利，主张用道德理性和精神品格对欲望进行引导和

① 习近平．习近平谈治国理政：第 2 卷［M］．北京：外文出版社，2017：47-48.

控制。同时，中国传统文化还特别注重对道德理想的培养和塑造，例如，儒家把“仁”“义”视为最高的道德理想，把做“君子”“圣人”作为最高的理想人格追求，孔子提出“杀身成仁”，孟子提出“舍生取义”；道家提倡“道法自然，无所不容，自然无为”，推崇做逍遥于天地之间的“真人”“圣人”；墨家把“兼爱”作为最高的道德理想，提倡“为兴天下之利，除天下之害而摩顶放踵”。总之，中国传统文化强调“天行健，君子以自强不息”“地势坤，君子以厚德载物”；强调居安思危、诚实守信；强调以人为本、仁者爱人；强调“大道之行也，天下为公”；强调“和而不同、日新月异、天下大同”；强调“天下兴亡，匹夫有责”，主张以德治国、以文化人；强调“君子义然后取”“君子坦荡荡”“君子义以为质”；强调“德不孤，必有邻”；强调“己所不欲，勿施于人”“出人相友，守望相助”；强调“老吾老以及人之老，幼吾幼以及人之幼”；强调“扶贫济困”“不患寡而患不均”；等等。正是因为有了这种崇高的道德理想主义情怀，无数志士仁人心怀天下，利济苍生，他们提出“为天地立心、为生民立命、为往圣继绝学、为万世开太平”的崇高理想追求，并为此不懈努力。像这样的崇高道德理想境界和价值追求，无论是过去、现在还是将来，都有其鲜明的民族特色，都有其永不褪色的时代价值，都是中国精神的核心，都是中国特色社会主义先进文化的力量源泉。历史从昨天走到今天再走向明天，不忘初心才能开辟未来，善于继承才能更好创新。中华民族崇高的道德理想、价值追求和精神境界始终植根于中华优秀传统文化的沃土之中，同时又随着历史和时代前进而不断与时俱进。因此，习近平总书记在 2014 年 2 月主持中共中央政治局第十三次集体学习时强调，要“深入挖掘和阐发中华优秀传统文化讲仁爱、重民本、守诚信、崇正义、尚和合、求大同的时代价值，使中华优秀传统文化成为涵养社会主义核心价值观的重要源泉”。而党的十八大提出的倡导富强、民主、文明、和谐；倡导自由、平等、公正、法治；倡导爱国、敬业、诚信、友善的社会主义核心价值观，正是对中华优秀传统文化的凝练，正是对中国特色社会主义先进文化的升华，是中国特色社会主义核心价值体系的内核。因此，一方面，我们要坚定文化自信，坚持古为今用、洋为中用，推陈出新，有鉴别地加以对待，有扬弃地予以继承，推动中华优秀传统文化创造性转化和创新性发展，增强其影响力、感召力和创造力，把跨越时空、跨越国界、富有永恒魅力、具有当代价值的文化精神弘扬起来，既传承优秀传统文化又弘扬时代精神，推动中国特色社会主义先进文化不断向前发展。另一方面，我们要坚持以马克思主义理论为指导，坚持以社会主义核心价值观为引领，把立德树人教育，特别是理想信念教育贯穿教育全过程，推进文化领域的制度建设，为发展中国特色社会主义先进文化提供制度保障。

二、社会主义核心价值观引领文化制度建设的几个维度

（一）坚持马克思主义理论的指导地位是根本

马克思主义是我们立党立国的根本指导思想，是社会主义核心价值体系的灵魂，是指

引我们进行中国特色社会主义现代化建设，实现中华民族伟大复兴的中国梦的思想理论武器。这是由马克思主义严密的科学性、鲜明的阶级性、持久的生命力和巨大的实践性决定的。首先，马克思主义具有严密的科学性，是科学真理。马克思主义是科学的世界观和方法论，是关于自然、社会和人类思维发展一般规律的学说，是关于资本主义发展及其向社会主义转变、社会主义和共产主义发展规律的学说。为此，马克思、恩格斯及后来的马克思主义者，在总结前人研究的基础上，相继提出了一系列马克思主义的基本立场、观点和方法，包括：世界统一于物质、物质决定意识的观点，事物矛盾运动规律的观点，社会存在决定社会意识的观点，生产力决定生产关系的观点，实践是检验真理的唯一标准的观点，人与自然和谐相处的观点，人民群众才是历史的真正创作者的观点，人的自由全面发展和社会全面进步的观点，实事求是的方法，群众路线的方法，理论联系实际的方法，辩证分析、矛盾分析、历史分析、阶级分析的方法，批评和自我批评的方法，没有调查就没有发言权的方法等。以习近平同志为核心的党中央站在时代的高度，总揽全局，提出了一系列治国理政、促进世界和平发展的治国方略，如“实现中华民族伟大复兴的中国梦”“我国社会主要矛盾已经转化为人们民日益增长的美好生活需要和不平衡不充分的发展之间的矛盾”“五位一体”“四个全面”“四个意识、四个自信、两个维护”“全面推进依法治国”“党的领导是中国特色社会主义最本质的特征”等科学论断，开拓了马克思主义理论中国化发展新境界。其次，马克思主义具有鲜明的阶级性。1848 年《共产党宣言》的发表，标志着马克思主义的诞生。马克思主义自诞生之日起，就旗帜鲜明地向世界宣告，它代表的是无产阶级和广大人民群众的根本利益，以解放全人类为己任，始终指引着无产阶级和广大人民群众为实现自己的自由和权益不断探索前行。最后，马克思主义具有持久的生命力和巨大的实践性。在伦敦海格特公墓的马克思墓碑上，镌刻着马克思的一句名言：“哲学家们只是用不同的方式解释世界，而问题在于改变世界。”这鲜明地表明了马克思主义重视实践，强调实践是检验真理的唯一标准。而中国共产党作为中国工人阶级的先锋队，作为马克思主义理论的坚定信仰者和践行者，从其成立之日起，就坚定地坚持以马克思主义理论为指导，注重理论联系实际，把马克思主义理论与我国的国情相结合，与人民群众实际相结合，与时代发展相结合，团结和领导全国各族人民相继取得了社会主义革命、建设和改革的伟大胜利。进入新时代，以习近平同志为核心的党中央在党的十九大报告中创造性地提出，我们要不忘初心，牢记使命，高举中国特色社会主义伟大旗帜，决胜全面建成小康社会，夺取新时代中国特色社会主义伟大胜利，为实现中华民族伟大复兴的中国梦不懈奋斗。这就进一步明确了坚持马克思主义理论特别是习近平新时代中国特色社会主义思想指导地位的根本制度。

《共产党宣言》发表 170 多年来的实践，特别是中国共产党团结和领导中国人民在建设中国特色社会主义方面所取得的成就和实践证明，马克思主义理论只要与本国的国情相结合、与时代发展同进步、与人民群众共命运，就会焕发出强大的生命力、创造力和感召力。

可见，马克思主义理论为人们认识自然、改造自然，认识社会、改造社会提供了正确理论指导。作为马克思主义理论中国化的最新理论成果，习近平新时代中国特色社会主义思想，为我们治理国家、治理社会、治理全球，推动人类命运共同体建设，推动人与自然和谐发展等提供了一系列科学的立场、观点和方法。因此，党的十九届四中全会通过的《中共中央关于坚持和完善中国特色社会主义制度 推进国家治理体系和治理能力现代化若干重大问题的决定》指出："坚持以社会主义核心价值观引领文化建设制度。"笔者认为最根本的制度就是要坚持马克思主义理论特别是习近平新时代中国特色社会主义思想在文化制度建设领域的指导地位。

（二）坚持中国共产党的领导是核心

中国共产党是中国工人阶级的先锋队，是中国人民和中华民族的先锋队，是中国特色社会主义事业的领导核心。中国共产党领导地位的确立是因为：在民族危难之际，在农民阶级、资产阶级等都没能领导中国人民完成民族救亡之际，中国共产党适时地、勇敢地承担起了民族救亡的责任，并最终很好地完成了时代赋予的历史使命。因此，中国共产党的领导地位是历史的选择，是人民的选择。中国共产党自诞生之日起，就始终以实现中华民族的伟大复兴作为己任，把全心全意为人民服务作为自己的根本宗旨，把"一切为了群众，一切依靠群众，从群众中来，到群众中去"的群众路线作为自己的根本工作路线，强调"立党为公""执政为民"，强调"想群众之所想""急群众之所急"。党的十八大以来，以习近平同志为核心的党中央进一步指出，"人民对美好生活的向往就是我们奋斗的目标""任何时候都必须把人民利益放在第一位"，始终"把实现好、维护好、发展好最广大人民的根本利益作为一切工作的出发点和落脚点"，更是创造性地提出"不忘初心，牢记使命，高举中国特色社会主义伟大旗帜，决胜全面建成小康社会，夺取新时代中国特色社会主义伟大胜利，为实现中华民族伟大复兴的中国梦不懈奋斗"。中华人民共和国成立 70 多年来，我们党始终坚守初心和使命，始终贯彻党的"全心全意为人民服务"的根本宗旨，领导和团结全国各族人民自力更生、艰苦奋斗、排除万难，不断取得了社会主义革命、建设和改革的伟大胜利。而在这硕果累累的成就中，文化建设和文化领域的制度建设也取得了巨大成就，相继提出"古为今用、洋为中用"的文化建设基本原则，实行"百花齐放、百家争鸣"的方针，提出"文艺为人民服务、为社会主义服务"的方向，提出"党要代表先进生产力发展的要求、代表先进文化前进的方向、代表中国最广大人民的根本利益"的重要思想。在新的历史时期，以习近平同志为核心的党中央面对百年未有之大变局，自觉地担负起建设中国特色社会主义先进文化的使命，提出要坚定道路自信、理论自信、制度自信和文化自信；同时强调，"增强文化自觉和文化自信，是坚定道路自信、理论自信、制度自信的题中应有之义""文化自信是一个国家、一个民族发展中更基本、更深沉、更持久的力量""没有高度的文化自信，没有文化的繁荣兴盛，就没有中华民族伟大复兴"；

提出要培育和践行社会主义核心价值观，通过教育引导、舆论宣传、文化熏陶、制度保障等，把社会主义核心价值观入心入脑，转化为人们的情感认同和行为习惯，推动中华民族优秀文化传统创造性转化、创新性发展，建设中国特色社会主义先进文化。这一系列发展社会主义先进文化的理念和措施，无不彰显中国共产党具有敢于学习真理、坚持真理、开拓创新地发展真理的坚毅品格，具有学习先进、开展批评和自我批评、实事求是修正错误的胸怀；无不彰显中国共产党就是学习先进文化、践行先进文化、传承先进文化、创新和发展先进文化的中坚力量。因此，在今天，当我们推进以社会主义核心价值观引领文化领域的制度建设这一伟大工程的时候，就必须始终坚定地坚持中国共产党的领导。

（三）加强理想信念教育常态化、制度化是关键

社会主义核心价值观是社会主义核心价值体系的内核，是中国精神的集中体现。党的十九届四中全会通过的《中共中央关于坚持和完善中国特色社会主义制度 推进国家治理体系和治理能力现代化若干问题的决定》指出："坚持以社会主义核心价值观引领文化建设制度。"推动理想信念教育常态化、制度化，弘扬民族精神和时代精神，加强党史、新中国史、改革开放史教育，加强爱国主义、集体主义、社会主义教育，实施公民道德建设工程，推进新时代文明实践中心建设。推动理想信念教育常态化、制度化是关键。理想信念是人们精神世界的内核和灵魂，是人们精神世界的"高钙片"，没有理想信念，或者理想信念不科学、不坚定、不崇高，人们的精神世界就会严重"缺钙"，就会得"软骨病"。一个精神世界严重"缺钙"的人，一个得了"软骨病"的人，就不可能成长为德智体美劳全面发展的人，就不可能承担时代所赋予的历史使命。邓小平同志曾深刻地指出："过去我们党无论怎样弱小，无论遇到什么困难，一直有强大的战斗力，因为我们有马克思主义和共产主义的信念。"①"现在我们搞经济改革，仍然要坚持社会主义道路，坚持共产主义的远大理想，年轻一代尤其要懂得这一点。"② 江泽民同志曾指出："青年人应该有崇高的理想，有正确的世界观和人生观，有献身精神，有丰富的知识和真才实学，有脚踏实地的工作作风，有高度的纪律修养和高尚的道德风尚，有坚强的意志和健康的体魄。"③ 江泽民同志要求"大学生们要有理想，有了崇高的理想，才会有坚定的信念和强大的前进动力"。④ 胡锦涛同志认为，青年是中国未来的希望，要求我们党要赢得青年，要求对人民特别是大学生要"在整个改革开放和现代化建设中，都要坚持不懈地进行理想信念教育"⑤。在新的历史时期，以习近平同志为核心的党中央提出了"中国梦"这一具有鲜明中国特色的中国人民共同理想，并对青年大学生提出了殷切的期望：中国的未来属于青年，中华民

---

① 邓小平. 邓小平文选：第3卷［M］. 北京：人民出版社，1993：144.

② 邓小平. 邓小平文选：第3卷［M］. 北京：人民出版社，1993：116.

③ 共青团中央，中共中央文献研究室. 毛泽东邓小平江泽民论青少年和青少年工作［M］. 北京：中国青年出版社、中央文献出版社，2003：237.

④ 共青团中央，中共中央文献研究室. 毛泽东邓小平江泽民论青少年和青少年工作［M］. 北京：中国青年出版社、中央文献出版社，2003：276.

⑤ 胡锦涛. 在全国宣传思想工作会议上的讲话［N］. 人民日报，2003-12-08.

族的未来也属于青年。青年一代的理想信念、精神状态、综合素质，是一个国家发展活力的重要体现，也是一个国家核心竞争力的重要因素。当今中国最鲜明的时代主题，就是实现“两个一百年”奋斗目标、实现中华民族伟大复兴的中国梦。当代青年要树立与这个时代主题同心同向的理想信念，勇于担当时代赋予的历史责任，励志勤学、刻苦磨炼，在激情奋斗中绽放青春光芒、健康成长进步。在党的十九大报告中，习近平总书记进一步强调：“青年兴则国家兴，青年强则国家强。”青年一代有理想、有本领、有担当，国家就有前途，民族就有希望。中国梦是历史的、现实的，也是未来的；是我们这一代的，更是青年一代的。广大青年要坚定马克思主义信仰，树立中国特色社会主义共同理想信念，志存高远，脚踏实地，勇做时代的弄潮儿，在实现中国梦的生动实践中放飞青春梦想，在为人民利益的不懈奋斗中书写人生华章！因此，在坚持以社会主义核心价值观引领文化领域制度建设、发展社会主义先进文化的进程中，我们必须抢占理论制高点，牢牢把握住理想信念教育这一主旋律，加强理想信念教育，并使之常态化、制度化。这不仅能引导人们准确把握和践行社会主义核心价值观，坚定文化自信，发展中国特色社会主义先进文化，而且能引导人们树立科学的、崇高的理想信念和信仰，为实现人的全面发展和中华民族的伟大复兴奠定坚实的精神基础。

强化提高人民健康水平的制度保障研究

陈　刚

（重庆工商大学马克思主义学院　重庆　400067）

摘要：党的十九届四中全会通过了《中共中央关于坚持和完善中国特色社会主义制度推进国家治理体系和治理能力现代化若干重大问题的决定》，将“强化提高人民健康水平的制度保障”作为中国特色社会主义制度的重要组成部分，作为推进国家治理体系和治理能力现代化的重要内容，为进一步构建更加成熟的提高人民健康水平的制度体系，实施好“健康中国战略”指明了方向。

关键词：人民健康；制度；保障

党的十九届四中全会通过的《中共中央关于坚持和完善中国特色社会主义制度 推进国家治理体系和治理能力现代化若干重大问题的决定》，是我们党站在实现“两个一百年”奋斗目标历史交汇点上的伟大宣示。该决定提出“强化提高人民健康水平的制度保障”，使“健康中国战略”有了落到实处的制度基础。“提高人民健康水平”就是要把人民健康作为民族昌盛和国家富强的重要标志，是“制度保障”的目的；强化“制度保障”就是要在实践中把“健康中国战略”和提高人民健康水平落实到制度层面，不断推动各项健康制度更加成熟，以制度的完善来推动人民健康事业高质量发展，为“提高人民健康水平”提供重要制度保障。

一、把“以人民为中心”作为强化提高人民健康水平制度保障的思想统领

习近平总书记指出：“人民健康是民族昌盛和国家富强的重要标志。”[①] 健康问题关乎个人、家庭、社会的发展。对于个人而言，健康是促进人类全面发展的基础，是个人投身社会实践、实现人生价值的前提条件；对于家庭而言，健康是家庭幸福稳定的源泉，家庭

① 习近平. 决胜全面建成小康社会 夺取新时代中国特色社会主义伟大胜利：在中国共产党第十九次全国代表大会上的报告［N］. 人民日报，2017-10-28（1）.

幸福稳定是社会有序、国家安康的基础和表现；对于社会而言，健康是推动构建社会主义和谐社会的基础，是经济社会发展的基础条件，也是国家富强、民族振兴的重要标志。衡量国家和民族发展状况的重要标准在于人民，以人民为中心是新时代坚持和发展中国特色社会主义的根本立场和出发点。中国共产党自成立以来始终坚持以马克思主义为指导，坚持以人为本，始终把人民群众的健康问题摆在首位。我国的人民健康建设工作始于中华人民共和国成立初期的反细菌战运动，即“爱国卫生运动”。此后，在中国共产党的坚强领导下，我国的人民健康制度得以建立并不断完善，人民健康工作取得了巨大的成效，人民健康水平得到显著提升。中华人民共和国成立 70 多年来，我国人口总数从 1949 年的 5.42 亿增长到 2019 年的 14.34 亿，死亡率大幅下降，人口平均预期寿命从 52.05 岁延长至 76.34 岁①。

当前我国社会主要矛盾已经转化为人民日益增长的美好生活需要和不平衡不充分的发展之间的矛盾，人民健康领域面临着许多新的挑战，制约了人民健康水平的提高，也带来了一系列社会问题。人民对健康需求的不断增长与健康服务、资源供给总体不足之间的矛盾依然突出。随着收入水平和生活方式的不断变化，人民对健康有了新的更高追求，这对党和政府从国家战略层面统筹协调人民健康与经济发展的关系提出了新要求。

面对新挑战新矛盾，以习近平同志为核心的党中央始终坚持以人民为中心的发展思想，加快实施“健康中国战略”，真正让改革发展成果更多地惠及全体人民。健康是幸福生活的前提，建立健全完善的人民健康制度体系是全国各族人民的共同期盼，也是中国共产党一直以来高度重视和关注的问题。中华人民共和国成立 70 多年来，在中国共产党的领导下，其医疗卫生制度、医疗保障制度、医疗卫生服务体系等体制机制逐步建立和完善。党的十八大以来，以习近平同志为核心的党中央始终坚持为人民谋幸福的初心和使命，加快实施“健康中国战略”。党的十九届四中全会通过的《中共中央关于坚持和完善中国特色社会主义制度 推进国家治理体系和治理能力现代化若干重大问题的决定》提出“强化提高人民健康水平的制度保障”，为切实提高人民健康水平提供制度保障。

2016 年，《“健康中国 2030”规划纲要》落地，该纲要从总体战略、具体实施路径等方面对提高人民健康水平给出了详细的指导意见，同时从平均预期寿命、人口死亡率、个人卫生支出占比、健康产业规模等方面制定了具体的健康中国量化指标。站在新时代起点，我们要以习近平总书记关于“以人民为中心”的思想为统领，着力解决制约人民健康水平提高的突出问题。

二、以习近平总书记关于健康的重要论述作为强化提高人民健康水平制度保障的原则指引

以习近平同志为核心的党中央从党和国家事业全局出发，提出了一系列提高人民健康

① 国家统计局. 中国统计年鉴 2019［M］. 北京：中国统计出版社，2019.

水平的基本要求，蕴含着以推动社会全面发展为战略目标，以维护社会公平正义为价值追求，以坚持全社会共建共享为方法路径，以中国特色社会主义制度的优越性为条件保证的系统性逻辑。这些系统性逻辑是构建提高人民健康水平制度体系的原则指引。

（一）以推动社会全面发展为战略目标

党的十九大到党的二十大，是两个百年奋斗目标的历史交汇期，既要全面建成小康社会、实现第一个百年奋斗目标，又要乘势而上开启全面建设社会主义现代化国家新征程，向第二个百年奋斗目标进军。

2020 年是实现全面建成小康社会的收官之年。全面建成小康社会，是党和国家向人民、向历史作出的庄严承诺，是全国人民的共同期盼。习近平总书记强调，在保持经济增长的同时，更重要的是落实以人民为中心的发展思想，想群众之所想、急群众之所急、解群众之所困，在学有所教、劳有所得、病有所医、老有所养、住有所居上持续取得新进展①。

全面建成小康社会，意味着在政治、经济、文化、社会、生态、民生等各方面满足城乡发展需要，解决人民群众最关心的问题。人民健康问题直接关系我国实现全面小康的进程，人民健康水平是衡量小康的重要指标，全民健康是实现全面小康的前提和基础。为此，习近平总书记强调：没有全民健康，就没有全面小康②。

健康关乎人民群众的幸福。增进人民福祉、促进人的全面发展是我国社会可持续发展的出发点和落脚点。坚持以人民为中心的发展思想，彰显人民群众的主体地位，切实让改革发展成果更多更公平地惠及全体人民，是我国经济社会发展的根本目标，也是 2020 年到 21 世纪中叶我国分两阶段实现中华民族伟大复兴目标的深刻内涵。习近平总书记关于人民健康的重要论述从我国当前和未来的社会战略目标出发，考量人民健康工作，集中体现了社会全面发展与全民健康共同推进、相辅相成的系统思维。

（二）以维护社会公平正义为价值追求

习近平总书记指出，要不断满足人民日益增长的美好生活需要，不断促进社会公平正义③。维护社会公平正义是共享发展理念的必然要求，是实现共同富裕的内在需要。公平地享有公共医疗卫生服务和其他健康资源是人民群众美好生活的基本需求，是社会公平正义的具体体现。习近平总书记高度重视医疗卫生服务体系建设，着眼于解决医疗卫生领域的现实问题，努力实现公平性、公益性的价值追求。

国家统计局 2018 年国民经济和社会发展统计公报公开数据显示，截至 2018 年年末，

---

① 习近平主持召开中央财经领导小组第十四次会议强调 从解决好人民群众普遍关心的突出问题入手 推进全面小康社会建设［N］. 人民日报，2016-12-22（1）.

② 习近平在江苏调研时强调 主动把握和积极适应经济发展新常态 推动改革开放和现代化建设迈上新台阶［N］. 人民日报，2014-12-15（1）.

③ 习近平. 决胜全面建成小康社会 夺取新时代中国特色社会主义伟大胜利：在中国共产党第十九次全国代表大会上的报告［N］. 人民日报，2017-10-28（1）.

全国共有医院 3.2 万个，其中公立医院 1.2 万个，民营医院 2.0 万个，民营医院在数量上远超公立医院，然而从床位数、接诊人次、入院人数及医院医师承担的工作量来说，公立医院仍然占据主要位置[①]。在市场经济环境下，虽然公立医院强调要坚持公益性，但是其并不天然具备公益性。此外，中国现阶段基本医疗保障体系分为：城镇职工基本医疗保险、城镇居民基本医疗保险及新型农村合作医疗保险，三大医疗保险体系各自对应不同的目标人群。随着我国城镇化、工业化的进一步发展，三大医疗保险体系逐步呈现出异地医保支付障碍、参保关系转移接续等问题，影响了医疗保险体系整体运转的效率。

面对发展中涌现的这些现实问题，习近平总书记强调，要“深化医药卫生体制改革，全面建立中国特色基本医疗卫生制度、医疗保障制度和优质高效的医疗卫生服务体系，健全现代医院管理制度”[②]。以改革促发展是我国党和国家事业推进的重要手段，通过体制机制改革完善来推动解决资源分配、医疗保险等方面存在的差异问题。追求医疗公平与公益背后蕴含着对以人为本、人人享有生命健康权利的坚持。公平分配医疗资源、健康资源，真正实现“病有所医”“病有所防”，将人民健康落到实处，是中国共产党不懈的价值追求。努力追求医疗的公益性、公平性，防止人民群众因病返贫，对于打赢脱贫攻坚战，实现全面小康和中华民族伟大复兴的中国梦具有重要意义。习近平总书记关于解决医疗卫生领域存在的现实问题、关于人民健康的重要论述，体现了维护社会公平正义的价值追求。

（三）以坚持社会资源共建共享为方法路径

习近平总书记指出：“国家建设是全体人民共同的事业，国家发展过程也是全体人民共享成果的过程。”[③] 提高人民健康水平，既需要全民全社会共同建设以保障人民健康的资源和服务，又要全民共同享有资源和服务。共建共享是做好人民健康工作的方法途径。一方面，共建是共享的前提和基础。健康是人民群众的第一追求和对美好生活向往的共同需要。只有通过全体人民的共同奋斗，使资源和服务极大丰富，才能满足这一需要。在构建提高人民健康水平制度的过程中，党和政府要扮演好引导者、守护者的角色。同时，健康事业也需要全体人民积极、主动共同参与，共同建设健康中国。另一方面，共享是共建的内在要求和目的。既要能做大蛋糕，又要能分好蛋糕。目前，我国医疗卫生资源和健康资源在各地区、城乡间存在着较大差异。习近平总书记指出：“要推动医疗卫生工作重心下移、医疗卫生资源下沉，推动城乡基本公共服务均等化。”[④] 习近平总书记关于人民健康共建共享的重要论述把握住了社会主义的本质要求，指明了共建与共享相衔接是强化人民健康水平制度保障的发展路径。

---

① 国家统计局. 2018 年国民经济和社会发展统计公报［R］. 2019-02-08.

② 习近平. 决胜全面建成小康社会 夺取新时代中国特色社会主义伟大胜利：在中国共产党第十九次全国代表大会上的报告［N］. 人民日报，2017-10-28（1）.

③ 习近平. 在庆祝“五一”国际劳动节暨表彰全国劳动模范和先进工作者大会上的讲话［N］. 人民日报，2015-04-29（2）.

④ 习近平在江苏调研时强调 主动把握和积极适应经济发展新常态 推动改革开放和现代化建设迈上新台阶［N］. 人民日报，2014-12-15（1）.

（四）以中国特色社会主义制度优越性为条件保证

习近平总书记指出："在推进健康中国建设的过程中，我们要坚持中国特色卫生与健康发展道路。"① 中国特色社会主义制度是在马克思主义指导下，党领导人民在实践中探索逐步形成发展起来的符合历史、现实国情和未来需要的制度。中国特色社会主义制度和资本主义制度具有本质的不同，中国共产党的领导是中国特色社会主义制度最大的优势，构建提高人民健康水平的制度，必须以党的集中领导和集中力量办大事为条件保障。我们党始终以人民为中心并始终代表人民的利益。把党的正确领导和广大人民群众的主体力量结合起来，中国特色社会主义制度的优势才能得到充分发挥，为构建提高人民健康水平的制度提供条件保证。

强化提高人民健康水平的制度保障，离不开党把方向、谋大局、定政策的领导核心作用。党既统筹人民健康与其他领域工作的关系，调动、激发相互支持、协同发展的积极性与能动性，又带领团结全体民众凝聚起打牢健康水平提升的物质基础的磅礴力量。习近平总书记关于人民健康与中国特色社会主义制度关系的重要论述，为构建提高人民健康水平的制度提供了条件保证。

三、以"大卫生、大健康"理念的多维内涵为框架依据，构建提高人民健康水平的制度体系

在习近平总书记关于人民健康的重要论述指导下，《"健康中国 2030"规划纲要》确立了以提高人民健康水平为中心的大健康观和大卫生观，提出将这一理念融入公共政策制定实施的全过程，统筹应对广泛的健康影响因素，全方位、全生命周期维护人民群众健康②。

从内容层面看，大健康观和大卫生观主要包含以下内容：

（一）国民的身体健康

改革开放以来，我国疾病医疗、疾病预防、公共卫生和公共健康等医疗卫生健康事业取得长足发展，人民健康水平和身体素质持续提高。但随着工业化、城镇化、人口老龄化、生态环境及生活方式变化等，维护和促进居民健康也存在一系列新挑战。人民日益增长的健康需求与健康服务总体供给不足之间的矛盾依然较为突出，老年人、妇女儿童、贫困人口、流动人口、职业人群等重点人群的疾病防控与医疗卫生服务水平仍有待提高，医疗卫生和健康服务的资源分配不均衡，已成为影响居民健康水平提升的重要制约因素。完善的医疗卫生和社会福利制度是人民健康的守护天使。推进健康中国建设，就要从国家层面优化医疗卫生健康事业的政策和资源配置，提高疾病防治水平和健康服务能力，提供公

① 习近平在全国卫生与健康大会上强调 把人民健康放在优先发展战略地位 努力全方位全周期保障人民健康[N]．人民日报，2016-08-21（1）．

② 中共中央 国务院印发《"健康中国 2030"规划纲要》[N]．人民日报，2016-10-26（1）．

平可及、系统连续的医疗卫生和健康服务，构建全人群、全生命周期的健康保障和服务体系，实现人人病有所医的居民医疗健康服务。

（二）国民的心理健康

心理健康是人的整体健康状态的必要组成部分和基本表现。就公民个体而言，心理健康表现为个体生命的活力、积极的内心体验、良好的心理素质、处世态度、交往心态、人格品质、思想信仰等；就整体社会而言，心理健康表现为社会群体具有良好的社会心态。伴随着我国体制转型和改革开放的深化发展，公民个体以及社会整体的心理健康问题日益突出，已成为改革和发展进程中不容忽视的社会问题。在公民个体层面，由于工作、责任、竞争、人际等方面的心理压力，公民的抑郁症、自闭症、焦虑症等常见精神障碍或心理问题日益突出。在社会整体层面，一些人群存在怨恨心态、浮躁功利心态、焦虑悲观心态、娱乐泛化心态和极端偏执心态等。健康的心态关系个人福祉、社会稳定、国家进步。因此，健康中国建设应重视人的心理健康问题，加强公民心理健康的教育和引导，提高公民心理健康水平，进而形成自尊自爱、奋发进取、理性平和、开放包容的社会心态，塑造良好的精神风貌和社会面貌，促进整体国民心理健康水平的提高。

（三）营造健康环境

人的健康状况受到多种因素的共同影响。世界卫生组织研究发现，影响健康的因素中，社会环境占 10%，气候因素占 7%，人的行为和生活方式占 60%，遗传（生物学）因素占 15%，而医疗服务因素仅占 8%。这说明包括自然环境、社会环境、人工环境在内的环境因素对人体健康的影响极为重要。良好的环境成为人类生存与健康发展的基础。随着我国城镇化、工业化、现代化进程的加快，大气污染、水污染、噪声污染、垃圾污染、化学品污染等环境问题非常突出，现代社会人们的生活规律紊乱、饮食结构失衡、不良嗜好、缺乏运动、滥用药物等不良行为方式和生活习惯也不容忽视，它们严重影响了全民健康和国家可持续发展。努力营造健康环境是促进人民健康、实现健康中国目标的必然要求。推进健康中国建设，就是要坚持“绿色发展”的理念，把营造健康环境作为建设健康中国的重点内容，实施最严格的生态环境保护制度，推进各种环境污染问题的治理，引导社会公序良俗和文明风尚，为国民健康生活创造良好的环境和条件。健康中国的大健康理念、整体性健康诉求及其战略定位，决定了其实践层面的内在要求。

“大卫生、大健康”理念的内涵，涉及提高人民健康的身体、心理和环境等诸多内容，这些多维化的思想内容，为构建提高人民健康水平的制度体系提供了框架依据。

四、强化提高人民健康水平的制度保障要着力解决重点领域的突出问题

重点领域的突出问题是制约人民健康水平的症结，这些突出问题集中体现为人民健康需求多样化、突发公共卫生事件的危机应对以及人民心理健康的关注和维护。强化提高人民健康水平的制度保障要着力解决重点领域的突出问题。

(一) 回应健康需求多样化,针对性地满足不同群体的健康需求

随着我国死亡率大幅下降,人民寿命大幅延长以及工业化和城镇化的发展,不同群体的健康需求相应发生了改变,生活品质、生命尊严取代原有的生存需要而成为人们新的追求。人口老龄化带来的个人、家庭和社会问题受到人们的高度关注。

人口老龄化是我国社会发展的重大趋势,老年人的健康需求是需要关注的关键问题。根据2019年《联合国统计年鉴》数据,2019年我国人口达14.34亿,稳居世界第一,约占世界总人口的18.6%;就年龄构成而言,2017年,我国65岁及以上人口占比为10.6%,而截至2018年我国65周岁及以上人口数接近1.7亿,占总人口的11.9%①。从纵向来看,我国老年人口占总人口的比重连年增加,数据显示,到2040年,我国老龄人口比例将超过30%②;我国居民平均预期寿命逐年延长,2015年已实现人均预期寿命为76.34岁,其中男性73.64岁,女性79.43岁③。同时,在世界范围内,我国老龄人口比例也远远高于8.7%的世界平均值。日趋显著的老龄化趋势必然伴随着一系列社会问题。人口老龄化趋势和慢性病的流行给中国现行医疗卫生服务体系和保健制度带来了巨大冲击。伴随着老龄化而来的是老年人口巨大的医疗服务需求,根据最近两次人口普查的数据,家庭内部的代际结构和规模都在缩小,家庭小型化和少子化给中国仍以家庭养老为主的养老模式带来了严峻的挑战。对此,习近平总书记指出:"要坚持医养结合,逐步建立长期护理制度,为老年人提供治疗期住院、康复期护理、稳定期生活照料、安宁疗护一体化的健康养老服务,使老年人更健康快乐。"④

(二) 应对突发公共卫生事件

公共卫生是维护人民健康的重要防线,突发性公共卫生事件对于公众健康、社会稳定都会产生严重损害,突发性公共卫生事件主要包括:突然发生、造成或可能造成社会公众健康严重损害的重大传染病疫情;群体性不明原因疾病及其他严重影响公众健康的事件等。

2019年12月的新冠肺炎疫情,正赶上春节巨大的人员流动,从而逐渐演变为影响全国的重大突发公共卫生事件。习近平总书记在加强新冠肺炎疫情防控工作会议上强调,这次疫情是对我国治理体系和治理能力的一次大考,我们一定要总结经验、吸取教训。要针对这次疫情防控中暴露出来的短板和不足,健全国家应急管理体系,提高处理急难险重任务能力⑤。有效处理和应对突发公共卫生事件,必须要完善重大疫情防控体制机制,健全国家公共卫生应急管理体系。既要提升预防和早期控制疫情的能力,又要做好面对疫情的

---

① 国家统计局. 中国统计年鉴2019 [M]. 北京:中国统计出版社,2019.

② 智研咨询集团. 2016—2020年中国养老行业深度调研分析及未来发展趋势报告 [R]. 2016.

③ 国家统计局. 中国统计年鉴2018 [M]. 北京:中国统计出版社,2018.

④ 习近平:把健康"守门人"制度建立起来[EB/OL].(2018-02-07)[2019-12-08].https://www.sohu.com/a/221390646_/14731.

⑤ 中共中央政治局常务委员会召开会议 研究加强新型冠状病毒感染的肺炎疫情防控工作 [N]. 人民日报,2020-02-04 (1).

机制、人员、物资等各方面的准备。习近平总书记在中央全面深化改革委员会第十二次会议上强调，要改革完善疾病预防控制体系、重大疫情防控救治体系、应急医疗救助机制、应急物资保障体系等体制机制，切实提升应对突发重大公共卫生事件的能力和水平①。

（三）注重维护民众心理健康

心理健康问题是影响经济社会发展的重大卫生健康问题和社会问题。习近平总书记强调，要加强心理健康问题基础性研究，做好心理健康知识和心理疾病科普工作，规范发展心理治疗、心理咨询等心理健康服务②。当前，我国正处于经济社会快速转型期，人们的生活节奏加快，竞争压力加剧，个体心理行为及其引发的社会问题日益显著，从而引起社会各界广泛关注。

新冠肺炎疫情暴发后，习近平总书记强调，要加强心理干预和疏导，有针对性地做好人文关怀③。心理健康是健康的重要组成部分，是实现国家长治久安的一项源头性、基础性工作，是维护和促进人民身心健康的重要内容。要从深化“健康中国”建设的战略高度和全局中加强心理健康服务工作，加强心理健康问题基础性研究，做好心理健康知识和疾病的科普工作，构建良好的社会心理服务体系，提高人民的健康水平。

---

① 习近平主持召开中央全面深化改革委员会第十二次会议强调 完善重大疫情防控体制机制 健全国家公共卫生应急管理体系［N］. 人民日报，2020-02-15（1）.

② 习近平在全国卫生与健康大会上强调 把人民健康放在优先发展战略地位 努力全方位全周期保障人民健康［N］. 人民日报，2016-08-21（1）.

③ 中共中央政治局常务委员会召开会议 研究加强新型冠状病毒感染的肺炎疫情防控工作［N］. 人民日报，2020-02-04（1）.

发展社会主义先进文化、广泛凝聚人民精神力量研究

李以庄

（重庆工商大学马克思主义学院　重庆　400067）

摘要：党的十九届四中全会提出，发展社会主义先进文化、广泛凝聚人民精神力量，是国家治理体系和治理能力现代化的深厚支撑，必须坚定文化自信，牢牢把握社会主义先进文化前进方向，激发全民族文化创新创造活力，更好构筑中国精神、中国价值、中国力量。党的十九届四中全会将“文化”置于显要位置，只有让文化扎根传统，从人民群众的现实需要和实践创造出发，不断实现创造性转化和创新性发展，才能为国家治理体系和治理能力现代化提供深厚而有力的支撑。只有以社会主义先进文化为标杆，继承和弘扬中华优秀传统文化，保护与发展城市历史文化遗存和黄河文化，才能广泛凝聚人民精神力量。

关键词：中华优秀传统文化；城市历史文化遗存；黄河文化；文化自信；文化认同

党的十九届四中全会通过的《中共中央关于坚持和完善中国特色社会主义制度 推进国家治理体系和治理能力现代化若干重大问题的决定》，在第七部分以“坚持和完善繁荣发展社会主义先进文化的制度，巩固全体人民团结奋斗的共同思想基础”为题，从“坚持马克思主义在意识形态领域指导地位的根本制度”“坚持以社会主义核心价值观引领文化建设制度”“健全人民文化权益保障制度”“完善坚持正确导向的舆论引导工作机制”“建立健全把社会效益放在首位、社会效益和经济效益相统一的文化创作生产体制机制”五个方面进行了阐述，这是以习近平同志为核心的党中央对社会主义文化建设作出的立足当前、着眼长远的重大决策，充分阐明了发展社会主义先进文化、广泛凝聚人民精神力量，是国家治理体系和治理能力现代化的深厚支撑。

发展社会主义先进文化、广泛凝聚人民精神力量，是国家治理体系和治理能力的深厚支撑。党的十八大以来，以习近平同志为核心的党中央高度重视文化建设，作出重要部署，中国特色社会主义文化发展道路越走越宽广。2019 年以来，习近平总书记多次在不同

场合，就发展社会主义先进文化发表重要论述。

2019 年 9 月 18 日，习近平总书记在河南主持召开黄河流域生态保护和高质量发展座谈会并发表重要讲话，他强调，黄河文化是中华文明的重要组成部分，是中华民族的根和魂，要推进黄河遗产的系统保护，深入挖掘黄河文化蕴含的时代价值，讲好“黄河故事”，延续历史文脉，坚定文化自信，为实现中华民族伟大复兴的中国梦凝聚精神力量。

2019 年 11 月，习近平总书记在上海考察工作时指出，文化是城市的灵魂，城市历史文化遗存是前人智慧的积淀，是城市内涵、品质、特色的重要标志。要妥善处理好保护和发展的关系，注重延续城市历史文脉，像对待“老人”一样尊重和善待城市中的老建筑，保留城市历史文化记忆，让人们记得住历史、记得住乡愁，坚定文化自信，增强家国情怀。

2019 年 11 月 27 日，习近平总书记在全国民族团结进步表彰大会上发表重要讲话指出，文化是一个民族的魂魄，文化认同是民族团结的根脉，各民族在文化上要相互尊重、相互欣赏、相互学习、相互借鉴。

一、发展中华优秀传统文化

中华民族创造了悠久灿烂的历史文化，并且正在不断铸就中华文化新辉煌。5 000 多年的文明史成就了中华文化的独特风骨和博大气象。修齐治平、尊时守位、知常达变、刚健有为、精忠报国、崇德向善、天下大同、协和万邦……这些思想观念和价值追求，引领中华民族几千年来披荆斩棘、一路前行，也成为我们不断铸就中华文化新辉煌的肥沃土壤。中国共产党始终高扬马克思主义的思想旗帜，坚持远大理想，传承中华优秀传统文化，发展社会主义先进文化，培育和弘扬社会主义核心价值观，在领导中国人民走向民族复兴的伟大进程中谱写了中华文化的新篇章。中国特色社会主义制度和国家治理体系，正是在这样的文化传统和文化沃土中生长起来的。正如党的十九届四中全会所强调的，中国特色社会主义制度和国家治理体系是以马克思主义为指导、植根于中国大地、具有深厚中华文化根基、深得人民拥护的制度和治理体系。这种深厚中华文化根基及其支撑作用的发挥，是我国国家制度和国家治理体系具有多方面显著优势的重要原因。

在中华 5 000 多年的历史长河中，无数中华儿女努力劳作、奋进拼搏，创造了源远流长、博大精深的中华优秀传统文化，为中华民族的生生不息、发展壮大提供了强大的精神支撑。中华优秀传统文化中的思想观念、人文精神、道德规范、意志品质等不仅承载着先辈们的智慧精髓，更是滋养当代中国人精神世界、提振当代中国人精神力量的源头活水和不竭动力。尊重中华优秀传统文化，就是尊重中华民族的历史根脉与精神追求，就是尊重中华儿女的勤劳奋斗与实践探索，就是尊重中国人的不懈追求与文化需要。抛弃中华优秀传统文化，我们将成为无源之水、无本之木。习近平总书记指出，“抛弃传统、丢掉根本，就等于割断了自己的精神命脉”“历史和现实都表明，一个抛弃了或者背叛了自己历史文化的民族，不仅不可能发展起来，而且很可能上演一场历史悲剧”。

中华优秀传统文化是中华民族独特的精神标识。习近平总书记在2014年文艺工作座谈会上谈到德国哲学家雅斯贝尔斯的“轴心时代”，指出当时古代希腊、古代中国、古代印度等文明都产生了伟大的思想家，他们提出的思想原则塑造了不同文化传统，并一直影响着人类生活。中华优秀传统文化自“轴心时代”至今，依然焕发着生机活力、从未中断，究其根源在于中华优秀传统文化强大的感召力、吸引力和影响力。中华优秀传统文化以其和合共生、天下大同的发展理念，求同存异、兼容并包的处事方法，振兴中华、民族复兴的爱国情怀，惠民利民、安民富民的人文精神等，在世界文明的历史进程中独树一帜，是中华民族的宝贵精神财富。

党的十九大报告指出：“中国特色社会主义文化，源自中华民族五千多年文明历史所孕育的中华优秀传统文化，熔铸于党领导人民在革命、建设、改革中创造的革命文化和社会主义先进文化。”中国特色社会主义文化积淀着中华民族最深沉的精神追求，是激励全党全国各族人民奋勇前进的强大精神力量。其中，中华优秀传统文化无疑具有本源性地位，革命文化和社会主义先进文化则是中国共产党在领导人民进行革命、建设和改革的伟大实践中的时代表达。

中华优秀传统文化要坚持创造性转化和创新性发展。“创造性转化、创新性发展”蕴含着继承发展、扬弃创新的思想方法，体现了我们党高度的文化自信。我们要加强对中华优秀传统文化的挖掘和阐发，使中华民族最基本的文化基因与当代文化相适应、与现代社会相协调，把跨越时空、超越国界、富有永恒魅力、具有当代价值的文化精神弘扬起来。把继承优秀传统文化又弘扬时代精神、立足本国又面向世界的当代中国文化创新成果传播出去。

要与现实文化相融通。守正创新才能历久弥新。我们要秉持客观、科学、礼敬的态度，不复古泥古，不简单否定，坚持古为今用、推陈出新、去其糟粕，用中华民族创造的一切精神财富来以文化人、以文育人。按照时代特点和要求，对那些至今仍有借鉴价值的内涵和陈旧的表现形式加以改造，赋予其新的时代内涵和现代表现形式，激活其生命力。按照时代的新进步新发展，对中华优秀传统文化的内涵加以补充、拓展、完善，增强其影响力和感召力，实现中华优秀传统文化的创造性转化和创新性发展，让中华文化展现出永久魅力。

要从中华文化宝库中萃取精华、汲取能量。我们要将中华优秀传统文化全面融入国民教育、文化创造、生产生活，构建中华文化课程和教材体系，加强对传统文学艺术的扶持，坚持不忘本来、吸收外来、面向未来，在继承中转化，在学习中超越，创作更多体现中华文化精髓、反映中国人审美追求、传播当代中国价值观念又符合世界进步潮流的优秀作品，让中华文化绽放时代风采。

二、发展城市历史文化遗存

城市，是人类最伟大的文化创造，也是人类文明的结晶和标志，它像一本装着岁月的书，凝固了一段段历史，沉淀了一个个故事，或喜或悲，历久弥新。文化是一座城市的灵魂，体现在城市生活的每一个细节之中，其影响无时不在、无处不在，潜移默化、润物无声。要保护好文化这个城市的“灵魂”，就要维护城市历史文化的根源，保护城市历史文化遗存。保护城市历史文化遗存是发展社会主义先进文化不可或缺的组成部分，用这些凝聚着悠久历史和灿烂文化的历史实物去感染人、教育人，有着语言文字所不可比拟的震撼力和感召力，对于提高文化品位、陶冶高尚情操、激发民族自尊和爱国热情具有极大作用。

当前，文物古迹被拆除、文物古迹的环境遭破坏、历史街区被毁损等破坏历史文化遗存的现象依然在不少城市存在。因此，在旧城改造中，要注重保护城市历史记忆和文化遗存，避免对具有文化价值的旧区、旧房、老街一拆了之。城市的文化温度最能在城市生活的细节中体现出来，而这些细节常常是非物质性的，所以塑造和培育城市文化，还要做好对非物质城市文化生活细节的保护、传承与发扬，要利用好媒体宣传、教育交流等多种手段，让城市的生活文化、民俗习俗等代代相传。在城市建设中，要做到不迷失、不急躁，留住记忆，留住美好。要从弘扬民族文化、振兴民族精神、实现民族复兴的高度，认识到城市历史文化遗存保护与城市发展相结合的重要性和深远历史意义；认识到尽可能完整地保护祖先留下的珍贵遗存并使之传于后世，是我们不可推卸的责任。积极进行历史文化研究，充分挖掘其有形和无形的时代价值，在城市建设中融入更多的文化因素，坚持科学化的城市发展道路。

保护和发展城市历史文化遗存，要坚持创新驱动的思路。一是要讲好城市文化故事。将城市文化活化为可以对外交流展示的产物，这是保护和发展城市历史文化必不可少的关键一步。要梳理出城市独特的文化脉络，串联起散落在城市角落的文化故事，讲述好城市的昨天、今天和明天，让保护和发展城市历史文化成为新时代城市建设和发展的灿烂篇章。二是要丰富文化展示载体。文化的故事怎么讲、在哪里讲，方式方法亟待创新。在文旅融合大环境下，要改变以往单一载体的文化展示方式，通过空间载体、活动载体和视觉载体等，引进新的科学展示技术，打造多场合、多形态的体验项目，为展示城市历史文化开启新的窗口。三是要努力增进文化认同。城市的记忆是城市原住居民文化认同感的来源，而新加入的城市居民需要创造新的共同记忆、创造包容的文化环境来加强文化认同感。只有对城市有了感情，人们才会产生认同感和归属感，才能真正在一座有温度的历史文化城市中，收获幸福人生。

三、发展黄河文化

黄河是中华民族的母亲河、中华文明的摇篮，黄河让中华民族在历史进程中茁壮成长，孕育了灿烂的中华文明。黄河流域是中国文化的发源地，中国最早的新石器文明出现在黄河流域。黄河流域一直在中国历史上扮演着政治中心、文化中心的角色，黄河水哺育了一代又一代的中华儿女。生成并植根于中华优秀传统文化的黄河文化，经过历代不间断地开发，凝聚成“团结、务实、开拓、拼搏、奉献”的黄河精神，成为维系广大人民群众共同生活的精神纽带。经过千年的文化沉淀，黄河文化与华夏儿女的生活、工作、思想和行为密不可分，已经融入中华民族的文化血脉。但任何文化都必须与时俱进，否则便会失去生命活力，我们必须深入探求黄河文化的细枝末节，发现其与现代社会文明的诉求点，与现代治黄实践的契合点，努力创新，使其彰显出崭新的时代特色，不断推进黄河文化的发展。

“黄河文化是中华文明的重要组成部分，是中华民族的根和魂。”习近平总书记在黄河流域生态保护和高质量发展座谈会上发表重要讲话时强调，要推进黄河文化遗产的系统保护，守好老祖宗留给我们的宝贵遗产；要深入挖掘黄河文化蕴含的时代价值，讲好“黄河故事”，延续历史文脉，坚定文化自信，为实现中华民族伟大复兴的中国梦凝聚精神力量。

黄河文化的建设工作已初具形态，以民族精神为核心，以人民群众为主体，以时代发展为背景舞台，将黄河文化、黄河精神的本质与改革创新的时代精神相结合。在教育方面，体现在从“娃娃抓起”，将有关黄河精神的文章纳入中小学教材，并带领学生参观学习黄河游览区、黄河博物馆等，使其充分了解黄河的历史；在社会宣传方面，通过网络、报纸等宣传途径，以人民群众喜闻乐见的形式，宣传黄河精神在社会主义和谐社会建设中发挥的巨大功效；在文化交流方面，邀请专家前来参观考察，并对文化建设工作提出新的见解和看法；在文化研究方面，建立黄河博物馆，搜集人民治理黄河以来的书籍、照片、实物等黄河文化研究资料，为广大黄河文化研究人员提供研究平台；在文化作品方面，已有诸多关于黄河文化的作品问世，此外，文化雕塑、标准化堤防建设等设施中，也已经融入了一些黄河文化的元素。

黄河文化在传承过程中所遗留下来的文献、资料、实物都要得到妥善的存放，并由专属机构进行管理，抢救、保护这些损坏甚至即将消失的文化遗产。调查研究治理黄河的历史人物、历史事件、器具等，宣传老一辈黄河人在艰苦的岁月中创下的累累功绩，编制出黄河文化建设资料，不断丰富黄河文化建设的内容，让当下治理黄河工作者继承黄河文化的精华。黄河文化作为一种独有的区域性文明，可以通过建设黄河风景区，规划建设各种黄河文化载体，发展黄河文化产业，加强对外交流与宣传，提高黄河文化建设的经济效益。创新技术、科学治河，使创新繁荣黄河文化得到有力支撑，同时黄河文化又能赋予治河科学新思路，做到“人与河流和谐发展”“维持黄河健康发展”，担负科学治河与文化传承发展的责任。

保护黄河是事关中华民族伟大复兴的千秋大计。历史告诫我们：黄河的事情任何时候都不能高枕无忧，黄河流域生态保护和高质量发展任重而道远。党的十八大以来，习近平总书记一直关怀、牵挂着黄河的保护与治理，一次次不辞辛苦，奔赴沿黄九省区考察调研，足迹遍布大河上下、长城内外。黄河流域的突出困难和问题，“表象在黄河，根子在流域”。“重在保护，要在治理”，推动黄河流域生态保护和高质量发展，这是习近平总书记深思熟虑后的大思路，也为当前和未来的工作指明了方向。

人民是历史的创造者，也是历史的见证者；是历史的“剧中人”，也是历史的“剧作者”。人民需要文化，文化需要人民。新时代建设的社会主义先进文化，是为了人民、依靠人民的文化，是满足人民对美好生活需要和向往的文化，其价值取向是以人民为中心，其服务对象是人民，其阅卷人是人民。人民对文化自信的选择和文化自信对人民的担当，共同汇聚成中国发展进步的合力与生命力。

参考文献：

[1] 新华社. 习近平时间丨发展社会主义先进文化，为中国梦凝聚精神力量[R/OL].(2019-12-07)[2020-03-08].http://baijiahao.baidu.com/s? id=1652231378671848422swfr=spider for =pc.

[2] 沈壮海. 充分发挥文化对制度的深厚支撑作用 [N]. 人民日报，2020-02-19.

[3] 储峰. 继承和弘扬中华优秀传统文化 [N]. 光明日报，2019-10-10.

[4] 张芯蕊. 新时代如何传承发展中华优秀传统文化？[R/OL].(2019-06-19)[2020-04-01].http://theory.gmw.cn/2019-06/20/content_32935022.htm.

[5] 王景慧. 城市历史文化遗产的保护与弘扬 [J]. 城乡建设，2000 (3)：26.

[6] 新华社. 凝聚城市文化发展的共识与合力. [R/OL].(2019-02-01)[2020-04-01].http://baijiahao.baidu.com/s? id=1624233301472107525wfr=spider for=pc.

[7] 张经纬. 城市历史文化遗产保护与城市更新 [J]. 遗产与保护研究，2018 (6)：89.

[8] 王昆欣. 在保护和发展中传承城市历史文化 [N]. 中国旅游报，2019-11-08.

[9] 葛兰. 发展黄河文化任重而道远 [R/OL]. https://wenku. baidu. com/view/c82607e3dc3383c4bb4cf7ec4afe04a1b071b0c3. html.

[10] 蔡相龙. 传承黄河文化 凝聚精神力量 [N]. 中国纪检监察报，2019-10-18.

[11] 虞爱华. 构筑起国家治理体系和治理能力现代化的深厚支撑 [N]. 光明日报，2020-01-03.

中国近现代史纲要教学价值性和知识性相统一问题的思考

钱晓东

（重庆工商大学马克思主义学院　重庆　400067）

摘要：中国近现代史纲要是重要的马克思主义理论课程，要讲好这门课程，价值性和知识性的统一问题是其中的核心问题。这就要求教师要扩大知识面，对理论和政策的理解要准确。

关键词：知识性；价值性；中国近现代史纲要

中国近现代史纲要作为重要的马克思主义理论课程，对于大学生形成正确的历史观非常重要。要讲好这门课程，价值性和知识性的统一问题是其中的核心问题。

一、对知识性和价值性的界定

知识性主要是指思想政治课的内容。例如，中国近现代史纲要所要讲授的历史是已经发生的事件，教师在讲述的时候要按照历史事件的客观面貌进行表达阐述，不能无中生有。这就是知识性的要求。从哲学的角度来讲，知识性也可以看作是真理性的要求。知识性要求：我们所描述的对象必须和我们的描述保持一致，要符合客观事实。

中国近现代史纲要是用马克思主义理论来解释历史问题的，这就涉及价值性问题。马克思主义理论具有两重性：①它具有价值性。马克思主义是无产阶级的理论。同时它还是对物质世界，包括人类历史的客观规律的研究。②它具有真理性，也就是科学性。那么具体到课堂上，这个价值性实际上就是政治性问题，就是教师在讲课中的立场问题。教师是站在马克思主义立场还是站在其他的立场。这个就是立场问题，也就是价值选择的问题。思政课教师需要把知识性和价值性统一到马克思主义理论上来。这应该是一个基本的要求。在课堂上，真理性的要求表现为对所教课程的内容要进行充分的了解，要研究透彻。

二、如何在课堂教学中做到价值性和知识性相统一

（一）知识性的要求

知识性要求教师扩大知识面。教师首先应该尽可能多地搜集与所讲课程相关的资料和信息，这样，在讲课时，教师就可以有更丰富的材料，可以把课程讲得更加妙趣横生，增强课程感染力。对于学生而言，他们吸收各种知识并形成各种观念，依据的也不仅仅是理性。在学习的过程中的潜移默化，即潜意识的影响，发挥的作用也是非常巨大的。所以教师如果能够有丰富的知识，通过良好的课堂氛围也可以提高课堂教学的效果。当然，知识性也不能够完全局限于课本的内容或者与课本相关的内容。这个范围还可以进一步扩大，包括心理学、人际关系学等方面的内容。从表面来看，这些内容与所讲课程没有直接的关系，但是教师在上课的时候需要根据学生的情况做出相应的反应。

同时，知识性要求教师对知识要准确理解。教师对理论和政策的理解必须要准确，否则就会误导学生。

（二）价值性的要求

价值性，对于思政课来讲是一个根本的问题。而大学生是已经具有理性思维能力的人。所以教师在讲思政课的时候，首先需要说服的人，必然是自己。因为，人学生是非常敏感的，教师如果无法首先说服自己，那么在上课的过程中，必然会在用词、仪态、语气等方面，传达出让学生疑惑的信息。一旦有人对教师所讲的知识产生疑问，学生们便很难相信教师所讲的知识，这就会使得上课的效果大打折扣。所以教师必须要说服自己，对知识和理论的理解必须要彻底。

教师要想说服自己，必须要进行理论的深入学习，全面领会马克思主义理论的要领和精神。当然这还不够，教师有时还需要学习其他领域的知识。

（三）内容的简化

价值性要求学生对一些错误的思想形成免疫力。学生群体有着非常大的个体差异。有的学生逻辑思维能力比较强，有的学生思维比较敏捷。从思政课教学的角度来讲，我们希望学生将来在面对错误思想的时候，能够有正确的态度。要普遍达到这样的要求，内容就必须简化。因为面对繁杂的思想，学生在进行理解的时候需要大量的时间，要记住也很难。所以我们需要对所讲的内容进行简化。教师对学生的培养不是以成为理论家为目标，而是培养其判断是非的能力。

在中国近现代史纲要的教学中，内容的简化就是非常重要的问题。因为历史有它的特点，也有它的弱点。历史表面看来是已经发生的事情，不可能被改变。但是对历史的评价和态度，却是可以改变的。所以必须要把内容简化，站在更高层面给学生打“预防针”。历史是有一些关键节点的，可以给我们提供认识历史的本质，并指导我们看清历史真相。

参考文献：

杨增岽，尚九玉. 马克思主义理论教育有效性生成的社会生态视角［J］. 南华大学学报（社会科学版），2016（3）：21-27.

高校历史教学中的几个问题及其应对措施

钟周铭

（重庆工商大学马克思主义学院　重庆　400067）

摘要： 目前，在高校历史教学中，存在着照本宣科而对史料的运用不够、忽视历史场景的还原、利用现代教学新模式不足、不重视个体精神的塑造、缺少政治引导等几方面的问题。只有切实应对以上问题，高校历史教学才能更好地吸引受众、更好地普及历史文化、更好地培养爱国使命感、更好地树立民族自信。

关键词： 高校；历史教学；应对措施

历史教学是指具有历史学素养、学科背景，同时具备一定研究能力的从业者，通过一定的手段和途径，为了达到一定的课程目标而对受众所进行的历史学教育的活动。中国历史教学有着较为悠久的传统，早在殷商时期，便有“左史记言，右史记事”[①] 的传统，春秋时期，孔子更是以尧这一历史人物作为教学的素材，以宣扬他的仁政观念[②]。时至今日，高校历史教学仍然作为一门重要的学科，在培养人才的道路上扮演着极其重要的角色。但是，高校历史教学又不免存在一些问题，尤其是在新形势新阶段新任务的新局面下，历史教学如何结合现实新需要这一难题是高校历史教学中较为常见的症结，是一个亟待解决的问题。

一、高校历史教学对于史料的运用

德国著名历史学派——兰克学派认为历史学是一门科学，我们可以揭示其客观规律性；而实现该目标的重要方式就是对史料的妥善处理和运用。傅斯年也曾指出：史学便是史料学，史料学便是比较方法之应用。但史料是不同的，如来源的不同、先后的不同、价值的不同。比较方法的使用，需要我们注意“因地制宜”的情况。当不同的历史学者看待同一个历史问题时，他们可能更容易倾向于选择平时熟悉的研究方法和研究手段。但不可

---

① 班固. 汉书［M］. 颜师古，注. 北京：中华书局，2012：1525.

② 杨伯峻. 论语译注［M］. 北京：中华书局，1958：82.

否认的是，这些选取的研究手段在根本上也不可以脱离比较方法，因为历史学科需要在比较中发现问题的本质或闪光点。徒然高揭“史学的方法是以科学的比较为手段，去处理不同的记载”一个口号，仍不过是“托诸空言”；何如“见诸实事之深切著明”呢[①]？但是，在日常的高校历史教学中，史料的处理和运用显然是远远不够的，甚至是基本被忽视的。从受众层面来看，他们中的很大部分对于史料的来源、史料的处理、史料的运用皆一知半解、不得要领，这种不知如何入门的情况不仅出现在大学教育阶段，而且出现在研究生教育阶段，令人咋舌。这种状况，恰恰反映出高校历史教学在基础教育阶段缺少了对历史研究最根本的条件，即史料相关内容的讲授。许多受众的史学基本功较为薄弱，从而使得高校历史教学缺乏应有的教育意义和作用。

这其中的制约因素很多，限于篇幅不能一一详尽剖析，但可以肯定的是，高校历史教学授业者的照本宣科而非根据史料出发探讨历史问题是最致命的症结所在。照本宣科在教学中确实省心省力，但是却扼杀了授业者的教学热情以及受众对知识的渴望与探求。尤其是在受众未来的实际生活或科学研究中，如果出现了教材内容和历史真相极其不符合乃至对立的现象，其内心的落差会很大，极端者可能会否定历史学的客观性甚至否定教育的权威性。

二、高校历史教学对于场景的还原

历史是发生在特定时间内的人的一切活动的总和，而人的活动又离不开空间的约束，因此高校历史教学除了追寻历史发展轨迹以外，还需要尽量还原历史发展的场景（时间和空间的结合），从而达到教学相得益彰的“1+1>2”的效果。历史的发生离不开场景，而许多高校历史教学的内容恰恰又具备相应的场景条件。

以巴蜀文化的教学为例，感同身受般融入巴蜀文化的氛围中，从而对巴蜀文化获得发自内心的认同感并以此为自豪，是巴蜀文化教学中的一项重要内容，即时间和空间的相统一、事实与想象的再结合。葛兆光先生曾经这样指出：“历史研究是要有想象和经验的掺入，对历史总是要重新解读的。”[②] 傅衣凌先生也较早便谈道：“史学工作者不能枯坐书斋，要把文献分析与实地调查相结合，把死文字与活材料相结合，回归历史现场，以民俗乡例证史，以实物碑刻证史，以民间文献证史。”[③] 因此，让巴蜀史学习者进入巴蜀文化区域进行田野考察，令其设身处地地置于特定的区域文化当中，正如法国学者布洛赫所言：“历史学以人类的活动为特定的对象，它思接千载，视通万里，千姿百态，令人销魂，因此它比其他学科更能激发人们的想象力。”[④] 巴蜀文化的优势恰恰在于有众多的考古遗址作为文化的载体以供众人凭吊，因而具备了巴蜀史学人在专业研究者或者学科教师带领下开展田

---

① 傅斯年. 史学方法导论［M］. 北京：中国人民大学出版社，2004：2-3.

② 葛兆光，张瑞龙. 新思想史研究、历史教科书编纂及其他：葛兆光教授访谈录［J］. 历史教学，2005（2）：27-28.

③ 傅衣凌. 傅衣凌治史五十年文编［M］. 厦门：厦门大学出版社，1989：39.

④ 布洛赫. 历史学家的技艺［M］. 张和声，译. 北京：北京大学出版社，2014：24.

野调查的基础和条件。

田野调查作为人类学学科的基本方法论，现在已被历史学广泛借鉴，成为学科交叉研究的新趋势或新模式。事实上，我国古人早已开始采用这种方法，以司马迁为例，《史记·太史公自序》所言“二十而南游江、淮，上会稽，探禹穴，闚九疑，浮於沅、湘；北涉汶、泗，讲业齐、鲁之都，观孔子之遗风，乡射邹、峄；戹困鄱、薛、彭城，过梁、楚以归”便可以被视作中国古代较早的田野调查范例。田野调查以“直接观察法”为重要研究出发点，以此作为获得第一手资料的重要途径，值得引起高校历史教学工作者的重视，以此深化自身对历史学科和教学的认识，如果有条件不妨将课程设在郊外让受众身临其境感受历史的魅力。巴蜀地区的宝墩遗址、三星堆遗址、金沙遗址、十二桥遗址、罗家坝遗址等，为涉猎巴蜀史的学者提供了培养良好的认同情感的窗口。正如有些人去了圆明园，看到满目疮痍的景象后顿然产生了要振兴中华民族的个人使命感一样，站在三星堆高大青铜人面像下，怎能不由衷地产生对巴蜀文化的赞美之情和向往之心呢？

三、高校历史教学对于“新奇”的应用

传统的高校历史教学主要形式是：在教室里，老师授课、学生听课，所使用的教学工具一般多为教材（课本）和黑板。随着科技的发展，现代化设备陆陆续续融入高校历史教学中。随着“互联网+”的流行和普及，一种名为慕课的教学模式被引入国内，成为传统教学以外的补充教学形式。

一般认为，慕课（MOOC）是以互联网为基础的一种新形式的线上开放教育体系，其内容较为全面地覆盖了各大学科门类，高校历史教学当然亦在其中。在目前的高校教学考评中，虽然慕课课程不提供学分，也不与授予学历、学位等条件挂钩；但由于它的课程的非营利性，参与者可以自由选择感兴趣的课程进行试听，以此拓展自身的知识面并获得相应的电子证书。慕课课程一经推出，便在中国获得了较高的人气，Coursera 的数据显示，2013 年在 Coursera 上注册的中国用户共有 13 万人，位居全球第 9 位，到 2014 年，则突破了 60 万人，增长幅度远远超过其他国家。越来越多的年轻学子愿意采取这样一种学习方式，甚至许多中学生选择慕课课程来了解大学的讲授内容，以此提前奠定大学学业的基础，以便于更快、更容易地适应新生活，更好地完成人生新目标①。

这种新鲜的、较为受当代青年人追捧的新形式的教学方法，自然可以尝试引入高校历史教学中。事实上，这也是水到渠成的路径，因为无论是硬件还是软件，无论是内容、技术还是学科属性，高校历史教学都较为容易与慕课课程衔接。但是，由于慕课课程出现的时间较短，很多授业者对此还不是很了解和熟悉。加上长时间传统模式教学的惯性，授业者并不十分热衷于开辟一条新路，认为慕课课程只是形式上的不同，体现在高校历史教学本身并没有太大内容上的创新和突破，对受众而言只是猎奇而已。而有些青年教师则愿意

① 陈之腾. 复旦、Coursera 和果壳网牵手 MOOC 合作［J］. 上海教育，2014（30）：9.

尝试用这类模式的辅助教学，只是对于课程开发还略显生疏。但是，正由于“慕课开发是教师理解课程与学生体验课程的融合过程，它是价值的实践活动，其生命力在于将知识价值和社会价值融合于人本价值，彰显出人的文化创造者身份”[①]，因此对于高校历史教学授业者而言，如何开发高质量的慕课课程，并将其用于教学实践，可能是一项艰巨、充满挑战但意义又十分重大的任务。有学者便这样指出：课堂录像“慕课化”是高校资源开放共享的有力手段，也是可行且相对高效的慕课建设模式[②]，为这类课程的设计者提供了方向的指导和探索的动力。

四、高校历史教学与思政课的有机结合

高校历史教学并不能直接与思政课简单挂钩，这是由历史的学科属性所决定的；但高校历史教学又与思政课存在着某种密不可分的联系，这是由中国高等教育培养合格的社会主义接班人的内在需要所决定的。因而加强高校学生思想政治教育，不仅是思政课教师、辅导员老师的责任，而且是其他学科老师应当参与的重要工作之一。

高校历史教学尤其需要担负起这一重任。之所以将高校历史教学与思政课有机结合，是因为在历史的发展过程中，尤其是在中国近代史的历史轨迹中，可以窥探出中国共产党为什么能、中国为什么选择中国共产党等具有重要意义的现实问题。在此基础上理清思路，以事实胜于雄辩的姿态让受众感悟到今天来之不易的生活，进而潜移默化地通过历史的途径达到思政教育的目标。

因此，高校历史教学需要做到：一是引导学生读懂历史，联系现实，培养家国情怀；二是引导学生读懂历史，树立正确的世界观。如此，历史才能更迅速、更适宜、更深刻地同思政教育发生关系，从而更加有利于历史学科在高校思政课方面工作的开展与升华。

五、高校历史教学对于个体精神的塑造

李世民曾经临朝对侍臣说：“夫以铜为镜，可以正衣冠；以古为镜，可以知兴替；以人为镜，可以明得失。朕常保此三镜，以防己过。”[③] 英国哲学家培根也说：“读史使人明智，读诗使人聪慧，数学使人精细，物理学使人深沉，伦理学使人庄重，逻辑修辞则使人善辩，正如古人所云：学皆成性。”[④] 可见，历史不仅仅只是简单地了解过去发生的事件，更重要的是历史带给人类忆古思今，改造自我、完善自我的精神原动力。

孟子认为，历史具有教化作用，历史人物、历史事件可以用来塑造、丰富人的内心世界和情感，从而推己及人，构建更为和谐的社会。《孟子·尽心上》载孟子言，曰：“尽其

---

① 冯永华. 促进个性化学习的慕课开发价值取向及实现［J］. 现代远程教育研究，2019，31（5）：46-53.

② 冯菲，刘玲，李晓明. 高校课堂录像“慕课化”的工程化方法探索［J］. 现代远程教育研究，2019，31（5）：105-113.

③ 刘昫. 旧唐书［M］. 北京：中华书局，1975：1746.

④ 培根. 培根随笔集［M］. 曹明伦，译. 北京：北京燕山出版社，2000：198.

心者，知其性也。知其性，则知天矣。存其心，养其性，所以事天也。夭寿不贰，修身以俟之，所以立命也。”《孟子·离娄上》又曰：“行有不得者，皆反求诸己；其身正，而天下归之。”正是如此，静态的历史能够变得灵动起来，历史不是一出冷冰冰的泡沫剧，而是与人类的现实生活息息相关，人类的一切活动都有源可寻，如何做、怎样做，便在历史的层面上获得了指示和答案。

中华民族是一个历史悠久的民族，5 000 多年的历史文明绵延至今，体现在活生生的当下，闪耀在每个中国人的身上。习近平总书记指出：“历史、现实、未来是相通的。”要理解中国的现实，就要深刻理解中国的历史，唯有如此才能洞见中国的未来。只有在5 000多年的历史文明脉络中，我们才能真正理解今天的道路，也才能真正理解中国历史对于我们每一个中国人的意义。树立“四个意识”，坚定“四个自信”，离不开正确的历史意识与历史观①。由此可见，高校历史教学中对于个体精神的塑造显得尤为重要和迫切，值得高校历史教学授业者在这方面加强认识、多下功夫。

① 谢茂松. 树立和坚持正确的历史观［N］. 人民日报，2019-01-30.

新时代大学生“四个自信”的现实困境及培养路径探析[①]

谢书楠

（重庆工商大学马克思主义学院 重庆 400067）

摘要：新时代赋予了大学生思想政治教育新的历史使命，“四个自信”则是衡量思想政治教育成效的标尺。本文分析了新时代大学生“四个自信”的现实困境，提出要加强思政课教师的信仰教育、完善思政课教学内容体系、构建全员育人教学模式和营造良好的教学氛围，从而巩固、强化、提升大学生的“四个自信”。

关键词：新时代；大学生；“四个自信”；培养

党的十九大报告指出：“经过长期努力，中国特色社会主义进入了新时代，这是我国发展新的历史方位。”[②] 新时代意味着我国日益走近了世界舞台的中央，比历史上任何时期都更接近中华民族伟大复兴的目标，要实现这个目标，离不开这一代青年人，也让高校思想政治教育面临着前所未有的挑战和机遇。当代大学生是建设新时代中国特色社会主义伟大事业的接班人和建设者，理应承担起实现中华民族伟大复兴的中国梦的责任和重担。要实现中国梦就必须毫不犹豫地坚定道路自信、理论自信、制度自信和文化自信。因此，在高校思想政治教育中，应及时将“四个自信”融入教学内容中，引导大学生坚定“四个自信”，为实现中国梦汇聚精神力量。

一、“四个自信”的历史形成与科学内涵

（一）“四个自信”的历史形成

近代以来，为了摆脱贫困落后的局面，中国人民就开始艰难地探寻民族复兴之路，但

① 本文为2019年重庆市社会科学规划项目（项目编号：2019PY15）、2019年重庆市教育委员会人文社会科学研究项目（项目编号：19SKSZ031）、2020年重庆工商大学十九届五中全会专项课题（ctbuwzqh11）阶段性研究成果。

② 习近平. 决胜全面建成小康社会 夺取新时代中国特色社会主义伟大胜利：在中国共产党第十九次全国代表大会上的报告［N］. 人民日报，2017-10-28.

无数次实践探索均以失败告终。1921 年，中国共产党成立后，落后的局面才得以扭转。经过百年的实践探索，中国共产党带领中国人民终于探索并形成了一条符合中国实际的中国特色社会主义道路，因此，党的十八大报告明确提出，坚持中国特色社会主义道路自信、理论自信、制度自信，是实现“两个一百年”奋斗目标的关键因素，“三个自信”也首次出现在人们的视野中。党的十八大以后，习近平总书记进一步提出“文化自信”。2016 年 7 月 1 日，习近平总书记在庆祝中国共产党成立 95 周年大会上明确指出：“坚持不忘初心、继续前进，就要坚持中国特色社会主义道路自信、理论自信、制度自信、文化自信，坚持党的基本路线不动摇，不断把中国特色社会主义伟大事业推向前进。”① 从此，“三个自信”上升为“四个自信”；“四个自信”的产生，也为中国梦的实现提供了力量之源。

（二）“四个自信”的科学内涵

从历史的辩证唯物史观来分析，“四个自信”是辩证统一的，是相互联系、相互促进、缺一不可的。其中，道路自信源于中国共产党在建党百年的摸索、实践、总结过程中形成的道路自觉，体现了全国人民对社会主义道路的捍卫与坚定。在这样的自信引领下，中国综合国力急剧增强，国际地位日益提升，从而充分体现了只有坚持中国特色社会主义道路，才能实现中华之崛起，才能汇聚磅礴力量。理论自信源于中国共产党的理论探索，体现了中国人民对社会主义理论的认可，对马克思主义理论的认可，在资本主义自由思潮泛滥的时代，只有坚持中国特色社会主义理论不动摇，才能实现中华民族伟大复兴，才能实现“两个一百年”的奋斗目标。制度自信则源于 1921 年建党以来，中国共产党摸索、总结出的适合中国国情的社会主义制度，如社会主义民主协商制度、社会主义市场经济制度等，这些制度为中国道路和理论构建了完善的制度体系，为改革开放和市场经济建设提供了坚实的制度保障。文化自信是一个国家、一个民族发展中更基本、更深沉、更持久的力量，是中华优秀传统文化的历史传承和创造性发展，是坚持马克思主义理论的现实体现，也是培育和践行社会主义核心价值观的着眼点。

二、新时代大学生“四个自信”培养的现实困境

中国梦是 14 亿中华儿女新时代的梦想，这个梦想凝聚了一代又一代中国人的共同期盼，不但可以为大学生提供奋发向上的精神动力和力量源泉，而且可以培养当代大学生的信仰体系，而大学生“四个自信”的培养与发展历程与中国梦教育的内容不谋而合。因此，应从中国梦视域去分析和审视当代大学生对“四个自信”的认识和理解。

（一）教育主体的信仰价值体系不健全

师者，传道受业解惑也。教师，特别是高校思想政治教育工作者更是大学生成长成才的指引者。2019 年 3 月 18 日，习近平总书记在学校思想政治理论课教师座谈会上指出：

---

① 习近平. 在庆祝中国共产党成立 95 周年大会上的讲话［N］. 人民日报，2016-07-02.

"亲其师，才能信其道。"① 思政课教师作为教育的主体，应该给学生埋下真善美的种子，引导学生扣好人生的第一粒扣子，让学生在课堂教学活动和社会实践活动中有效了解社会，引导大学生树立"四个自信"，增强爱国主义情怀，培养其肩负起实现"两个一百年"奋斗目标的责任和担当。但部分高校思政课教师自身价值观念不稳定，缺乏系统的知识体系，缺乏坚定的政治素养和马克思主义理论信仰，不能运用马克思主义的立场、观点和方法来正确看待历史进程中的中国。师者不自信，听者何以信？习近平总书记在学校思想政治理论课教师座谈会上指出，高校思想政治教育工作者政治要强，首先讲信仰的人自己要有坚定的信仰。因此，强化思想政治教育工作者的信仰体系，有利于提升教师的教学自信，也有利于其引导青年学生成为中国特色社会主义理想的坚定信仰者和忠诚践行者。

（二）理论教育的引领性不强

当前大多数高校的"四个自信"教育已经是思想政治理论课的重要内容，其理论体系已初步构建，这为大学生思想政治教育提供了教学保障。但是，部分高校的"四个自信"教育让学生不能对"四个自信"产生情感认同，一些教师只是一味地用满堂灌、说教式的方式开展教学，忽略了将理论教育与实践教育相结合，不能让大学生感同身受地通过亲身实践去充分认识"四个自信"的社会价值和意义。

（三）多元文化冲突下的社会环境恶劣

改革开放为我国经济腾飞贡献了重要力量，但与此同时，西方的思想文化和价值观也悄无声息地影响着大学生的政治观念和价值信仰，部分大学生将西方的利己主义、实用主义作为人生信条，抱着拜金主义思想对待生活和学习，更有甚者沉迷于享乐主义、消费主义的深渊无法自拔，迷失自我；此外，碎片化、情绪化的网络舆论信息也冲击着整个社会，使得大学生产生不良情绪，对国家的政治、经济制度等产生疑惑，这些都给大学生"四个自信"培养带来了挑战。

三、新时代大学生"四个自信"培养的路径

贯彻习近平新时代中国特色社会主义思想，确立中国特色社会主义的道路自信、理论自信、制度自信、文化自信是实现中华民族伟大复兴的中国梦的重要保证和思想基础。要实现中国梦，毫无疑问要坚持"四个自信"②。因此，高校应该通过加强思政课教师的信仰教育、完善思政课教学内容体系、构建全员育人教学模式和营造良好的教学氛围等方式来巩固、强化、提升大学生的"四个自信"，从而为中国梦的建设凝聚中坚力量。

（一）加强高校思政课教师的信仰教育

首先，应加强思政课教师的理论体系建设，完善其知识结构。作为思政课的教师，应

① 习近平. 在学校思想政治理论课教师座谈会上的讲话［N］. 人民日报，2019-03-18.

② 习近平. 决胜全面建成小康社会 夺取新时代中国特色社会主义伟大胜利：在中国共产党第十九次全国代表大会上的报告［N］. 人民日报，2017-10-28.

该系统学习中国的历史传统文化；了解中国共产党创立的艰辛之路；通过不断学习和掌握马克思主义的基本理论和方法，用最新的马克思主义理论成果武装头脑，用马克思主义中国化的系列成果来分析和审视当代问题。其次，应该提升思政课教师的政治素养，使其在大是大非问题上保持清醒的头脑，坚定“四个自信”；在实际工作中强化思政课教师的政治意识、大局意识、核心意识、看齐意识；防止网络化、碎片化的错误舆论动摇思政课教师的理想信念，使其加强党性修养，增强政治定力、思想定力，运用中国话语讲好、讲深、讲活中国故事。最后，应该注重思政课教师的实践培训，提升其工作能力。当前，从事思想政治理论课的骨干青年教师普遍是从高校博士毕业后任教的，其综合素质高，科研能力强，但缺乏对理论知识的实践认知，缺乏利用马克思主义理论的观点和方法来解决实际问题的能力，需要对其进行系统的实践培训。例如，通过教育部思想政治工作司组织的思政课教师暑期专题培训，省市级各高校组织的社会考察、师资培训、实地调研等，加强思政课教师的信仰体系建设，让其真切地感受中国共产党带领人民在革命、建设、改革过程中取得的巨大成就，让思政课教师成为中国特色社会主义理论体系的坚定信仰者。

（二）完善高校思政课的教学内容体系

需要根据思政课各门课程的不同特点和性质，进行合理的分工，相互渗透，既要考虑思政课实施过程中的系统性和整体性，又要考虑各门课程的相互融合、相互配合，形成统一的教学体系①。

一是在“马克思主义基本原理概论”课程教学中，引导大学生树立“四个自信”的信仰自觉。首先，要讲清楚马克思主义理论是道路自信、理论自信、制度自信和文化自信的指导思想和理论基石，马克思主义的指导地位是不可动摇的，是符合中国国情的。其次，从理论知识层面帮助学生正确认识“四个自信”的科学内涵和理论意义，重点向学生揭示“四个自信”是建立在马克思主义科学理论基础之上的，具有深厚的文化底蕴，帮助学生树立起对“四个自信”的理论自觉。最后，引导学生学会用马克思主义的基本立场、观点和方法正确地分析和看待国际国内的形势，了解中国在国际上的地位与贡献，从而更加坚定“四个自信”。

二是在“毛泽东思想和中国特色社会主义理论体系概论”课程教学中，清楚明白地讲授中国共产党带领人民在革命、建设、改革进程中所付出的艰辛努力与取得的成绩，让大学生深刻认识到我国选择中国特色社会主义道路的合理性与必然性，加深大学生对中国特色社会主义道路自信、理论自信、制度自信和文化自信内涵的理解。

三是在“中国近现代史纲要”课程教学中，让大学生明白“四个自信”是历史的必然。通过对历史知识的传授和讲解，让学生深刻地意识到选择中国特色社会主义道路是必然的；明白历史为什么选择了中国共产党，从而使学生坚信中国特色社会主义是实现中华民族伟大复兴的必由之路。

四是在“思想道德修养与法律基础”课程教学中，增强大学生对中国特色社会主义共

① 齐峰. 把“四个自信”融入思政理论课教学全过程［N］. 光明日报，2016-11-30.

同理想、共产主义远大理想、马克思主义的信仰，引导大学生建立完善的理想信念体系。

思政课各门课程之间也并不是相互独立的，而是紧密联系在一起的，是一个整体。我们要注意各门课程之间的相互配合，强化“四个自信”在四门思政课程之间的支撑和配合，完善和弥补各门课程的内容体系，提升教学的整体性和系统性。

（三）构建“第一课堂”、“第二课堂”与“第三课堂”相结合的“四个自信”全员育人教学模式

“四个自信”教育理念在融入高校思政课的过程中，不应局限在思政课的理论课堂教学和哲学社会科学课程教学上，还应及时更新信息，构建第一课堂（理论教学）、第二课堂（实践教学）与第三课堂（家庭教育）相结合的全员育人教学模式。

思政课的理论教学是培育学生理想信念教育的第一课堂，而思政课的实践教学是重要组成部分，是学生理想信念树立的第二课堂，是思政课理论教学的拓展和延伸，是使学生在实践活动中将所学理论内化为思想与行为的重要环节，它为理论知识体系的搭建奠定了坚实的基础。因此，实施“四个自信”教育必须将第一课堂与第二课堂相结合，在第一课堂教学中把“四个自信”的基本理论向学生讲明白、讲透彻，使学生正确理解“四个自信”的基本内涵，并以丰富多彩的实践教学活动为载体，引导学生用思政课课堂教学中所学的知识体系去分析和观察社会问题①。在第二课堂教学中，引导学生“走出去”，组织学生参观红色博物馆、纪念馆、红色旅游地等，并进行考察；同时，可以采取“引进来”的方式，邀请国内外相关学科专家作学术讲座；可以组织学生开展社会调研活动，围绕地方经济、民生开展实地调研。通过这些实践活动，引导学生在实践活动中深入实际、拓宽视野、提高素质、增长才干，让学生亲身体会只有在党的政策、方针和路线的正确引领下，我国才能取得在经济、文化、政治等方面的成绩。

（四）营造新媒体环境下“四个自信”的良好教学氛围

随着信息化时代的到来，高校思想政治教育工作者应该正确认识新媒体的发展和广泛应用给学生学习环境带来的巨大现实影响。微信、微博、QQ 等新媒体目前是大学生学习、生活、交流的平台和载体，为培育大学生坚定“四个自信”提供了崭新的渠道。高校思想政治教育工作者应该及时采取大学生易于接受的教育方式，在无形中引导大学生树立正确的世界观、人生观和价值观。

在高校思政课教学过程中，高校思想政治教育工作者应把树立大学生“四个自信”的思想和行动统一到国家统一要求上来，利用新媒体丰富的手段和途径，形成具有特色的价值引导方式，广泛利用校园网站、广播、微信、QQ、微博等新媒体手段，在教学环节设计、教学互动过程中实现“四个自信”的理论宣传、政策引导、交流讨论，激发学生的学习兴趣，形成良好的学习风气，提高教育时效性，增强课程感染力和吸引力。

---

① 潘学良. 关于“四个自信”教育贯穿高校思想政治 理论课教学全过程的思考［J］. 思想理论教育导刊，2016（10）：104-107.

习近平新时代中国特色社会主义思想融入“思想道德修养与法律基础”课程实践探索

陶建新

（重庆工商大学马克思主义学院　重庆　400067）

摘要：习近平新时代中国特色社会主义思想，是马克思主义中国化的最新成果，为新时代中国特色社会主义建设指明了方向。“思想道德修养与法律基础”是高校意识形态建设、全面贯彻党的教育方针的核心课程之一。学习贯彻习近平新时代中国特色社会主义思想，要从宏观上把握，以专题方式开展教学，创新考核方式，使其有机地融入教材，进入课堂，进入学生的头脑。

关键词：习近平新时代中国特色社会主义思想；思想道德修养与法律基础

习近平新时代中国特色社会主义思想推动了马克思主义的发展，是马克思主义中国化的最新理论成果，为新时代中国特色社会主义建设指明了方向。“思想道德修养与法律基础”是高校意识形态建设、全面贯彻党的教育方针的核心课程之一。学习贯彻习近平新时代中国特色社会主义思想，使其有机地融入教材，进入课堂，进入学生的头脑，成为当前思想政治理论教育工作者紧迫而重要的任务。习近平新时代中国特色社会主义思想和党的十九大精神已经准确、全面、充分地反映到统编的《思想道德修养与法律基础》（2018 年版）教材中，但如何将体现习近平新时代中国特色社会主义思想的教材体系转变为教学体系，全方位推动习近平新时代中国特色社会主义思想进课堂、进头脑，还需要较长时间的转换和实践的过程。毕竟，“好的教材体系只是为取得好的教学效果提供了一种可能性，真正把这种可能性变成现实性，还需要一个科学合理的教学体系”①。只有在教学实践中创造性地将基础理论、重大现实问题与学生实际情况相结合，才能把理论化、政治化的书面文字转变为形象化、生活化的课堂教学。目前，我们对习近平新时代中国特色社会主义思

---

① 柴秀波．思想政治课从教材体系向教学体系转换中的创新性研究：从教学内容创新谈起［J］．内蒙古师范大学学报（教育科学版），2009（8）：61-63.

想融入“思想道德修养与法律基础”课堂教学的方式和路径进行了探索。

一、宏观总体把握习近平新时代中国特色社会主义思想在“思想道德修养与法律基础”课程中的体现是展开有效教学的前提

《思想道德修养与法律基础》（2018 年版），是在党的十九大胜利召开之后进行全新修订的。该教材以习近平新时代中国特色社会主义思想为指导，以引导大学生努力成长为能够担当民族复兴大任的时代新人为着眼点，以新时代对青年大学生的新要求为切入点，以人生选择—理想信念—精神状态—价值理念—道德觉悟—法治素养为基本线索逐次展开担当民族复兴大任对大学生思想道德素质和法治素养要求的分析探讨，教育和激励大学生有理想、有本领、有担当，勇做时代的弄潮儿，在实现中国梦的生动实践中放飞青春梦想，在为人民利益的不懈奋斗中书写人生华章。具体而言，课程针对党和国家对青年大学生的要求和大学生的实际情况，主要围绕两个方面而展开：一是做怎样的人，要做有理想、有本领、有担当的时代新人；二是怎样做人，则从方向目标——理想信念，精神状态——中国精神，价值指南——社会主义核心价值观，规范准则——道德和法律层面进行全面而充分的阐释。

该教材贯穿了习近平新时代中国特色社会主义思想，只是不同章节的具体内容有差异，立体地呈现出这一当代马克思主义的最新理论成果。教材的绪论部分，放眼中国特色社会主义新时代，在对青年大学生人生新阶段与发展新时代的视野交融中，阐述了中国特色社会主义进入新时代的伟大意义以及新时代中国特色社会主义建设的新征程、新使命，并着力展现新时代给青年大学生提供的难得人生际遇、广阔发展舞台，同时讲明青年大学生在这崭新而火热的时代里所肩负的使命、所应有的素质，强调青年大学生作为时代新人要以民族复兴为己任。

该教材将习近平新时代中国特色社会主义思想鲜明的价值立场、深厚的家国情怀、科学的思想方法论等贯穿于整个内容之中。特别是党的十八大以来，诸多关于人生、青年、大学生、教育、高校思想政治工作、文化建设、理想信念、中国精神、核心价值观、道德建设、法治建设等内容，习近平总书记都有非常丰富、深刻的论述。这些论述是习近平新时代中国特色社会主义思想的重要组成部分，相关内容也都在《思想道德修养与法律基础》（2018 年版）教材中得到全景式的呈现。只有精准领会党的十九大精神和习近平新时代中国特色社会主义思想的丰富内涵以及其在教材中不同章节的具体内容，才能宏观、完整、科学地把握教学内容，让授课教师能充分体会和理解课堂教学需要讲解的要点、重点和难点，其才有可能围绕教学要点、重点和难点做好课堂教学案例佐证资料的择优选取和内容的优化组合。

二、以专题方式开展教学是习近平新时代中国特色社会主义思想融入“思想道德修养与法律基础”课堂的关键

无论是普通授课教师还是本课程的设计者，都应该认识到“思想道德修养与法律基础”课程的内容涵盖面广，涉及的理论问题非常多。要真正讲好这门课程，任课教师需要拥有较高的理论素养和较深厚学术功底。如果没有比较丰富的知识储备、比较高的理论素养和深厚的学术功底为基础，这门课的教学便容易流于泛泛之论，流为一般的“心灵鸡汤”。思想政治理论课的教学要有效实现入脑入心，“往心里走”，不排斥在知识、理论等方面“往深里走”，要把握好“深”与“浅”的辩证法，在教学中同时用好知识的力量、真理的力量、逻辑的力量、情感的力量①。

（一）提升教师的理论修养

为更好地将习近平新时代中国特色社会主义思想融入“思想道德修养与法律基础”课程中，首先，要提升教师的理论修养，学习和运用习近平新时代中国特色社会主义思想的方法论，除对习近平新时代中国特色社会主义思想内容本身勤学深思外，更具有意义和价值的是学习思想理论体系中所展示出来的一个坚定的马克思主义者所秉承的立场、观点和方法，特别是在其文章、讲话中跃然于纸上的系统思维法、辩证思维法、矛盾分析法、正反双向思维法、多维思维法、历史与现实相统一的思维法、归纳与演绎相结合的思维法等方法。这些思维方法对于“思想道德修养与法律基础”课程培养大学生全面、辩证看待外部世界，正确处理人际关系、人与社会关系、人与自然的关系，形成正确的人生观、世界观、价值观、历史观、国家观、道德观、法治观至关重要。其次，教师需要在掌握基本原理的基础上，能够在课堂上灵活运用，让学生体会和掌握马克思主义的博大精深和理论魅力，为观察和分析社会现象奠定坚实的理论基础。教师对方法的重视和传授，也能够改变思想政治理论课仅仅是基本知识讲授的情况，使课堂教学能够实实在在地提高学生的思想政治素质。

教师应当在这些科学先进的思想方法指导下审视和重构教学内容。当教师将教材中体现的习近平新时代中国特色社会主义思想相关内容逐一提炼后，教材的重点、难点就出现了，这些内容毫无疑问也是在日常教学中应当把握的重点、难点。因此教师在进行备课的时候必须注意在宏观把握《思想道德修养与法律基础》教材的主线及思路的前提下，突出现实性，紧扣已经提炼出来的重点、难点和热点问题，针对学生的实际进行讲解。

（二）发挥集体智慧，形成授课专题内容

在形成具体的教学内容方面，教师应该充分重用、发挥好集体的智慧，坚持教研室集体备课制度。根据本校对“思想道德修养与法律基础”课程理论授课学时，教研室全体同事们需要对教材内容及其展开逻辑进行再创造、再设计，使得教学体系既具有科学性、系

① 沈壮海.《思想道德修养与法律基础（2018年版）》修订说明［J］.思想理论教育导刊，2018（5）：22-27.

统性，又具有灵活性，做到点面结合。随后，教师应该形成合理的教学内容，确定专题个数和内容。专题框架确定后，教师需要根据自己的专业背景及所长，自愿选择相应的专题并收集海量的参考资料，精选典型案例，做成基本课件，增强资源共享意识，在教研室内部分享。这样既发挥了集体的智慧，又调动了老师们备课的积极性。

（三）课堂讲授以问题为导向，着力解决学生关心的思想问题

如果说在备课活动中，教师需要将基础理论和重大问题进行深化研究和诠释，使得教学有足够的理论支撑，那么在课堂上，教师则需要以问题为导向，以解决学生所面临的实际问题为归宿，通过鲜活的案例把理论讲深、讲透、讲活，用深入浅出的方式授课。例如，教师在绪论部分介绍中国特色社会主义进入新时代问题时，应该重点讲授习近平总书记是如何站在国家和民族事业发展的高度，从经济、政治、文化、社会、生态、治国、管党、建军、外交等各个方面系统地回答了社会主义如何建设发展、如何完善制度、如何提高效率、如何决胜全面建成小康社会、如何实现人民共享建设成果、如何把我国建成社会主义现代化强国的问题；要鼓励青年学子努力成为担当民族复兴大任的时代新人，承担起自己的历史使命和时代责任。在讲授人生观专题以及如何面对人生的困境和难题时，教师需要讲述习近平总书记运用矛盾分析法分析了当前中国社会存在的主要矛盾，分析了治国理政、社会民生、经济生态、思想文化、管党强军、内政外交等各领域矛盾的主次方面，提出了全新的治国方略原则和具体措施，让学生在听课的过程中学习到：在面对任何问题时要善于注意抓住事物的主要矛盾，特别要注重分析矛盾的主要方面，提出切实可行的应对策略和方案，从容面对人生困难和问题，顺利渡过人生难关，成就人生的辉煌①。

除了在课堂上对授课内容的精准把握以及思维方式的巧妙运用，教师还需要针对新时代大学生的实际情况，读懂他们的心理需求，有针对性地引导他们。例如，针对学生的特点，教师应该变换表达方式，切实增强思想政治理论课的感染力、吸引力和说服力。

（四）教学素材的选择和处理

很多教师喜欢在课堂上运用视频资料吸引学生的注意力，认为形象化的表达对学生意识和观念的形成有很好的辅助作用。教师在教学实践中发现，由于理论授课学时本身非常有限，而理论教学所涉及的内容繁多，若在课堂上花时间专门播放视频，理论授课学时更显得捉襟见肘。因此，教师应该将理论授课学时主要用于讲授和讨论，而有关视频教学、实践教学环节则留在课后，让学生自行完成。教师应该充分利用学校的网络教学平台，在每个教师的平台系统中放置大量的具有教育意义的视频资料。电视纪录片《辉煌中国》能够让学生感受我国社会主义现代化建设的巨大成就；《法治中国》全面总结并展示了依法治国的历史性变革和辉煌成就。学生观看这些专题片后，能够从整体上把握我国的法治建设状况。纪录片《中国精神》弘扬中国精神，凝聚中国力量；《国魂——社会主义核心价

① 赵洁."思想道德修养与法律基础"课问题导向式教学的探索与思考［J］.思想理论教育导刊，2018（8）：120-130.

值观》对于学生理解社会主义核心价值观有较大的帮助。教师在选择这些视频内容时主要从两个原则出发：一是内容要精，能准确反映中国特色社会主义的某一方面的伟大成就；二是更新要快，及时更新能够反映国家和社会发展的素材。授课教师在课堂以及在网络教学平台上针对热点、难点问题及时地进行引导，在潜移默化中提升学生的思想政治素质和辨识能力。

三、考核方式的创新是习近平新时代中国特色社会主义思想融入“思想道德修养与法律基础”课程的重要保障

如前所述，习近平新时代中国特色社会主义思想融入“思想道德修养与法律基础”课程可以体现为习近平新时代中国特色社会主义思想的理念、方法和内容的融入。通过一学期的系统学习，学生学习的效果怎样，有没有一种较为合理和科学的评价方式能够对学生的学习效果进行检测呢？

（一）注重过程考核，努力提升学生的辨识能力和水平

毫无疑问，考核是检验学习效果的一种重要方式，但既往的考核方法，只看重单一的期末卷面测试，这不符合思想政治教育的目的。教育部在2015年发布的《高等学校思想政治理论课建设标准》强调，要“改革考试评价方式，建立健全科学全面准确的考试考核评价体系，注重过程考核”。我们对“思想道德修养与法律基础”课程的考核方式进行了重新设计和实践。实践表明，多种考核方式的综合使用能提升大学生的思想政治素质和综合能力，是一种较优选择。在具体方式上，我们将考核分为日常考核和期末考核两个部分，将过程性评价和课程终结性评价相结合。同时，我们大幅度降低期末结业考试的分值，注重平时表现和行为的考核，通过平时作业的方式注重对学生分析能力和写作能力的训练，注重以问题为导向，引导学生运用习近平新时代中国特色社会主义思想的方法论来正确认识和评价社会，尽可能通过不同方式的考核覆盖学生学习的全过程，并能从考核中尽可能反映出学生真实的思想状况和辨识能力，为学生的健康成长提供更有益的帮助。

我们将学习过程中的考核细化为课堂表现、课后作业、出勤、笔记抽查等方面。课堂考核以严格出勤为保障，必须严格保持课堂管理秩序。良好的教学秩序是习近平新时代中国特色社会主义思想教育教学活动顺利开展的基本前提，改变了过去部分教师在课堂对学生不敢管、不愿管的情况，严格执行学校文件规定的随机抽查缺席3次就取消本门课程期末考试资格的相关规定。课堂上，教师需要调动学生的积极性，注重学生的参与，改变单向的灌输模式，避免学生出现心不在焉的情况。教师在每次课程结束前给学生准备3~5个时事或社会热点问题，在下次授课时，各学习小组汇报对这些问题的认识和看法，允许不同观点之间的相互辩论，以此观察学生的语言表达能力和逻辑思维能力。如果个别学生的某些陈述观点较为偏激，教师要及时修正和辩驳，弘扬社会主义核心价值观，用习近平新时代中国特色社会主义思想照亮学生的前进道路。有针对性的疏导比单纯的讲授能够取得

更好的教学效果，也更能够考察学生的思想状况，这种考核的有效实施的关键在于：良好问题的设计和教师扎实的理论水准。

对于课程的作业，我们根据前述安排的实际，统一安排了两方面的内容：一是对经典文献的阅读，我们选取了与本课程内容密切相关的习近平新时代中国特色社会主义思想经典文献，要求学生做读书笔记，撰写读后感；二是在网络教学平台上选择部分的视频内容让学生观看并撰写观后感，每一部分内容都有相应的分值体现，每一部分都有相应的时间要求，若不能按时提交则会直接影响学生的平时成绩。

（二）优化期末考核方式，着力培养学生的语言表达、逻辑思维能力

期末考试是课程结束的总结性考核，有特定的价值和意义，如果取消基础知识的考核，则可能会影响学生对基础理论知识的认知和把握。虽然学生有学习积极性，但是没有理论素养，更谈不上在掌握理论基础知识上的灵活运用。因此，期末考试本身没有错，关键是以什么方式、测试什么内容以及要达到什么样的目的。因此在期末考核优化方面，我们主要从基础知识的掌握以及运用理论联系实际进行分析、表达、解决问题的能力进行考核。既然我们承认任何存在都是形式和内容的有机统一体，“思想道德修养与法律基础”课程的考核完善也应该将形式和内容结合起来。

在期末的基础知识考核方面，我们将课程所涉及的世界观和人生观的基本原理、核心概念和基础知识，按照每一章的内容将其细化为100~150道客观题，整本书共形成900~1 000道题，通过单项选择题、多项选择题、判断辨析题等形式呈现出来，放在每个老师的网络教学平台上，让学生反复练习，并纳入总评成绩之中，这种测试的目的不在于把学生难住，因而其形式不是闭卷考试，而是开卷考试，目的在于对基础知识的精准考查，通过不断地重复达到认知的目的。

在综合考核部分，我们主要以主观性命题方式进行考核，结合社会热点、难点、焦点问题，要求学生能够运用习近平新时代中国特色社会主义思想的内容和方法论进行思考和回答；侧重考查学生的社会认知和社会适应能力。题型以材料分析题、辨析题、问答题及论述题为主，题目的来源是现实生活中所发生的最新、最能吸引学生的话题，强调通过所学理论去分析和思考社会现实。教师在测评过程中对学生所回答的问题采取灵活的方式进行评判，只要符合社会主义核心价值观，与习近平新时代中国特色社会主义思想相符合且没有政治错误，观点不同的认识和表达都是允许的。教师应该注重对学生分析实际问题的能力、语言表达能力、逻辑思维能力的培养和训练。这种开放式的测试既是对学生的一种考核，又是教师与学生的深层次交流。这样，教师才能更好地发现学生的所思、所想、所言、所行，对于提升习近平新时代中国特色社会主义思想融入“思想道德修养与法律基础”课程的把握能力和水平具有较好的促进作用。

社会发展阶段理论的历史嬗变及当代价值①

邓龙奎

（重庆工商大学马克思主义学院　重庆　400067）

内容提要： 在马克思以前和以后的一些西方思想家，探讨过人类社会发展的阶段划分问题，他们的划分虽然带有历史唯心主义的性质，但也包含了一些合理的因素。马克思、恩格斯、列宁、毛泽东在吸取西方思想家关于社会发展阶段划分合理因素的基础上，提出了马克思主义社会形态理论和社会发展阶段的构想。在马克思主义社会发展阶段理论的指导下，我们要准确理解中国特色社会主义进入新时代的深刻意蕴。

关键词： 社会发展阶段理论；中国特色社会主义；新时代

对社会发展的阶段作出正确的划分，是一些思想家追求的目标。但纵观社会思想史，由于从不同的历史观出发，思想家们对社会历史发展总体进程的认识和把握也存在较大的分歧。在马克思以前和以后的一些西方思想家，探讨过人类社会发展的阶段划分问题，他们的划分虽然带有历史唯心主义的性质，但也包含了一些合理的因素。因此要科学地对我们所处的社会发展阶段作出判断和分析，就要在吸取西方思想家关于社会发展阶段划分合理因素的基础上，根据马克思主义社会形态理论和关于社会发展阶段的构想，结合当代中国社会发展实际，具体地分析现阶段中国社会的发展阶段问题，准确理解中国特色社会主义进入新时代的深刻意蕴。

一、西方学者的社会发展阶段划分理论

在西方，从古希腊时期起对人类社会发展进行阶段划分的思想家不乏其人。古希腊的思想家柏拉图提出的现实政制，依循着荣誉政制、寡头政制、民主政制、僭头政制而相继

---

① 本论文是2018年国家社会科学基金一般项目“新时代中国特色社会主义社会发展动力系统研究”（项目号：18BKS103）、重庆工商大学高层次人才科研启动项目“新时代中国社会发展动力源和运行机制研究”（项目号：1855042）、重庆工商大学重点平台开放项目“‘新发展理念’实现路径研究——以重庆为例”（项目号：KFJJ2017027）的研究成果之一。

蜕变为兴衰相替理论，这表明柏拉图在努力探寻人类社会发展的规律，并将人类社会发展的历史过程划分为若干个既联系又区别的阶段。但是，柏拉图将现实政制蜕变的原因归结于人性，陷入了宿命论、循环论的泥潭。到了中世纪，基督教神学家奥古斯丁提出人类社会的发展分为婴儿期、儿童期、青年期、人类成年期、壮年期、拯救期、终结期七个时期。虽然奥古斯丁的划分方式带有神秘主义的性质，充满了宗教味道，但他抵制了古希腊罗马时期的循环发展观，提出了一种向前发展的线性发展观点。

自文艺复兴以来，在马克思以前和以后的一些西方思想家探讨过人类社会发展的阶段划分问题，他们的社会发展阶段划分理论包含了一些合理因素，能够为当代中国社会发展阶段的定位提供借鉴。在马克思之前的意大利思想家维科，反对以神学的观点来解释人类社会发展的历史。他认为人类社会是人类自己创造出来的，人类社会发展是有规律的，就像一个人的成长要经历童年、青年和壮年一样，世界各民族都要经历神的时代、英雄时代和凡人时代，并认为这三个时代不是循环的，而是螺旋式上升的。维科关于人类社会发展是三个时代依次递进的思想，冲破了以往人类社会发展循环论的思想，但是维科划分人类社会发展历史阶段的主要标准是宗教、婚姻、埋葬三种制度，而不是生产力的发展和生产关系的性质。德国古典哲学集大成者黑格尔认为，人类历史是一个合乎规律的由低级到高级的发展过程。他从绝对精神出发，认为理性是世界的主宰，由于理性的关照世界历史显示出一种合理的历程，并将世界历史分为东方世界、希腊世界、罗马世界、日耳曼世界四个发展阶段。第一阶段是东方世界。黑格尔认为，东方是历史的起点，西方是历史的终点，整个世界历史的行程是从东方到西方。因此，东方世界是历史的幼年时期，它包括中国、印度、波斯、埃及等。第二阶段是希腊世界，它是人类的青年时期。第三阶段是罗马世界，它是人类的壮年时期。第四阶段是日耳曼世界，它是人类的老年时期。英国的罗素指出，在黑格尔那里，“世界历史一向就是历经从中国的‘纯有’（关于中国，黑格尔除知道有它以外毫无所知）到‘绝对理念’的各范畴而进展的，绝对理念看来在普鲁士国家即便没有完全实现，也接近实现了”①。可见，黑格尔第一次把历史看作一个有规律的过程。但是，黑格尔的唯心主义体系最终把世界历史的发展进程变成了绝对观念的实现过程，而不是根据经济的发展程度和生产关系的性质来划分世界历史发展的阶段。

在马克思之后的德国历史哲学家奥斯瓦尔德·斯宾格勒也对世界历史进行了研究，他认为只有各种文化的历史，没有全人类的历史，世界历史是由各种文化组成的，因此研究世界历史就是研究各种文化的历史。斯宾格勒认为，每一种文化都如同一个人一样，要有自己的童年期、青年期、壮年期和老年期。他把文化的生命周期划分为四季的更替。每一种文化的春天，都是天真烂漫、充满活力的创造时期；每一种文化的夏季，都处在宗教改革和哲学思想开始兴起的时代；每一种文化的秋季，都有理性主义的启蒙运动和确定的哲学系统的存在；每一种文化的冬季，宗教信仰让位于对科学和功利的崇拜，各大文化都走

① 罗素. 西方哲学史：下卷［M］. 马元德，译. 北京：商务印书馆，1976：282.

向现实主义的世界景象，进入了无机状态的机械动作阶段。斯宾格勒认为，文化在实现自己时所经历的过程就表现为历史，在文化之前没有历史，这个阶段是前文化阶段；在文化之后也没有历史，这时的文化已经僵化，变成了“文明”，这个阶段就是文明阶段。因此，斯宾格勒将文化分为前文化阶段、文化阶段和文明阶段三大阶段，并认为这三大阶段不断地从原始状态开始又重新回到原始状态，呈现出一种周而复始的循环态势。斯宾格勒在《西方的没落》里认为，每一种文化的不同历史时期，只要在形态学上被列入同一阶段之后，无论彼此之间相差多长的时间，都要算是同时代的。同时，斯宾格勒是一个极端的历史悲观主义者，他认为文化僵化，变成“文明”，是每一种文化的不可避免的历史命运。

英国著名的历史哲学家汤因比把文明确定为历史研究的单位，反对把国家当作历史研究的基本单位。汤因比认为，没有任何一个民族或国家能够说明它自己的问题，能够自行说明问题的单位是“文明”。他指出：“历史研究可以自行说明问题的范围既不是一个民族国家，又不是另一极端上的人类全体，而是我们称之为社会的某一群人类。”① 虽然汤因比没有对文明单位作出具体的说明，但他认为只有在整个文明的范围内，文明国家的历史才是可以理解的。汤因比认为，在人类历史上出现过多种文明形态，每一种文明形态都包括经济、政治、文化三个方面，其中文化则是文明中最稳定的东西，是文明的核心和精髓。在文化中，宗教精神又是文化的灵魂。可见，在汤因比看来，宗教是文明形态最深厚的基础，并以宗教为依据来划分不同的文明形态。汤因比认为，在“挑战—应战”机制的作用下，每一种文明都经历了起源、生长、衰落、解体四个阶段。第一代文明源于对物质环境的挑战做了成功应战。文明起源以后便进入生长时期，文明的生长是一系列成功的应战回答了挑战的结果，在挑战和应战交替中促进社会不断成长。在文明成长的任何一个阶段衰落都可能发生，当应战敌不过挑战时，衰落就发生了。随着文明衰落而来的是文明的解体，在文明的解体过程中每一次对挑战的应战都是失败的，社会不能对反复出现的挑战给予有效的应战，最终导致文明的解体。但是，汤因比认为文明的衰落和解体不是没有意义的轮回，因为旧社会形态的衰落会创造出新的社会形态，也就是说在旧的文明衰落中又会使得其他一些文明兴盛。可见，汤因比是通过宗教神学的观念与某种辩证思想的结合论证历史进步的可能性的。

1973 年，美国哈佛大学教授丹尼尔·贝尔在《后工业社会的来临——对社会预测的一项探索》中系统地论述了后工业社会。他分别以生产关系和生产力为中轴，把人类历史划分为两个不同的概念序列。丹尼尔·贝尔认为，以财产关系为中轴，可以把人类历史划分为封建主义、资本主义和社会主义等；以生产和使用的各种知识为中轴，可以把人类历史划分为前工业社会、工业社会和后工业社会等②。丹尼尔·贝尔所说的前工业社会涵盖了渔

① 汤因比. 历史研究：上册［M］. 曹未风，译. 上海：上海人民出版社，1959：14.

② 贝尔. 后工业社会的来临：对社会预测的一项探索［M］. 高铦，王宏周，魏章玲，译. 北京：新华出版社，1997：11.

猎社会和农业社会，后工业社会就是我们通常所说的信息社会。1980 年，美国的阿尔温·托夫勒在《第三次浪潮》中认为，世界正面临第三次浪潮的冲击，“一个新的文明正在我们生活中出现”[①]，它将以“新的文明”结束工业社会时代。托夫勒所说的“第三次浪潮社会”就是信息社会。1982 年，美国的约翰·奈斯比特在《大趋势——改变我们生活的十个新方向》中指出，美国最根本的变化就是已经进入了信息社会[②]。西方学者把生产力和技术发展水平以及与此相适应的产业结构的变化，作为工业社会向信息社会过渡的基本标志，把人类历史划分为渔猎社会、农业社会、工业社会、信息社会等发展阶段，与我们所讲的技术社会形态的划分是一致的，具有合理之处。但是，西方学者在把人类历史划分为渔猎社会、农业社会、工业社会、信息社会等发展阶段时，否定马克思主义的经济社会形态划分理论，否认社会主义代替资本主义的历史必然性。

二、马克思主义社会形态划分理论

唯物史观关于社会形态划分的理论是对人类社会发展阶段进行划分的基本理论，也是对当代中国社会发展阶段定位的基本方法。因此，必须以马克思主义社会形态划分理论为指导对当代中国社会所处的社会发展阶段进行分析。由于社会形态是一个反映社会整体性特征的范畴，我们可以根据不同的标准来划分社会发展阶段和社会类型。现在看来，最基本的马克思主义社会形态划分方法有两种，即经济社会形态划分法和技术社会形态划分法。

经济社会形态划分法是直接或间接以生产关系的性质为标准去把握整个社会形态，从而将人类社会历史划分为不同的社会发展阶段和社会类型。在经济社会形态的范围内，又存在着五种社会形态划分法和三种社会形态划分法。《德意志意识形态》是马克思、恩格斯论述社会形态划分问题的最初著作，他们初步考察了“部落所有制”“古典古代的公社所有制和国家所有制”“封建的或等级的所有制”等不同的历史发展阶段。在《雇佣劳动与资本》中，马克思又进一步指出了什么是社会，并指出了古典古代社会、封建社会和资产阶级社会是人类历史发展进程中的几个发展阶段[③]。在 1859 年《政治经济学批判》序言中，马克思指出：“大体说来，亚细亚的、古代的、封建的和现代资产阶级的生产方式可以看作是经济的社会形态演进的几个时代。”[④] 在这里，“亚细亚的”生产方式是在“古代的”生产方式之前的发展阶段，实际上就是对原始社会的生产方式的一种概括。“古代的”生产方式是指奴隶社会的生产方式，而代替资产阶级生产方式的将是社会主义和共产主义这种新的社会形态。可见，在历史唯物主义刚刚形成的时候，马克思、恩格斯就初步提出了五种社会形态划分的理论。除了五种社会形态划分的理论之外，马克思还提出了三种社

---

① 托夫勒. 第三次浪潮［M］. 朱志焱，潘琪，张焱，译. 北京：生活·读书·新知三联书店，1983：51.

② 奈斯比特. 大趋势：改变我们生活的十个新方向［M］. 林艳，译. 北京：中国社会科学出版社，1984：10-11.

③ 马克思，恩格斯. 马克思恩格斯选集：第 1 卷［M］. 北京：人民出版社，1995：345.

④ 马克思，恩格斯. 马克思恩格斯选集：第 2 卷［M］. 北京：人民出版社，1995：33.

会形态划分的理论。马克思在《经济学手稿》中，根据作为历史发展主体的人的发展状况，把人类历史划分为人的依赖性社会、物的依赖性社会、个人全面发展的社会三种社会形态①。这三种社会形态是以自然经济、商品经济、产品经济三种宏观的经济运行形式为基础的，它们属于经济社会形态的范畴。从总体上讲，人的依赖性社会与原始社会、奴隶社会、封建社会一致；物的依赖性社会在马克思、恩格斯那里指的是资本主义社会，我国社会主义初级阶段也属于商品经济社会，但我国社会主义初级阶段的商品经济是与社会主义基本制度结合在一起的；在马克思、恩格斯那里，个人全面发展的社会与未来的共产主义社会相一致，社会主义社会是共产主义社会的第一阶段。可见，五种社会形态划分法和三种社会形态划分法是相互补充的，在本质上是统一的，它们只是从不同角度和不同侧面说明了人类社会发展阶段的划分，共同揭示了人类社会历史发展的规律性。

在对马克思主义社会形态理论的研究进程中，有学者提出在历史唯物主义体系中应补充“技术社会形态”的概念，认为可以以生产力和技术发展水平以及与此相适应的产业结构为标准来划分社会发展阶段，并提出可以在技术社会形态的基础上对国外有关农业社会、工业社会、信息社会加以改造和吸收。根据技术社会形态的划分标准，在石器时代，人们靠捕鱼和狩猎为生，我们可以将人类历史的这一发展阶段称为渔猎社会；在铜器时代和铁器时代，农业发展很快，在产业结构中占了主导地位，我们可以把这一时期称为农业社会；在蒸汽时代和电气时代，机器大工业占据了主导地位，我们可以把这一时期称为工业社会；在电子时代，信息技术和信息产业占据了主导地位，我们可以把这一时期称为信息社会。可见，按照技术社会形态的划分标准，我们可以把人类历史依次划分为渔猎社会、农业社会、工业社会、信息社会等社会发展阶段。

三、马克思主义经典作家关于未来社会发展阶段的构想

每一种社会形态按其发展水平和发展程度的不同，可以划分为不同的历史发展阶段。而未来的共产主义社会将会怎样发展以及具有什么特点，这是社会主义国家面临的共同问题。马克思、恩格斯在唯物史观的指导下，以当时发达的资本主义国家为依据，构想了未来社会及其发展阶段。列宁、毛泽东则结合本国的具体实际，创造性地提出了社会主义发展阶段的基本构想。

马克思在《哥达纲领批判》中，对未来共产主义社会及其发展阶段进行了集中论述。马克思认为，在无产阶级夺取政权以后，在资本主义社会和共产主义社会之间有一个过渡时期。在过渡时期，国家政权的性质只能是无产阶级专政②。可见，马克思所指的“过渡时期”是推翻资本主义制度以后，又还没有进入共产主义第一阶段的时期。在过渡时期，从量变到质变的转变，使资本主义因素减少，共产主义因素逐步增多，直到共产主义占据

① 马克思，恩格斯. 马克思恩格斯全集：第46卷［M］. 北京：人民出版社，1979：104.

② 马克思，恩格斯. 马克思恩格斯选集：第3卷［M］. 北京：人民出版社，1995：314.

主体和主导地位，就进入了共产主义社会。马克思根据共产主义社会发展程度的不同，又把共产主义社会分为“共产主义社会第一阶段”和“共产主义社会高级阶段”①。在共产主义社会第一阶段，只有经过自身的不断发展、壮大和完善，才能逐步克服从旧社会脱胎出来的那些消极的东西。而在共产主义社会高级阶段，个人得到全面发展，劳动成了生活的第一需要，生产力水平得到了极大提高，财富充分涌流，实现了“各尽所能，按需分配”。马克思、恩格斯以社会发展的普遍规律为依据，在对资本主义社会进行极其深刻剖析的基础上，提出了对未来社会发展阶段的构想。他们认为，在无产阶级夺取政权以后，未来社会将会经历过渡时期、共产主义社会第一阶段、共产主义社会高级阶段三个不同的发展阶段。尽管马克思、恩格斯关于未来社会发展阶段的构想并不详尽，但为思想家更好地认识社会主义社会提供了重要的理论指导和方法论启示。

马克思、恩格斯时期，共产主义社会的发展阶段划分还只是根据社会发展的规律，在剖析资本主义社会基础上所做出的理论构想。到了列宁时期，在“一国胜利论”的指导下，列宁建立了第一个无产阶级专政的国家，他科学地认识当时社会发展的历史阶段及其特点，对巩固苏维埃政权和建设社会主义社会具有重要意义。列宁在《国家与革命》中指出，“历史上必然会有一个从资本主义向共产主义过渡的特殊时期或特殊阶段”②，在这个特殊阶段的国家只能是无产阶级的革命专政。通过无产阶级的革命专政创造条件过渡到共产主义社会后，共产主义社会又可划分为低级阶段和高级阶段。列宁将共产主义社会的第一阶段称为社会主义③，并论述了社会主义阶段的特征和存在的“资产阶级权利”的弊病。在谈到共产主义高级阶段时，列宁认为国家完全消亡的经济基础就是共产主义的高度发展，并指出国家消亡是必然的，其过程是长期的。后来，十月革命取得胜利以后，列宁认识到从落后的俄国向社会主义过渡，困难很大，在过渡时期也要分阶段地推进。由于列宁只经历了俄国过渡时期的最初阶段，因此未对社会主义的发展阶段进行具体论述。

在经济文化落后的半殖民地半封建社会的旧中国的基础上建立社会主义，其困难程度远远超出了马克思、恩格斯的预见。毛泽东同志充分估计到在旧中国基础上建立社会主义社会的困难，在《新民主主义论》中阐述了新民主主义的经济、政治和文化纲领。同时指出，中国共产党关于社会制度的主张是“在现在，新民主主义，在将来，社会主义，这是有机构成的两部分”④，因而在中华人民共和国成立后，我国决定要在一个相当长的时期内完成向社会主义社会的过渡。1956 年下半年，随着社会主义“三大改造”的完成，毛泽东同志认为我国已经进入了社会主义时代。而要从根本上建成社会主义，毛泽东同志认为还需要十年至十五年的时间，才能获得比较充分的物质基础。在建成社会主义的基础上，要建设一个更加强大的社会主义国家，则需要一个很长的时间。从社会主义社会的建立到

① 马克思，恩格斯. 马克思恩格斯选集：第 3 卷［M］. 北京：人民出版社，1995：305.
② 列宁. 列宁选集：第 3 卷［M］. 北京：人民出版社，1995：188.
③ 列宁. 列宁选集：第 3 卷［M］. 北京：人民出版社，1995：196.
④ 毛泽东. 毛泽东选集：第 2 卷［M］. 北京：人民出版社，1991：686.

建成，再到建设一个更加强大的社会主义国家，需要经过一个较长的历史过程。面对“大跃进”和人民公社化运动以后出现的困难，党和国家开始重新思考社会主义的发展阶段问题。在实践经验和理性思考的过程中，毛泽东同志认为社会主义社会可能划分为“不发达的社会主义”和“比较发达的社会主义”两个阶段，发达的社会主义比不发达的社会主义经历的时间还要长，并对何时建成发达的社会主义持一种审慎的态度①。可见，党和国家在社会主义建设实践基础上对社会主义发展阶段的探索既经历了严重的挫折，又取得了一些积极的成果。

四、准确理解中国特色社会主义进入新时代的意蕴

习近平总书记在党的十九大上全面总结党的十八大以来党和国家事业取得的历史性成就，运用马克思主义理论，科学认识我国社会发展的过程和阶段，作出了“中国特色社会主义进入新时代”的重大战略判断②。我们必须科学把握共产党执政规律、社会主义建设规律和人类社会发展规律，准确理解“中国特色社会主义进入新时代”的意蕴，牢牢把握我国发展的阶段性特征，站在新的历史起点上，努力谱写好中国特色社会主义新篇章，以新的精神状态和奋斗姿态把中国特色社会主义推向前进。

首先，“中国特色社会主义进入新时代”的重大战略判断体现了对人类社会发展规律的新认识。在研究社会发展阶段的定位问题时，应将经济社会形态划分法和技术社会形态划分法结合起来，相互补充，从而对社会发展的特定阶段有一个全面的认识。按照经济社会形态划分法，毛泽东同志认为社会主义社会可能划分为“不发达的社会主义”和“比较发达的社会主义”两个阶段，我国正处于社会主义初级阶段，即“不发达的社会主义”；按照技术社会形态划分法，我们可以把人类历史依次划分为渔猎社会、农业社会、工业社会、信息社会等社会发展阶段，我国正处于工业社会向信息社会转型的阶段。党的十八以来，党和国家事业取得的历史性成就和发生的历史性变革，推动中国特色社会主义进入新时代，体现出我国发展的阶段性特征，顺应了世界和我国发展大势，遵循了人类社会发展规律。

其次，“中国特色社会主义进入新时代”的重大战略判断体现了对社会主义建设规律的新认识。社会主义建设是一项全新的社会系统工程，从其实质来看，社会主义社会的基本矛盾仍然是生产力和生产关系、经济基础和上层建筑之间的矛盾。在新时代，人民日益增长的美好生活需要和不平衡不充分的发展之间的矛盾成为我国社会的主要矛盾。因此，不解放和发展生产力，不提高人民的生活水平，不解决发展不平衡不充分问题，就不能满足人民日益增长的美好生活需要，就不能符合社会主义的要求。党的十八大以来，以习近平同志为核心的党中央团结带领全国各族人民，锐意进取、攻坚克难，党和国家事业发展

① 毛泽东．毛泽东文集：第8卷［M］．北京：人民出版社，1999：116.

② 习近平．决胜全面建成小康社会　夺取新时代中国特色社会主义伟大胜利［M］．北京：人民出版社，2017：10.

取得了辉煌成就和历史性变革，中华民族实现了从站起来、富起来到强起来的历史性飞跃，拓展了发展中国家走向现代化的途径，谱写了中国特色社会主义建设事业新篇章。在2020年全面建成小康社会后，要在中国特色社会主义事业所取得的伟大成就的基础上，到2035年基本实现社会主义现代化，到21世纪中叶把我国建成富强民主文明和谐美丽的社会主义现代化强国①。因此，中国特色社会主义进入了新时代，我们要以新的精神状态和新的姿态踏上建设社会主义现代化国家的新征程。

最后，“中国特色社会主义进入新时代”的重大战略判断体现了对中国共产党执政规律的新认识。发展是硬道理，是党执政兴国的第一要务，而发展必须以经济建设为中心，坚持人民主体地位的科学发展。马克思主义执政党必须高度重视解放和发展社会生产力，紧紧抓住发展这个执政兴国的第一要务，承担起推动中国社会进步的历史责任。党的十八大以来，以习近平同志为核心的党中央全面加强党的领导，统筹推进“五位一体”总体布局和协调推进“四个全面”战略布局，牢固树立并切实贯彻创新、协调、绿色、开放、共享的发展理念，牢牢把握人民群众对美好生活的向往，让改革发展成果更多更公平惠及全体人民，不断增强人民群众的获得感、幸福感，使党的执政基础和群众基础更加巩固。我国发展站到了新的历史起点上，中国特色社会主义进入了新的发展阶段，到2020年建成人民认可、经得起历史检验的全面小康社会以后，中国共产党要团结带领全国各族人民踏上建设社会主义现代化国家的新征程，不断朝着全体人民共同富裕、社会全面进步的目标迈进，为早日实现中华民族伟大复兴的中国梦而努力奋斗。

---

① 习近平. 决胜全面建成小康社会 夺取新时代中国特色社会主义伟大胜利［M］. 北京：人民出版社，2017：28-29.

创新话语工具，提升高校思想政治理论课的亲和力和针对性[①]

黄云超

（重庆工商大学马克思主义学院　重庆　400067）

摘要：长期以来，高校思想政治理论课的话语工具主要是概念思维。随着时代的发展，概念思维越来越不能有效地对思想政治理论课的思想体系进行完整、鲜活以及与时俱进的表达，从而导致思想政治理论课出现话语贫困现象。象思维是中国文化特有的话语工具。要改变高校思想政治理论课的话语贫困现象，就需要积极创新高校思想政治理论课的话语工具，系统加强思想政治理论课教师和学生的象思维的运用能力，不断提升思想政治理论课的亲和力和针对性。

关键词：话语工具；思想政治理论课；亲和力；针对性

亲和力不够、针对性不强、学生课堂抬头率不高是当前高校思想政治理论课存在的较为普遍的现象。对于这一现象产生的原因，教育部部长陈宝生认为：思想政治理论课的内容不能适应学生的需要，因为“配方”比较陈旧，“工艺”比较粗糙，“包装”不够时尚。陈宝生部长对当前高校思想政治理论课存在的问题抓得非常准，那么是什么原因导致这些问题的出现呢？笔者认为，关键原因在于高校思想政治理论课的话语工具创新不够，这使得思想政治理论课的“配方”不能及时更新，“工艺”无法精致，“包装”不够时尚，出现明显的话语贫困现象，进而导致高校思想政治理论课亲和力不够、针对性不强、学生课堂抬头率不高。

一、当前高校思想政治理论课的话语工具与话语贫困

任何一种系统的话语表达，包括系统口头话语（课堂教学）与系统书面话语（科学研

① 本文系市级教改课题“新时代地方性高校思政课亲和力提升的改革与实践”、“习近平新时代中国特色社会主义思想三进创新研究”、重庆中国特色社会主义研究中心重点开放课题“马克思主义三进创新研究”的阶段性成果。

究），都是人的高级思维活动，都需要有相应的思维工具（也就是话语工具），这样才能既保证系统话语表达符合相应的规则，避免歧义；又能够有效传达话语主体想表达的思想、观念和情感等。当前，高校思想政治理论课的话语工具主要是概念思维，也就是借助概念、判断、推理等思维形式进行系统的话语表达，其表达的话语主要符合形式逻辑的基本规则。其实，不只是思想政治理论课，当前高校所有的课程所使用的系统话语工具都主要是概念思维，这既是由教师的学科专业背景决定的，又是由高校目前的各门课程内容都体现为一个逻辑严密的知识体系决定的。

由于当前学科专业的划分以及课程知识体系的构成都是按照概念思维的规律来进行的。因此，绝大多数高校教师能够熟练运用概念思维这种话语工具。更为重要的是，在知识体系的系统话语表达中，概念思维作为一种话语工具，具有强大的优势。通过概念思维这种话语工具，教师可以向学生系统阐释一门课程的概念内涵、重点难点、主要结构及各部分的逻辑关系等，让学生能够很清晰地认识和把握一门课程的知识体系。同时，通过概念思维这种话语工具，教师还可以对课程知识体系及相关知识内容进行深入系统的研究，形成相应的科研成果，以满足职称晋升、评优评奖等需要。正是由于绝大多数教师自身的教育背景和教学科研的需要，概念思维都是当前绝大多数高校教师使用的主要话语工具。

但是，概念思维作为一种系统话语工具，有其自身的局限性。因为在概念思维话语方式中，需要用文字语言把生动、具体、不断变化流动的现实世界抽象为一系列概念。同时，为了思维和话语的方便，话语主体常常希望用这些抽象的概念以及由这些抽象概念发展起来的知识体系来把握现实世界。然而，生动、具体、不断变化流动的现实世界始终存在于抽象的概念世界的外部，从而出现概念世界和现实世界不契合的情况，从而导致“书不尽言、言不尽意”的困境。

高校思政课和一般专业课程相比，具有特殊性，其内容与党和国家意识形态直接相关，因此高校思政课的内容虽然从形式上表现为一种知识体系，但其本质是一种思想体系。而思想体系和知识体系是有明显区别的。一是思想体系具有整体性。一个国家的思想体系与国家意识形态直接相关，是一个有机整体，具有统一整体性；而知识体系则不一定具有整体性，不同的学科、专业和课程的知识体系是不完全相同的。二是思想体系具有鲜活性。思想体系总是与时代发展的特点紧密相连，具有鲜活的特点；而知识体系是对客观存在的一种直接理性描述，不具有鲜活性的特点。三是思想体系具有发展变化性。思想体系是会根据时代的发展变化而不断发展变化的，具有与时俱进的特点；而知识体系除非被逻辑证伪，否则不会发生变化。因此，如果思政课教师把概念思维当作主要话语工具，就无法充分而有效地表达出思想政治理论这种思想体系的整体性、鲜活性和发展变化性，陷入“书不尽言、言不尽意”的困境中，使得高校思政课出现明显的话语贫困现象。

所谓高校思政课话语贫困，并不是指高校思政课没有内容可以研究，而是指当前高校思政课的概念逻辑话语方式无法将其与党和国家意识形态直接相关的思想体系完整、鲜活、与时俱进地进行表达，缺乏针对性和亲和力，面对思政课的“配方”陈旧、“工艺”粗糙、“包装”不时尚而无能为力，从而导致思想政治教育的实效性不强。面对高校思政课的话语贫困现象，广大高校一线思政课教师需要面临来自两方面的压力：一方面是党和国家的期望实现得不够理想，另一方面是来自学生和社会的压力。很多高校一线思政课教师也一直在努力探索如何改变这种困境，也取得了不少成果，但距离党和国家的要求、学生及社会的期望还有相当长的距离，这也是习近平总书记在2016年全国高校思想政治工作会议上专门强调思政课要坚持在改进中加强的关键原因。因此，加强高校思想政治课程的话语工具创新、改变高校思政课话语贫困现象、不断提升思政课的针对性和亲和力，是当前高校思政课在改进中加强，不断增强育人实效的关键。

二、象思维是中国文化特有的话语工具

要创新思想政治理论课的话语工具，我们需要回到中国文化深处，因为我们五千年的文化和文明深处有着和西方文化概念思维不一样的话语工具——象思维。象思维作为中国文化独有的话语工具，在表达上有整体性、鲜活性、强调发展变化等特点，先哲们运用它不仅创造并产生出了大量的文化经典，极大地丰富了中国传统文化的内涵，同时运用它培养出了大批德才兼备、通权达变的君子，成为中国五千年文明发展的中坚力量。因此，要克服西方文化概念思维这种话语工具给高校思政课带来的话语贫困现象，我们需要将象思维这种中国文化特有的话语工具引入高校思政课的教学和科研中，以增强思政课的亲和力和针对性，不断提升思政课的育人实效。

（一）象思维是中国传统文化的主要话语工具

在一些人看来，中国文化的概念思维不发达，因为没有形成像西方文化一样的概念思维话语体系。但是，中国文化主体没有选择概念思维作为自身的主要话语工具，这并不意味着中国文化发展不出概念思维体系，而是中国的先哲们很早就意识到概念思维具有“书不尽言、言不尽意”的局限性，才选择了更智慧，能够实现“象以尽意”的象思维作为自己的主要话语工具。在中国文化五千年的发展进程中，经过先哲们的不懈努力和大批时代君子的阐释和发扬，象思维从简单到形成成熟体系，最后成为中国文化主体的主要话语工具，这主要体现在以下三个方面：

1. 象思维话语的经典著作《周易》在我国传统文化中处于核心地位

象思维是中国及东方文化特有的话语工具，主要通过“观物取象”和“象以尽意”的方式，以“卦爻”这种特殊形式进行思维和话语的一种思维话语体系。象思维的发展，经历了从简单到成熟的过程，其中最经典的代表著作就是《周易》。《周易》体系的基本单元是六爻卦，整个体系共有六十四个六爻卦，每个六爻卦都由两个三爻卦重叠而成，象征天、地、人三才的生成及发展变化规律。六十四卦都有自己卦名和卦辞，每卦六爻也有自己各爻的爻辞，一起构成一个系统而严密的象思维话语系统。这种独特卦爻结构在所有

世界文化经典中都是独一无二的，也代表了中国传统文化象思维话语体系的成熟。《周易》形成后，逐渐成为中国智慧的源头，自西周起，至汉、唐、宋、明、清，《周易》一直都居于中国文化的主流地位。根据《汉书·艺文志》记载，自汉朝开始，《易》就为群经之首，一直到清代编修《四库全书》时仍是如此，《周易》在我国传统文化中处于核心地位是无可置疑的。

2. 大多数中国的传统文化经典都是运用象思维这种话语工具创作出来的

除了《周易》这部经典之外，中国的绝大多数的文化经典著作，如《老子》《庄子》《大学》《中庸》《论语》《孟子》等，都是以象思维作为主要话语工具创作出来的。比如《老子》的“道”，《庄子》的“逍遥”，《大学》的“至善”，《中庸》的“诚”，这些都不是概念思维意义上的实体概念，而是象思维话语中活生生的“象”或者是对“象”的描述与发挥。不了解象思维这种话语工具，我们很难真正读懂中国传统文化的这些经典著作，这也进一步说明象思维这种话语工具在中国传统文化中的核心地位。

3. 中国文化和文明的发展历程印证了象思维的认知规律

在象思维看来，阴阳为万物之本，具有生生不息的功能，而一切阴阳所生的生命万物，皆遵循产生、成长、成熟和消亡四个阶段。中国传统文明是一种自然农业特色鲜明的文明，萌芽于周秦时期，强盛于汉唐时期，成熟于宋明时期，衰亡于清王朝。象思维作为一种高度智慧的话语工具，具有生生不息的强大功能，能够根据时代的变迁生出新的象思维体系，将中华文明不断延续下去。因此，中国传统文明在顺利经历产生、成长、成熟和消亡四个阶段后，中国文化主体在面临西方现代文明的强势入侵过程中，并没有选择屈服或同归于尽，而是以中国传统文明为母体，运用象思维智慧主动吸收以马克思主义为核心的西方现代文明的精华，产生了新的文明形态，推动中国文化开始了新一轮的变革和发展。这也是习近平总书记之所以强调，“当代中国的伟大社会变革，不是简单延续我国历史文化的母版，不是简单套用马克思主义经典作家设想的模板，不是其他国家社会主义实践的再版，也不是国外现代化发展的翻版”① 的原因所在。中国文明的发展进程充分证明了象思维的认知规律，进而也说明了象思维在中国文化中的核心地位。

（二）马克思主义中国化是一个具有鲜明象思维话语特色的命题

马克思主义中国化是高校思想政治理论课的核心内容之一，弄清楚马克思主义中国化这一命题的性质，对讲好高校思想政治理论课至关重要。从形式上看，马克思主义中国化符合作为概念逻辑命题的基本形式，因为它本身是一个表达判断的语句，所以我们长期也将其当作一个概念逻辑命题在讲授和研究。但是，从象思维角度看，马克思主义中国化并非一个概念逻辑意义上的命题，而是一个具有鲜明象思维话语特色的命题。根据中国文化原理：物生谓之化，物极谓之变，即新生事物产生的过程，就是“化”的过程，而已有事物由小到大发展到盛极的过程，就是“变”的过程。也就是说，马克思主义中国化中的

---

① 习近平. 在纪念马克思诞辰200周年大会上的讲话［N］. 光明日报，2018-05-05.

“化”应当从中国文化，从象思维话语的角度去理解，即体现为一个新生事物产生的过程，这个新生事物就是中国现代变革和发展的这个“新版”。换句话说，马克思主义经典作家设计的“模板”和中国历史文化的“母版”共同形成了当代中国这一“新版”。当代中国这一“新版”产生的过程就是“化”的过程，所以这一“新版”绝不是简单套用马克思经典作家的模板，也不是中国传统历史文化母版的简单延续。当代中国这一“新版”作为一种人类的新型文明，具有其自身的发展变化规律，在不同时期体现为不同的社会主要矛盾。而根据当代中国这一“新版”不同时期的社会主要矛盾而提出的具体解决方案，会形成不同的思想体系，这些思想体系都必然具有实事求是、与时俱进的品质，同时也符合概念逻辑理性的认知规律，是一个有机整体，统一体现为中国化马克思主义这一总的思想体系。当代中国这一“新版”是一个有机的生命体，会有一个从弱变强，不断发展的过程，中国化马克思主义也将会随之进行丰富和完善。正是马克思主义中国化命题的独特性质决定了概念思维这种话语工具很难将其内涵的整体性、鲜活性和发展变化性充分诠释出来，这就需要我们结合中国传统文化，引入象思维，创新并完善思想政治理论课的话语工具。

三、引入象思维，创新思政课的话语工具的原则和路径

长期以来，由于我们在追求现代化的过程中，西方文化的概念思维逐渐在我国占据了主流话语工具地位，而中国文化自身的话语工具——象思维反而在一定程度上被忽略，以至于今天无论是高校教师还是学生，对中国传统的象思维这种话语工具都所知甚少，大多是处于日用而不知的状态。因此，高校思政课引入象思维，创新话语工具并不是一件容易的事情，需要把握好相应的原则和路径，才能取得比较好的效果。

（一）引入象思维，创新高校思想政治理论课话语工具的基本原则

根据高校思想政治理论课的实际，引入象思维，创新话语工具需要坚持积极、系统和慎重的原则。积极推进，是因为当前提升高校思政课的活力及育人实效需要引入中国文化特有的象思维，进行思想政治理论课话语工具的创新。同时，随着我们进入中国特色社会主义新时代，我们在意识形态领域需要更加重视自身的话语权建设，这也要求我们进行话语工具创新，所以我们一定要有紧迫感，积极推进该项工作。系统推进，是因为象思维作为一种话语工具并不是只要教师掌握了学生就能马上理解和接受，需要从教师和学生两个角度加强象思维话语体系的培养和训练，这是一个系统工程，必须要系统推进。慎重推进是指从传统文化中引入象思维这种话语工具进入高校思想政治理论课时，要充分考虑到教师、学生和学校及社会的接受度，既不能犹豫不决，又不能急于求成，要综合各种因素，抓准时机逐步推进，不能为了创新而创新，更不能影响高校思想政治理论课的正常教育教学秩序。

（二）引入象思维，创新高校思政课话语工具的主要路径

从当前我国高校及高校思政课的实际看，引入象思维，创新话语工具的主要路径应从

以下三方面进行：

（1）加强对高校思政课教师的象思维话语能力的专门培训，提高思政课教师的象思维话语水平。由于目前高校课专职教师绝大多数都是思想政治学科班培养出来的，接受的学科专业教育主要是以概念思维话语为基础的。虽然很多思政课教师从教学和科研的角度，在工作后对中国传统文化有了一定的学习和了解，有的思政课教师的传统文化基础还很不错；但了解传统文化和掌握传统文化的话语工具并不是一回事，很多教师对象思维都存在日用而不知，知其然而不知其所以然的现象。因此在思想政治理论课中创新思政理论课的话语工具，还有相当长的路要走。要创新思想政治理论课的话语工具，必须对思想政治理论课教师进行专门的象思维话语能力的培养，包括开设专门的讲座和进行专门的培训。只有这样，才能不断提升思想政治理论课教师运用象思维话语的能力。

（2）开设象思维知识基础类课程，让学生能够系统学习中国文化的话语工具。我国目前都是按照学科专业进行招生，学生在大学的学习也以专业学习为主，因此受概念思维话语的影响比较重，很多学生都注重专业知识的学习，往往对思想性强于知识性的思想政治理论课不能有很好的认识和理解，以至于学习热情不够高。因此，需要在高校开设象思维话语相关的课程，让学生系统学习象思维话语体系的相关知识，在增强学生文化自信和文化认同的同时，不断提升学生理解和运用象思维话语的能力，这样才能让学生更好认识和接受思想性强于知识性的思想政治理论课。因此，开设象思维方面的通识课程，能够让学生对中国传统文化的话语工具有一个正确而全面的认识，并能掌握相关知识，这对学生学习思想政治理论课会有很大的帮助。

（3）加强象思维话语下中国化马克思主义研究。中国化马克思主义是马克思主义中国化的结果，也是高校思政课的核心内容。加强象思维话语下中国化马克思主义研究，主要要加强对中国化马克思主义整体性、鲜活性和发展变化性的研究，这对提升高校思想政治理论课的针对性和亲和力至关重要。首先，要加强对中国化马克思主义的整体性研究。这需要讲清楚中国化马克思主义各个时期的理论成果为什么是一个有机整体，以及中国化马克思主义与中国传统文明及世界文明也是一个有机整体。目前高校思想政治理论课将毛泽东思想和中国特色社会主义理论体系看作一个有机整体，但还没有将中国化马克思主义理论成果和中国文明演变及世界文明发展看作一个有机整体，这使得中国化马克思主义内涵的深度和广度很难得到充分而有效的挖掘。加之在概念思维语境的长期表达中，中国化马克思主义在高校思想政治理论课中越来越成为一个独立的概念化的知识体系，这就使得当前作为高校思政课核心内容的中国化马克思主义在学生科学的世界观、人生观和价值观塑造方面，在坚定学生中国特色社会主义新时期道路的理想信念方面的实效与党和国家及社会的期望还有相当大的差距。因此，我们需要运用象思维，把中国化马克思主义放在中国及世界文化和文明的发展这一大的语境中进行研究，更好地把中国化马克思主义有机融入中国及世界文化与文明的这一整体的发展变化之中。其次，要加强对中国化马克思主义的鲜活性研究。加强中国化马克思主义的鲜活性研究，就是要讲清楚中国化马克思主义的生命力与活力之所在。从象思维看来，中国化马克思主义作为马克思主义中国化的结果，是中国传统文明精华与西方现代文明精华相互融合的结果。中国化马克思主义作为一种新生的理论形态，既继承了中国传统文明的优秀基因，又继承了西方现代文明的优秀基因；既具有深厚的文化和文明的底蕴内涵，又具有强大的生命活力。因此，中国化马克思主义能与时而进，因势而新，在不同的阶段，体现为不同的理论成果，充满生命力和活力，始终具有鲜活的特点。因此，高校思政课教师在讲授中国化马克思主义时，要运用象思维，实事求是，把中国化马克思主义理论与实际有机结合起来，充分讲出中国化马克思主义的鲜活性特点。最后，要加强中国化马克思主义的发展变化性研究。在象思维看来，只要是新生之物，都会有一个从初生到快速成长，直至成熟，再到衰亡的过程，这是生命万物发展变化的基本规律。中国化马克思主义作为马克思主义中国化生出的一种有机生命体，必然会根据中国经济社会的发展变化而不断发展变化。

参考文献：

[1] 余敦康. 周易现代解读［M］. 北京：华夏出版社，2006.

[2] 王树人. 回归原创之思："象思维"视野下的中国智慧［M］. 南京：江苏人民出版社，2005.

[3] 重庆工商大学高等教育研究所，重庆工商大学教务处. 教学改革创新理论与实践：重庆工商大学优秀教学改革研究成果汇编［M］. 成都：西南财经大学出版社，2016.

[4] 侯惠勤. 意识形态的变革与话语权：再论马克思主义在当代的话语权［J］. 马克思主义研究，2006（1）：45-51.

[5] 吴琦，袁三标. 从话语权视角看高校马克思主义意识形态教育［J］. 思想政治教育研究，2008（1）：31-33.

[6] 曹天航，黄明理. 马克思主义话语权与高校思想政治教育创新［J］. 江苏高教，2015（1）：124-126.

中国化的马克思主义文化的国际化路径

——以孔子学院模式为借鉴

赵俊良

（重庆工商大学马克思主义学院　重庆　400067）

摘要：中国化的马克思主义文化缺乏国际影响力，不仅引起了国外特别是西方世界对于这一文化体系的偏见，而且限制了中国化的马克思主义文化的发展。孔子学院在中国传统文化的跨文化传播方面取得的成效，使这一模式可以作为中国化马克思主义文化的国际化的借鉴。扬弃孔子学院的传播模式为中国化的马克思主义文化的国际影响力的提升提供了可靠的路径。

关键词：中国化的马克思主义；孔子学院；国际影响力

一、马克思主义的中国化与中国化的马克思主义

（一）马克思主义的中国化

从狭义上讲，马克思主义是指由马克思、恩格斯创立的基本理论、基本观点和学说的体系。从广义上讲，马克思主义不仅是指马克思、恩格斯创立的基本理论、基本观点和学说的体系，也包括继承者对它的发展以及在实践中不断发展的马克思主义。马克思主义兴起于19世纪中叶的欧洲，并于19世纪末开始在中国传播。马克思及其学说第一次出现在汉语文献中是在1899年2月，《万国公报》卷121刊载了由李提摩太节译、蔡尔康纂述的《大同学第一章：今世景象》，其中用一百余字的篇幅介绍了马克思及其关于资本的学说，由此，马克思作为社会主义者在晚清中国登台亮相[①]。至此，马克思主义中国化进程开始。“五四运动”以前，译作是马克思主义中国化的主要途径，马克思主义理论以译作为载体大量传入中国。进步青年如李大钊、陈独秀等开始筹建马克思主义小组，运用马克思主义开启中国之民智，实现中国之富强。“五四运动”以后，马克思主义在中国的传播开始与

---

① 郭德宏．近十年马克思主义中国化与中国化的马克思主义研究述评［J］．党史研究与教学，2004（4）：53-65.

大众相结合，取得了良好的效果。1921 年 7 月，中国共产党成立，以马克思主义为指导思想的中国共产党人经过 20 余年的奋斗，建立了中华人民共和国。在马克思主义的指导下，中国对工业、农业和资本主义工商业进行了改造，成为一个社会主义国家。此后马克思主义中国化的进程不断推进。1953 年，我国成立了马克思列宁主义著作编译和理论研究的专门机构——中共中央编译局马克思恩格斯列宁斯大林著作编译部。《马克思恩格斯全集》中文第一版，共五十卷，已于 1985 年出版。1986 年，经中央批准，开始实施中文第二版的编译计划①。

（二）中国化的马克思主义

对于中国革命实践来讲，仅仅依靠马克思主义是远远不够的。第一次国共合作失败的残酷教训、王明的“左倾”机会主义错误，都表明将马克思主义生搬硬套到中国的革命实践中危害极大。只有将马克思主义同中国实际相结合，建立一套符合中国实际的马克思主义理论体系才能真正解决中国问题。汪青松认为，马克思主义中国化具有马克思主义传播的中国化、运用的中国化和创新的中国化三层含义②。在中国传播、运用和创新马克思主义实际上就是建立中国化的马克思主义。

马克思主义是我国的官方意识形态，中国化的马克思主义既是我国社会主义实践的理论升华又是指导我国社会主义建设的理论基础。中国化的马克思主义的主要理论成果是毛泽东思想和中国特色社会主义理论体系。毛泽东思想和中国特色社会主义理论体系是将马克思主义与中国实际相结合的典范，既解决了中国所面临的历史困境，又为中国的发展指明了道路。

毛泽东思想是马克思主义中国化的开山之作并且为之后的中国特色社会主义理论体系的构建奠定了理论基础。中国化的马克思主义具有三个方面的特征：立足于中国实际、带有民族特性、新的理论创造③。中国化的马克思主义突破了教条化和绝对化马克思经典著作的困境，为解决中国面临的实际问题作出了巨大贡献。

将中国化的马克思主义定义为一种文化，是相对于其意识形态作用而言的。毋庸置疑，中国化的马克思主义具有意识形态意义，但这并不意味着其仅仅具有意识形态功能。在当前的国际环境下，强调中国化的马克思主义的文化意义对于其国际化具有重要意义。

二、中国化的马克思主义的国际化困境

中国化的马克思主义在指导中国的实践过程中取得了巨大的成就，在中国境内家喻户晓，但其缺乏世界影响力。作为官方意识形态的中国化的马克思主义之所以缺乏世界影响力的主要原因是，其在国际化过程中面临着三个困境：语言差异、世俗偏见和模式匮乏。

---

① 张立波．翻译与马克思主义中国化［J］．现代哲学，2007（2）：9．

② 汪青松．马克思主义中国化与中国化的马克思主义［J］．安庆师范学院学报（社会科学版），2003，22（1）：1-6．

③ 张静如，鲁振祥．抗日战争与马克思主义的中国化［N］．人民日报，1995-07-25．

（一）语言差异

文化是民族的灵魂和精神支柱，语言是文化的特殊载体[①]。中国化的马克思主义的国际化必然要借助语言这一载体。汉语相对于英语等世界语言处于弱势地位，是中国化的马克思主义国际化面临的第一个困境。当今世界上最强势的语言是英语、西班牙语和法语。这与历史上大航海时代之后的殖民帝国有极深的渊源。以英语为例，直到1755年约翰逊（Samuel Johnson）编纂的《英语词典》（*A Dictionary of the English Language*）问世，才标志着英语完整规范的语言系统的形成[②]。借助海上贸易和工业革命，英国建立了号称为“日不落帝国”的大英帝国，英语因此广为传播。20世纪以来，虽然英国的殖民体系已土崩瓦解，但其文化和语言影响依然根深蒂固。后来美国便将英国取而代之，成为世界上第一大经济、科技和军事强国，英语势力随之迅猛扩张[③]。从地理分布来看，英语和懂英语的人遍及世界各个角落。英语不仅是英语国家如英国、美国、加拿大、澳大利亚、新西兰、南非等国家的母语，而且成为世界上70多个国家的官方语言。

语言的力量不仅仅源于其使用的广泛程度，更重要的是语言对于话语权的塑造。作为世界上使用最广泛的语言，英语在世界范围内构建了其话语权，并以此形成了对于世界的巨大影响。当尼加拉瓜政府对抗美国支持的游击队时，尼加拉瓜电视台仍然在播放美国节目；类似地，苏联年轻人也穿着蓝色的牛仔裤并寻找美国唱片。根据联合国教科文组织的研究，美国出口的电视节目要比第二大电视业出口国（英国）多7倍，而且拥有唯一的全球电影发行体系。尽管美国电影只占世界电影总产量的6%~7%，但是却占据着几乎50%的世界荧屏总时间[④]。中国化的马克思主义研究以汉语为载体，但是世界范围内英语等西方语言的强势地位对中国文化的传播起到了第一重“过滤”作用。将中国化的马克思主义翻译成为英文以打破这种“过滤”，是十分必要的。但是仅仅有译本是远远不够的，因为中国化的马克思主义在国际化过程中还面临着第二个困境——世俗偏见。

（二）世俗偏见

所谓世俗偏见是指国外政府和民众对于中国化的马克思主义心存疑虑，认为其是意识形态的工具。东欧剧变和苏联解体之后，世界社会主义运动转向低潮。占据世界话语权主导地位的西方国家称，世界将在资本主义的道路下走向“历史的终结”。社会主义运动的低潮、西方国家对于社会主义运动的否定宣传导致大众对马克思主义产生偏见，大众认为社会主义是对自由和幸福的资本主义模式的否定。

世俗偏见产生的另外一个主要原因是文化壁垒。20世纪90年代以后，意识形态的竞争在世界范围内退潮。以意识形态作为强化民族团结、国家稳定的主要工具的模式不再适

① 曹杰旺. 关于英语霸权时代民族语言文化保护的思考［J］. 当代世界与社会主义，2005（4）：3.

② 李赋宁. 英语史［M］. 北京：商务印书馆，1993：13.

③ CRYSTAL. English As a Global Language［M］. Cambridge：Cambridge University Press，1996：130-134.

④ 约瑟夫·S. 奈. 美国注定领导世界?：美国权力的性质与变迁［M］. 刘华，译. 北京：中国人民大学出版社，2012：162.

用。在此背景之下，复兴传统文化成为世界各国增强自身凝聚力的重要手段。文化壁垒产生于一国和另外一国的文化差异①，文化相异性观念成为世界潮流。世界各国对主流文化和信仰的强调引起了对外来文化的歧视。对外来文化的歧视成为世俗偏见的根源。虽然这并不仅仅针对中国化的马克思主义而是对于所有外来文化的“反应”。但社会以文化歧视为主要工具，政府以意识形态安全为理由不断地压制外来文化在本国的传播，从而为中国化的马克思主义的国际化设置了一个屏障。

（三）模式匮乏

中国化的马克思主义国际化面临的第三个困境就是传播模式的匮乏。传播模式的匮乏是指在中国化的马克思主义的国际化过程中，没有一个常态的、系统的传播模式，仅仅依靠零星的、单独的学者或者著作对中国化的马克思主义进行传播。由于匮乏传播模式，中国化的马克思主义难以在世界范围内建立其影响力。

传播模式的匮乏对于中国化的马克思主义具有三重负面作用。首先是系统化的中国学派未能构建。传播模式的匮乏使得中国化的马克思主义最终成为中国学者内部相互争论的学术问题，没能形成与西方马克思主义相对应的中国学派。其次，传播模式的匮乏使得大量优秀的中国化的马克思主义成果湮没在大量的文献之中，不能被世界马克思主义的研究者知晓。这不仅仅是学术资源的大量浪费，更是世界马克思主义研究的巨大损失。最后，传播模式的匮乏使得国际学术界对中国化的马克思主义研究产生了偏见，认为中国化的马克思主义研究仅仅是对政府政策的解释。

三、孔子学院的文化传播模式

孔子学院这种模式并非首创。早在 1951 年德国就建立“歌德学院”来传播德国传统古典文化。1991 年，西班牙设立了“塞万提斯学院”，该学院成为对外传播西班牙文化的窗口。近年来，伴随着孔子学院影响力的提升，日本、韩国 、印度等国也开始筹建语言文化传播机构。已有的语言文化推广机构在性质上大多属于半官方机构或具有政府背景，它们将保护和传播本国语言文化看作国家文化安全和发展战略的一部分 。这些传播机构都是有效传播其语言和文化的有效工具，并取得了不错的效果。

2004 年 11 月 24 日第一所孔子学院在韩国首尔建立。据统计，截至 2014 年 10 月底，国家汉语国际推广领导小组办公室已建立了 471 所孔子学院和 730 个孔子课堂，向全球派出了上万名教师和志愿者。孔子学院在中国传统文化的国际化方面扮演着越来越重要的角色，展现出了越来越大的国际影响力。

（一）孔子学院的特征

1. 方式灵活

根据《孔子学院章程》，孔子学院所提供的服务包括“开展汉语教学；培训汉语教师，

① 杨立. 文化壁垒、文化扩张、文化变化：论美国企业在中国的扩张和启示[J]. 世界经济与政治，2005(2)：9，78-82.

提供汉语教学资源；开展汉语考试和汉语教师资格认证；提供中国教育、文化等信息咨询；开展中外语言文化交流活动”①。这些规定仅仅界定了孔子学院的大框架，没有强制性地要求孔子学院的具体职责。各地的孔子学院可以根据所处环境和自身条件的差异因地制宜，提高效率。例如：孔子学院在菲律宾主要解决中文教育落后的问题，因此菲律宾的孔子学院多与地方华人所办的学校合作，向华人子女提供基础汉语教学。孔子学院在美国则更多地融入美国的文化环境，参与到社区服务、公共治理等方面的公益活动。孔子学院有四种基本模式：①教学主导型。教学主导型的孔子学院以承担教学为主要目的，如日本的立命馆大学孔子学院、悉尼大学孔子学院。②社区服务型。社区服务型的孔子学院以社区服务为主要切入点，如澳大利亚纽卡斯尔大学孔子学院。③学术研究型。早稻田大学孔子学院便定位于学术研究，尤其是汉学、东方学及全球化等领域。④嵌入型。嵌入型孔子学院主要是指将其嵌入合办机构的日常工作之中，使之成为一个合作化的平台。日本东京樱美林大学和爱知大学的孔子学院除定位于在本地推广汉语和中国文化之外，还积极向其本科生推广汉语课程。

2. 跨文化性

孔子学院面临着国际社会尤其是西方国家意识形态的挑战。在孔子学院走向全球的同时，一些国家的相关人士以其固有的意识形态思维审视孔子学院，称孔子学院为中国文化渗透的“特洛伊木马”，并且警示西方社会透过文化、经济交流的表象认识孔子学院②。毫无疑问，跨文化传播总会面临这样的困境。世界各国将自身的文化系统作为凝聚国家力量的方式本来无可厚非，但是西方国家在贬斥中国传统文化的同时又大力宣传西方文化的普适性，就带有明显的文化优越感的味道了。在文化评价过程中应当保证公平与客观，切忌价值判断先于逻辑判断，不论是评价中国传统文化还是中国化的马克思主义，首先认定其意识形态意义就是一种文化偏见。

虽然孔子学院在走向全球时遭到西方文化偏见的阻碍，但是还是取得了良好的发展。2004—2014 年，孔子学院从无到有，积少成多，在 125 个国家建立了 471 个分支机构。这充分说明了孔子学院作为中国传统文化的跨文化传播工具是成功的、有效的。

（二）孔子学院的优势

孔子学院在中国传统文化的传播过程中优势突出，主要表现在以下三个方面：

1. 孔子学院是中国与世界各地文化交流的桥梁

除了开展日常的汉语教学、科学研究、社区服务以外，孔子学院还在国外学生留学中国的服务中扮演着愈加重要的角色。孔子学院承担着向本地学生介绍前往中国留学相关事宜的部分任务，尤其是对那些希望拿到中国政府奖学金的非洲学生。

---

① BOGDAN R，BIKLEN S K. Qualitative research for education：An introduction to theory and methods（3rd ed.）［M］. Boston，MA：Allyn & Bacon，1998.

② 吴瑛. 对孔子学院中国文化传播战略的反思［J］. 学术论坛，2009（7）：5.

2. 孔子学院成为增进中国与相关国家友谊的象征

2014 年 7 月习近平总书记在访问巴西与巴西总统迪尔玛·罗塞夫时，共同见证了巴西塞阿拉联邦大学校长、坎皮纳斯州立大学校长、帕拉联邦大学校长与汉语国际推广领导小组办公室主任许琳签署设立孔子学院的签字仪式，从此巴西的孔子学院从原来的 7 所增加至 10 所①。

3. 孔子学院是提升中国软实力的重要路径

“软实力”是由美国哈佛大学教授、美国国防部前部长助理约瑟夫·奈（Joseph Nye）提出的。相对于经济、军事实力等“硬实力”而言，“软实力”是指一个国家的影响力、吸引力和传播力。文化是软实力的核心，最具渗透力。中国传统文化是中华民族和国家的灵魂，是传承知识和记录历史的重要纽带。借助孔子学院模式，中国传统文化作为软实力的一个重要方面发挥了重要的作用。

孔子学院的核心职能是通过传播本国的语言文化来提升国家形象和文化影响力，文化传播和国家形象构建本来就是相辅相成的。语言是文化的载体，传播语言是传播文化的前提条件。长期以来，西方世界及其他国家和地区由于受到国外媒体及政府宣传的影响，对中国形象都有一定程度的歪曲和误解。中国官方的传播机构走出国门传播中文，从一定程度上来说为世界人民打开了一扇了解中国文化的窗口。

四、中国化的马克思主义文化的国际化

中国传统文化和中国化的马克思主义具有同质性，这是中国化的马克思主义可以借鉴孔子学院传播模式的基础。首先，两者都是中国智慧的产物。在思想渊源方面，虽然马克思主义源于西方，但是国内学者对于中国化的马克思主义的传统文化范式的探究②，都说明两者在思想渊源上具有一致性。两者的产生都是为了解决中国历史进程中的困境，都运作稳定且成效显著。其次，两者都具有鲜明的中国特色。一方面，中国传统文化和中国化的马克思主义都与中国实际相结合，在不断的实践过程中发展；另一方面，两者都是中华民族凝聚力的重要来源。

在当前语言差异日益明显、文化壁垒不断增加的背景下，中国化的马克思主义应当以构建传播模式为重点进行系统化传播从而增强其在世界范围内的影响力和话语权。具体可以从以下两个层面展开：

（一）基础：打破“自说自话”的困境

在马克思、恩格斯的著作被译介到中国的过程中，“中国化”的过程就已经开始了③。

---

① 李军，田小红. 中国大学国际化的一个全球试验：孔子学院十年之路的模式、经验与政策前瞻［J］. 中国高教研究，2015（4）：13.

② 注：如金观涛认为中国化的马克思主义的起点是中国宋明时期的理论范式与西方马克思主义思想的结合。具体可参见金观涛，刘青峰. 中国现代思想的起源：超稳定结构与中国政治文化的演变：第 1 卷［M］. 北京：法律出版社，2011.（第三章：理性化以及意识形态再塑造）。

③ 张立波. 翻译与马克思主义中国化［J］. 现代哲学，2007（2）：9.

从“五四运动”开始算起，中国化的马克思主义的发展也有近百年了，产生了大量的研究成果，但是中国化的马克思主义在国际化中遇到了不少难题。作为中国的官方意识形态，中国化的马克思主义在学术界成为显学。政府投入大量的资源和力量进行学科建设，但是中国化的马克思主义在理论界普遍缺乏对外交流的意愿和途径，国内的交流与研讨在中国化的马克思主义的发展中占据着绝对的优势地位。中国化的马克思主义的这种“自说自话”的困境需要通过构建马克思主义的中国学派来解决。马克思主义的中国学派要用中国的语言范式、中国的思维方式、中国的传统文化来阐释马克思主义。

当前，我国大部分高校建有马克思主义学院，这些马克思主义学院是中国化的马克思主义研究的中坚力量。但是中国高校的中国化的马克思主义研究也面临着专业知识不足、研究深度不够、学者鱼龙混杂等问题。当下，首先要解决的就是科研人员的知识储备不足的问题。要研究马克思主义，就必须回到马克思主义的经典著作之中；要具有中国特色，就必须与中国传统文化和中国实际相结合。教条地、机械地对待马克思主义经典只会将其变为一种精致的自我证实的乌托邦。

中国化的马克思主义面临的另一个重要问题是缺乏整合。在马克思主义教育层面，中国建立了从本科到博士的系统化教育体系，大量学者都在研究马克思主义。但是中国化的马克思主义学者的研究趋于分散化，缺乏对于学术观点的基本共识。虽然学术争鸣是学术繁荣的前提，但是缺乏学术共识、观点分散化和碎片化是中国学派难以形成的一个重要原因。

想要形成有影响力的中国化的马克思主义，应当鼓励学者回到经典并且面对现实，将马克思主义经典理论与中国的实践相结合，形成系统化的认知和共识。

（二）关键：构建系统的国际化战略

孔子学院在传播中国传统文化方面的成功经验为中国化的马克思主义国际化提供了经验。中国化的马克思主义与传统文化一样面临着跨文化传播的困境。中国化的马克思主义可以借鉴孔子学院在跨文化传播方面采用的灵活方式，根据受众特点采取相应的方法嵌入受众的生活之中。

首先，应当建立一个系统化的类似于汉语国际推广领导小组办公室的机构，该机构主导中国化的马克思主义国际化的相关工作。专业化的传播人员和研究人员可以制定系统的国际化方案，从而使中国化的马克思主义国际化在过程上更专业，在结果上更具效率。其次，中国化的马克思主义应当作为一种文化产品而非意识形态进行国际化。近年来，世界各国对于意识形态安全愈加重视，意识形态传播容易引起别国的担忧甚至反感。在进行国际化的过程中，应当强调中国化的马克思主义的文化属性并弱化其意识形态色彩。别国意识形态在本国传播可能会对本国的统治构成威胁，但是文化交流却不会被认为具有威胁。最后，中国化的马克思主义国际化应当坚持“走出去和引进来”并行的方案。一方面，积极与国外马克思主义甚至是哲学领域对话，让中国化的马克思主义走出国门，在国际学术界发出自己的声音。另一方面，马克思主义中国化的指导机构应当像孔子学院一样吸引外国留学生来中国学习。吸引外国留学生在中国学习中国化的马克思主义理论，可以起到“以点带面”、破除国外对中国化的马克思主义的偏见的作用。

孔子学院的经验表明一个以翻译、学术交流、社区关怀构成的国际化战略的可行性。中国化的马克思主义如果想要走出国门、形成国际影响力，就要借鉴孔子学院的传播模式，形成系统的马克思主义传播体系。

大学生生态道德教育的内容及路径探索

叶　俊

（重庆工商大学马克思主义学院　重庆　400067）

摘要： 将生态道德教育纳入高校思想政治教育体系中，是思想政治教育本身走在时代前列的内在要求。大学生生态道德教育要将生态道德规范具体化，其主要内容包括正确的自然观、科学的发展观、合理的生命观和健康的消费观。我们需要通过加强理论教育、强化环境熏陶和坚持实践养成等路径实现对大学生的生态道德教育。

关键词： 生态道德教育；生命观；发展观；发展理念

生态道德由生态和道德两个词构成，其中生态在《现代汉语词典》中被释义为“生物在一定的自然环境下生存和发展的状态，也指生物的生理特性和生活习性”。也就是说，生态包含了一切生物（包括人）的生存状态、与生物息息相关的环境以及与生物相关的关系三个方面的要素。而道德则是指调整人们相互关系的行为准则和规范。具体来说，道德是一种普遍存在于人类社会中的特有的人文现象，它主要依靠社会舆论环境、传统风俗习惯以及人民内心信念的监督来维持，是以善恶为评价标准的行为准则、心理意识和处事规范的总和。

生态道德打破了传统道德狭隘的人际关系范畴，将原本只存在于“人与人”和“人与社会”两个维度的道德推及人与自然的关系领域，它是以实现人与自然之间的和谐关系为最终目标的一个新兴道德范畴，把人的社会实践活动作为中介，形成了“人—自然—社会”的三维立体结构。具体来说，生态道德是一种随着人类实践的丰富性而产生的新的道德观念，它是人类在追求与客观自然界互利共存、和谐相处的目标时，必须对客观自然界自觉主动承担的责任和义务；是人类在追求社会整体可持续发展之时，必须遵循的道德原则和行为规范。作为中国特色社会主义现代化事业的未来建设者，大学生进行生态道德教育具有重要意义。

一、开展大学生生态道德教育的重要性

随着人类经济、社会、文化、科技等各方面的繁荣发展，全球生态问题却越来越严

重，人与自然的关系问题成为全球性、时代性的难题。对此，人类不断地审视和反思自己的行为，逐步意识到自身无限的物质欲望以及对自然无节制的利用是造成生态危机的根源。因此，严重的生态危机倒逼人类自觉地约束和限制自己的行为，追求人与自然和谐发展。“生态道德教育”这一命题应运而生，20 世纪 70 年代中期，在贝尔格莱召开的国际环境教育会议首次提出了“生态道德教育”。此次会议的主题是：我们需要一种新的全球伦理，它是一种应该赞成一切生命物体在生物圈中拥有同等地位的观点、态度和行为，认可人与自然、人与人、人与社会有着不断变化的关系，并能及时敏感地对此做出反应；教育过程和教育制度的改变，是建立这种新的全球伦理的核心所在。因此，生态道德教育是人与自然和谐共处、人类社会整体而全面地可持续发展的灵魂所在，是 21 世纪道德教育的一个极为重要的主题，仅靠“科学无法创造出一个和谐的世界观，消费无法填补心灵的空虚”①。因此，生态道德教育成为高校思想政治教育的重要内容。高校思想政治教育应该具有走在时代前列的前瞻性，将生态道德教育纳入高校思想政治教育体系中，这是思想政治教育的内在要求，可以对高校思想政治教育体系进行有益的补充和完善。

大学生生态道德教育，就是针对大学生群体，在教育过程中完善生态道德理念和生态道德规范的内容，遵循主体性、整体性、实践性和针对性的原则，为了让大学生拓宽视野、把眼光放在人类长远生存与发展，从而引导大学生自觉提高生态道德认知水平、培育生态道德情感、坚定生态道德信念、增强生态道德意志、践行生态道德行为，使得大学生在日常生活中自觉尊重自然、保护自然、感恩自然，与自然互利共存、和谐相处。

二、大学生生态道德教育的主要内容

任何一项教育活动都有其独特的内容，这是提升教育活动实效性的基本保证。高校思想政治教育中的生态道德教育内容十分丰富。针对大学生群体的现状，高校应该主要从强化生态道德理念和提供可供参考的具体生态道德规范等方面入手。生态道德规范是将生态道德理念变为生态道德行为实践的桥梁和纽带。这就要求大学生生态道德教育要将生态道德规范具体化，帮助大学生更加明确在实际生活中衡量生态道德水平、践行生态道德行为的方向。具体来讲，生态道德教育的主要内容包含以下几点：

（一）正确的自然观

自然观是指人类关于客观自然界的总体看法和根本观点，其中不仅包含对客观自然界的本原、结构和功能、演化和演进规律的认知，而且包含对人类自身与自然的关系方面的根本认知。由于人类生存与发展首先要面对和依靠自然界，因此自然观在世界观处于最基本的位置。

人类进入工业社会以来，形成了以人类为中心的自然观，即人类是整个生态系统的中心，人类追求的价值和意义即世界上唯一的价值和意义，客观自然界本身的存在与发展都

---

① 铃木，麦康纳. 神圣的平衡［M］. 何颖怡，译. 广东：汕头大学出版社，2003：35.

不具有任何价值和意义，只有满足人的需要与人发生关系时，客观自然界才能体现出工具性价值和意义。在这种以人类为中心的自然观中，人是自然的主体，自然是人的客体，人必须靠征服、掠夺自然才能实现自身的价值和意义，人与自然的关系是对立的。但是这种以人类为中心的自然观片面强调了人的主体性，忽略甚至是无视自然的价值和意义。因此，人类在现代文明的创造过程中对生态环境造成了破坏，出现了严重的生态问题。

与之相对立的就是自然中心主义价值观，它“把自然界确立为唯一的价值和目的的中心，自然界只具有内在价值而不具有对人的工具价值”①。自然在这里被上升到了与地球上所有生物平等的层面，这在一定程度上缓解了人与自然之间的矛盾关系，但是由于自然中心主义者过分注重确立客观自然界在世界中的地位和作用，造成了人的地位和作用的缺失，从而丧失了人的主观能动性和创造能力，这种自然观对人而言是极为不公平的。“如果将自然中心主义环境伦理学的内在价值论推到极端，成为一条绝对的道德律令，那就意味着取消人类的生存。”②

在大学生生态道德教育的过程中，我们应该辩证地对待人与自然的关系，运用马克思主义基本理论中辩证唯物主义和历史唯物主义的自然观和历史观，坚持人与自然的对立统一关系，使学生从根本上认识到在实践中不仅要利用客观自然界的工具价值，而且要尊重客观自然界的内在价值，从而实现人与自然的和谐共处、永续发展。

（二）科学的发展观

在对自然观有了全面客观的了解后，如何依靠自然实现发展就是摆在人类面前的难题。人类在寻求社会进步和经济发展的过程中，无法避免地要从生态环境中获取一定的资源，但只有充分地尊重自然、保护生态环境，不对其肆意掠夺和破坏，才能实现真正意义上的可持续发展。科学的自然观的实质就是要求人类在社会、经济和生态环境三者之间寻找平衡，因此可持续发展成为协调人与自然关系的一个重要理念。这个源于人与自然关系的生态理念，已经成为涉及生态环境、经济、社会、文化以及国际关系协调等多方面的科学发展理念。

20 世纪 80 年代以来，发达国家主导形成了“发展=经济的增长+社会的进步+人的全面发展”的发展观，发展的终极目标不仅在于彻底改善全体人民的生活质量、提高全体人民的生活水平，而且在于人民所处的文化、社会、生态、政治和精神环境等，要达到人与自然、人与人、人与社会以及人与自身之间关系的平衡与和谐。可持续发展是既要满足当代人的需要，又要对后代人负责，不能透支自然的资源，不对未来构成任何危害的一种科学发展观。但在我国现阶段的经济社会发展实践中，仍然存在着片面理解发展目标为单纯地追求经济增长，盲目地追求发展规模和发展速度，不注重发展的品质和发展效益，在发展动力上更多地倾向于资源和要素的投入，不注重人的创新能力的挖掘等问题，从而导致

① 张德昭. 深度的人文关怀环境伦理学的内在价值研究［M］. 北京：中国社会科学出版社，2006：114.

② 张德昭. 深度的人文关怀环境伦理学的内在价值研究［M］. 北京：中国社会科学出版社，2006：285-286.

经济的增长与社会的进步和人的全面发展之间不能同步，割裂了发展的整体性和系统性，造成了人与自然、人与人、人与社会以及人与自身之间关系失衡的被动局面。在党的十八届五中全会上，以习近平同志为核心的党中央提出了“创新、协调、绿色、开放、共享”的新发展理念，旨在实现更高品质、更有效率、更加公平、更可持续发展的经济，集发展目标、发展战略、发展动力、发展品质和发展路径等于一体，坚持以人民为中心的发展思想，对实现人的全面发展和经济社会的持续健康发展具有极为重要的指导意义。

在大学生生态道德教育中加强科学的发展观和发展理念的教育，就是通过大学生对科学的发展观和发展理念的全面和深入认识，培育他们的可持续发展精神，培养他们长远的发展眼光，使他们成为能够肩负起时代责任的社会公民。

（三）合理的生命观

生命观隶属于世界观，是人类对自然界一切生命物体的观点和态度的总和，其中包括对人类自身生命的观点和态度。生命观最基础的一环就是对自然界一切生物的观点和态度。合理的生命观是所有生态道德规范中处于最基础地位的部分，是其他一切生态道德规范的前提。因此，对大学生进行生态道德教育，就需要进行合理的生命观教育，就要求大学生形成对生命的正确和科学的观点和态度，必须学会感恩自然，善待一切生命。

第一，要热爱自然、感恩自然。人是自然的产物，人类的生存和社会的发展只有依赖于自然才能实现。我们要感恩自然，积极主动地对自然负责。

第二，要珍惜生命、善待生命。生态环境的多样性，造就了今天人类生活的色彩斑斓、多姿多彩，地球上存在的所有生命体都拥有生存的权利。我们只有珍惜动植物，保障地球生物多样性，才能维持自身生存和发展的空间。

（四）健康的消费观

健康的消费观在高校生态道德规范教育中占有重要地位，因为绝大多数大学生目前处于消费状态，他们并未加入工业生产的活动。

第一，要充分利用、节约资源。我们在日常生活和学习中，要有节制、有计划性地利用已有的自然资源，实现自然资源的综合利用、循环利用和可持续利用。坚决倡导节约身边的资源、保护身边的自然环境，坚决抵制铺张浪费、污染破坏自然环境的行为。

第二，要绿色消费、适度消费。绿色消费是指：在消费过程中自觉抵制对环境有影响的物质产品和消费行为，购买在生产和使用中对环境友好以及对健康无害的绿色产品①。适度消费要求我们放弃和杜绝奢侈浪费性、炫耀铺张的生活和消费方式，使消费与生态环境和资源的承载能力相适应。

---

① 俞田荣. 环境伦理学［M］. 长春：吉林人民出版社，2008：233.

三、大学生生态道德教育应遵循的路径

（一）加强理论教育

理论教育是任何教育的基础和保障，而在高校中，课堂教育作为理论教育的主要渠道和阵地，不仅是理论知识教学互动的基本载体，而且是实现教育目标的重要媒介。因此，在大学生生态道德教育过程中突出理论教育的地位和作用，可以帮助大学生对基础理论和相关理论进行全面掌握，增强理论的说服力，更好地提升大学生的生态道德素质。

为了帮助大学生全面掌握生态道德教育的基础理论和相关理论，我们可以通过专业学科或各个学科全面渗透的方式来进行。首先，开设与生态道德教育相关的公共必修课。这要求在高校开设的公共必修课体系中融入生态道德教育，例如，可以将大学生生态道德修养、生态哲学、生态科学、生态伦理学等专业性的基础课程设置为公共必修课，无论是人文社会科学还是理工科的学生都要达到修满特定的学分标准才能取得毕业资格，如此一来可以有效地普及生态道德教育。其次，将生态道德教育充分与思想政治理论课相结合。因为思想政治理论课是大学生的通识必修课，是高校进行思想政治工作的最主要阵地。尤其是在马克思主义基本理论中，辩证唯物主义和历史唯物主义的原理赋予了生态道德理念和信仰以最科学的理论基础，同时为大学生生态道德教育指明了最科学的方向。努力使对大学生的教育从传统的道德和法律层面，纳入“人—社会—自然”的三维立体教育模式当中。最后，还可以增设生态道德教育的公共选修课，如人与自然、环境社会学等课程，由此深化大学生对生态道德相关理论的认识和理解，提升其生态道德素质。

（二）强化环境熏陶

知名的美国教育学家柯尔伯格曾说：“道德行为通常发生在社会或团体背景之中，背景则深刻地影响个人的道德决策。”① 这里所说的“背景”一词就是指会影响个人道德行为的环境。正如马克思和恩格斯所言“人创造环境，环境也创造人”，抑或是中国古代智人提出的“近朱者赤，近墨者黑”，这些都表明好的社会环境可以使置身其中的社会个体受到正面的熏陶和感染，反之，不好的社会环境则会对社会个体造成不良的影响。

强化大学生生态道德教育的环境熏陶，“把我们的教育意志转化为无处不在的教育环境，使德育的目标与德育的内容成为人们生活环境中不可或缺的一部分，通过有意识设计的环境导向与环境渗透成为被人们所理解、所接受、所习惯的社会现实，从而达到教育目的”②。首先，要加强对校园生态文化环境的构建，从校园物质、精神和制度等各个方面分别进行创建，把学生置身于优化的校园生态文化环境氛围之中，“润物细无声”地强化其保护环境的观念、自觉树立生态道德意识，促使学生主动参与生态文化的建设活动，从而推动校园生态文化建设活动的进一步深化。校园生态文化的主题建设与大学生生态道德教

---

① 柯尔伯格. 道德教育的哲学［M］. 杭州：浙江教育出版社，2001：167.

② 陈敬朴. 环境的导向性与德育［J］. 教育研究，1992（4）.

育之间相辅相成、相互促进，可以形成良性循环。其次，营造良好的网络生态道德教育环境。在科学技术日新月异的今天，互联网成为人们尤其是大学生日常生活中必不可少的学习和交流工具。营造良好的网络生态道德教育环境，为大学生提供积极健康的绿色网络平台，可以净化大学生构建生态道德观念的微环境。创建极具特色和吸引力的生态主题网络平台，发起大学生自行制作与生态道德教育相关的网站、网络应用或网页的网络竞赛，让他们在亲身参与的过程中，自觉掌握更多与生态道德相关的理论知识以及形成更加正确的自然观念等。最后，加强家庭生态道德教育环境的创建。家庭是大学生接受生态道德教育的一个重要渠道。例如，和睦亲邻的家庭关系、父母为孩子示范适度消费和绿色消费的行为习惯等，都可以促进大学生树立正确的生态道德意识，养成合理的生态行为习惯，并且更加有效地推进大学生生态道德教育的进程。

（三）坚持实践养成

生态道德教育既是理论方面的教育，由于其特殊的性质，又是实践方面的教育。因为实践活动本身蕴含着除了基础理论之外的许多信息，更加直观地告诉学生应该倡导什么，或者应该拒绝做出什么行为。

因此，我们应大力倡导和营造机会让大学生在接受生态道德教育时能走出课堂、走出校园，并且能自觉地、有意识地走向社会、走向实践。首先，组织开展多种类型的社会实践活动。例如，鼓励大学生充分运用自己的寒暑假，对自己家乡所面临的迫切生态问题进行调查和研究，或者对自己家乡独特的动植物资源进行摸底等，这些都将引起大学生的极大兴趣，从而增强大学生对自然和环境的直观感受，使他们自觉树立起保护自然环境的意识。或者以学校学生工作部、学院学生工作组等单位为组织者，组织对大学生参加生态道德教育实践活动。其次，利用与环境保护相关的节日进行相应的实践活动，可以在节日当天开展相应的宣传活动，充分调动大学生的参与积极性，鼓励大学生亲自参与实践活动，使他们积极主动地成为生态道德教育宣传活动和各种实践活动的主力军。最后，各高校也可以根据当地生态环境特点，与高校所在的生态环境局展开互动交流，让学生了解并认识当前亟待解决的生态环境问题，引导学生进行具有当地特色的生态道德教育实践活动。

参考文献：

[1] 曾建平. 寻归律色：环境道德教育 [M]. 北京：人民出版社，2004.

[2] 张德昭. 深度的人文关怀环境伦理学的内在价值研究 [M]. 北京：中国社会科学出版社，2006.

[3] 邱柏生. 试论思想政治教育生态研究的方法论意义：兼论生态德育研究的方法论指向 [J]. 思想政治教育，2011 (8)：3-7.

新时代高校思想政治理论课教学改革创新研究

——“互联网+思想政治理论课”混合教学模式研究[①]

张寒梅　龙睿赟

（重庆工商大学马克思主义学院　重庆　400067）

摘要：中国特色社会主义进入新时代，高校思想政治理论课应顺应新时代面临的新形势、新任务和新挑战，在教育教学改革中有所创新。传统的思想政治理论课教学以教师为主体，重视理论灌输，教学方法和手段单一，教学空间单调，已受到“互联网+”时代的巨大挑战，实施“互联网+思想政治理论课”混合教学模式势在必行。高校思想政治理论课教学模式的构建，既要符合教育改革的方向，又要顺应时代发展的需要。混合教学模式要符合教学资源开放化、教学时空立体化、师生关系互动化的特征；实施基于在线学习平台的混合式理论教学、基于“互联网+”的研究性学习、基于网络的实践教学。

关键词：互联网+；思想政治理论课；混合教学模式

中国特色社会主义进入新时代，面对新形势、新任务和新挑战，高校思想政治理论课应深化教育教学改革，提升课程的实效性，顺应新时代思想政治工作发展的需要。在新时代的背景下，实施“互联网+思想政治理论课”混合式教学模式改革是课程教育教学改革创新的重要途径。

一、“互联网+”时代高校思想政治理论课面临的机遇和挑战

在“互联网+”时代，思想政治理论课教学模式的构建，既要符合国家整体教育改革的方向，又要顺应中国特色社会主义进入新时代发展的需要。教师既要清楚认识到“互联网+”时代为思想政治理论课教学带来的广阔前景，又要敢于面对“互联网+”时代对思想政治理论课教学提出的严峻挑战。

① 此文为重庆工商大学2019年教改项目“思想政治理论课实施混合式教学模式改革”（项目编号：2019237）阶段性研究成果。

（一）“互联网+”时代高校思想政治理论课面临的挑战

长期以来，我国受苏联教育学家凯洛夫“组织教学→复习旧课→导入新课→讲授新课→巩固新课→布置作业”六环节教学模式影响，形成了“传递→接收”式的传统教学模式。这种教学模式因为其在理论传递、技能巩固中的高效性，被我国高校和中小学课堂教学广泛应用。思想政治理论课承载着对学生知识、能力、信仰、道德培养的多重任务。传统的思想政治理论课教学以教师为主体，重视理论灌输，教学方法和手段单一，教学空间单调，已受到“互联网+”时代的巨大挑战。

1. “互联网+”时代对传统教学模式提出挑战

在人人创造、人人共享的“互联网+”时代，传统行业面临着人、物之间关系的重塑与重构。在传统教学模式下，单向的教学程序、平面化的教学空间、单调的教学手段、单向灌输的师生关系已不能较好地满足大学生的学习需求，因此开放互联的立体教学模式是高等教育改革的趋势。

立体教学模式旨在在“互联网+”时代，以网络为依托拓展教学空间，形成立体化的教学观念、教学目标、教学内容、教学方法、教学手段，并在要素间形成较为稳定的教学结构和活动程序。具体而言，“互联网+”时代的立体教学要借助以现代教育技术为依托的多媒体教学手段，创建从教室、实验室等实体教学空间延伸出的网络教学空间，构建以网络教学平台为基础的教学资源库和师生线上互动空间，形成数字化、交互式、多样化、个性化的人才培养模式。思想政治理论课应紧跟“互联网+”时代的潮流，适应大学生在网络时代的心理需求，变单向、单一的传统教学模式为立体、互动的教学模式。

2. “互联网+”时代对师生关系的重构提出新的要求

互联网在为教学提供丰富的教学信息、先进的教学手段和虚拟的教学空间时，也为思想政治理论课教学师生关系的重构提出了新的要求。

首先，在以互联网技术为基础的信息时代，海量信息通过互联网交汇，各种思想观念激荡、碰撞。一方面，教师在信息接受方面并无明显优势，信息传递的权威性受到挑战；另一方面，处于世界观、人生观、价值观形成阶段的学生，面对复杂多元的信息，缺乏独立的分辨能力和稳定的评价标准，容易受消极信息的影响。思想政治理论课教师如何在纷繁复杂的信息中提高鉴别能力，挖掘出适合大学生心理成长并使大学生信服的教学资源是对教师备课能力的极大挑战。

其次，“互联网+教育”打破了图书馆、实验室、课堂的时空限制，学生学习的主动性、选择性增强，因而不再满足于教师单向度的“满堂灌”。学生渴望在与教师的双向互动中，自主、深入学习。交互式的课堂教学模式对教师的信息储备、应变能力提出了挑战。

最后，传统的思想政治理论课教学重理论，轻实践；重说教灌输，轻信息传播。在“互联网+”时代，大学生通过各种教学资源网站、慕课平台、多媒体网络资源接受信息和知识。如何结合时代潮流，通过鲜活、立体的教学方式、形象生动的教学过程、先进的教学手段，展现理论的魅力，对思想政治理论课教师的教学水平提出了巨大挑战。

（二）“互联网+”时代高校思想政治理论课面临的机遇

课堂教学对互联网的运用经历了教学手段创新、教学时空延伸的阶段。“互联网+”时代，不断推动着教育进入模式创新阶段。

1. 教学手段的更新

在多媒体教学时代，教师就已认识到教学手段、教学方法必须更新，跟上时代步伐，提高课堂效率。最初的教学改革主要体现在电子教案的制作，多媒体课件的使用，音频、视频教学资源的应用上。教师主要通过自身多媒体应用技术的提高，并运用网络来体现教学手段的更新。

2. 教学时空的延伸

在互联网时代，教师除使用多媒体课件外，还运用网络实现与学生的交互通信。教师通过互联网，对教学时空做了立体延伸，实现了线上线下的混合教学，提升了教学的时效性。近年来，很多教师在“慕课”视域下尝试了教学改革。

3. 教学模式的创新

随着互联网技术的进步和互联网与传统行业的深度融合，“互联网+”时代对传统教学提出了新要求。互联网不仅是教学手段，而且要整体融入高校思想政治理论课的教学中，并给传统教学模式带来结构性调整。互联网与教学过程不再是简单的混合，而是通过精心设计的教学过程，实现两者的有机融合。在教学中，互联网不仅是教学工具，也不仅是课堂教学的补充，而且是实现教学模式创新的基础条件。如何在结构性调整中使“互联网+思想政治理论课”教学模式获得创新，是思想政治理论课教学改革必须面对的重大问题，也是既有的研究尚需深入的动力。

三、“互联网+思想政治理论课”混合教学模式的特征

“互联网+”时代，教育领域提出要构建符合新时代要求的立体多元的思想政治理论课教学模式，以实现课堂教学和实践教学、课堂讲授和网络平台、教师讲授和学生自学的一体化。“互联网+”具有“3R”特征，即开放生态的联系（relate）、关系结构的重塑（remold）和人性的尊重（respect）。“互联网+思想政治理论课”要融入“3R”特征，需要拓展师生的信息获取渠道、丰富教学手段、重组教学程序，才能形成立体教学模式。思想政治理论课教师也普遍认同“互联网+”时代，思想政治理论课教学模式应具备多元主体、立体教学、研究性学习、互动交流等特征。

（一）教育资源开放化

“互联网+”时代，高等教育可以在开放的信息环境中广泛寻找教育资源。相比专业课，思想政治理论课有其特殊性，它通过正面的价值导向，帮助大学生树立正确的世界

观、人生观和价值观，达到塑造人、培养人的目的。在开放的互联网生态系统中，信息多而繁杂，错误的思潮和舆论容易被网络放大，思想政治理论课需要更专业、更具导向性的平台为教学服务。当前，各高校思想政治理论课教学主要依赖于本校的网络教学平台。一方面，平台以静态的方式助力搭建个人资源库、课程资源库、学科资源库，实现教师间、师生间、课程间、学科间资源共享；另一方面，平台以动态的方式提供立体、互动的交互功能，拓展教学时空。

（二）教学时空立体化

当前，高校思想政治理论课借助网络教学平台、慕课、微课等手段，使互联网与教学深度融合，变传统“传递→接收”单向灌输式教学模式为课堂教学与网络教学相结合的混合教学模式。这种模式下的教学呈现出立体化的特征：一是教学时空拓展，教学时间不再局限于课堂，空间不再局限于教室；二是教学过程系统化，课堂教学、网络教学、社会实践通过网络形成一体；三是教学秩序重组，学生借助网络变“先教后学”为“先学后教”，教师根据学生的学习情况制订教学计划，促进学生自主学习；四是以互联网为基础的社交工具、自媒体软件、教学平台成为社会实践、课程考试、课程辅导、作业提交、资源共享的新途径。

（三）师生关系互动化

建构主义学习理论强调学生在学习过程中主动构建知识的意义，教师是学生知识意义建构的促进者。师生在教学活动中，交往互动、相互启发形成共识，体现为教学相长。思想政治理论课由于其政治导向性强，教师“满堂灌”特征突出。“互联网+思想政治理论课”重塑了师生关系，体现为师生在教学中的双主体地位。一是，师生间的互动性增强。师生除课堂互动外，还通过网络教学平台、社交软件形成师生互动、生生互动、人机互动的局面。二是，师生主体地位凸显。“互联网+”时代将师生关系由单向变为双向。一方面，教师运用互联网管理课程，主导教学过程，在教学内容中把握正确的政治导向；另一方面，学生借助互联网信息传递，形成管理学习的主体。三是，师生感情更融洽。思想政治理论课是真理性与价值性的统一。它既离不开理论教学的主阵地，又不能缺少师生间的情感交流和真实的社会体验。“互联网+”时代为师生提供情感交流的平台和及时解决学习问题的途径，使思想政治理论课更加“以人为本”。

四、“互联网+思想政治理论课”混合教学模式的创新

在“互联网+”与思想政治理论课的深度融合中，教师在探索借助网络教学平台、慕课、微课等手段，变传统“传递→接收”单向灌输式的思想政治理论课教学模式为自主学习、目标多元、时空立体、师生双向互动的混合教学模式中取得了实践经验，并利用互联网实现了资源共享、信息互通，加快推进马克思主义理论教学与科研、学科建设的进程。

（一）基于在线学习平台的混合式理论教学

在“互联网+”时代，网络教学与课堂教学深度融合，网络教学平台成为第二讲台。

网络教学平台一般设置资源共享、热点讨论、测验考试、信息反馈等项目。教师将占用大量课堂教学时间的视频材料、不易整理的文献资料等上传至教学平台，满足学生自主学习的需要。在讨论区，教师组织讨论热点问题，解答理论难点，引导学生对错误思潮进行批判，具体内容及流程如图 1 所示。

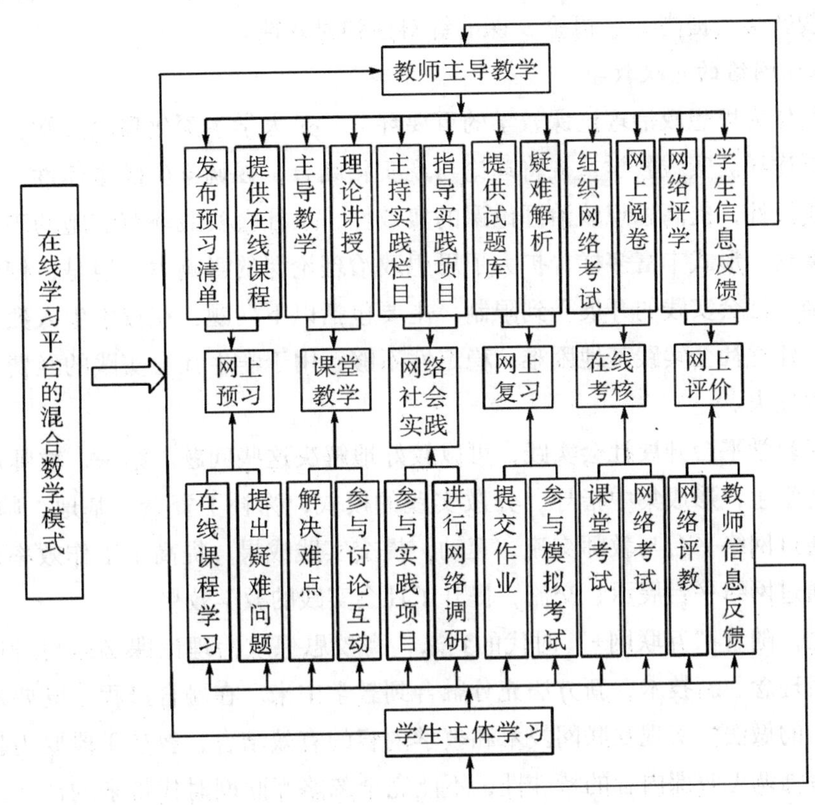

图 1　基于在线学习平台的混合教学模式

教师和学生通过网络教学平台，逐一完成网上预习、课堂教学、网络社会实践、网上复习、在线考核、网上评价六个教学环节，形成“线上”与“线下”同步的教学，使教学时空立体化。

（二）基于“互联网+”的研究性学习

近年来，研究性学习因其问题导向突出，所以在思政课教学中得到广泛运用。研究主题的凝练、研究小组的组建、教师有针对性的指导是研究性学习的基本要素。“互联网+”时代为研究性学习注入了更强的动力。首先，课题的研究借助互联网进行选题、搜集资料、调研，提高了研究效率。其次，教师借助互联网对各研究小组进行有针对性的指导，提升了教学效果。再次，学生借助互联网进行的网络社会实践，为研究性学习理论联系实际提供了多种渠道。最后，研究性学习的成果可以通过互联网展示、评价、反馈信息，获得更全面、更广泛的效果。

专题教学、课题教学是研究性学习的重要形式。以“毛泽东思想和中国特色社会主义理论体系概论”课（以下简称“‘概论’课”）为例，该课程因内容覆盖面广，学生有“马克思主义基本原理”和“中国近现代史纲要”学习的基础，部分高校采取了专题教学、课题教学的形式，取得了很好的效果。教师围绕热点、难点、重点设计专题，教学主动性增强；根据学生的基础和能力安排教学进程，做到因材施教；针对现实问题答疑解惑，设计实践教学，提高了“概论”课的针对性和时效性。

（三）基于网络的实践教学

社会实践作为思想政治理论课教学的重要环节，是大学生深化理论认知，并将理论外化于行的重要途径。实践教学重视将理论与现实相结合，强调学生的主体性，有利于激发学生学习的积极性，提高思想政治理论课的实效性。从社会实践环节实施的现状看，各高校的重视程度高，形式丰富多样，扩大了思想政治理论课的影响力。但是，校外社会实践存在种种困难，社会实践的开展受到限制，主要包括以下问题：在校学生人数多，难以开展社会实践；建立社会实践基地困难，稳定性不够；用于学生社会实践的经费不足；管理任务繁重、责任大。

通过网络教学平台开展社会实践，可以较好地解决这些问题。第一，教师通过网络平台指导、管理学生，形成集中指导、分散实践的模式，弥补了资金、基地、师资的不足；第二，学生通过网络平台与教师交流、互动，提交实践成果，提高了工作效率；第三，实践成果可以通过网络平台展示、交流，提升了社会实践的教学效果。

总而言之，随着“互联网+”时代的到来，高校思想政治理论课必须与时俱进，把互联网时代的新理念、新技术、新方法充分融合到教学中来。在融合过程中既要避免为采用新技术而采用的做法，实现互联网技术和教学内容的有效结合，教学手段要为教学内容服务；又要避免强调思政课内容的特殊性，不能完全忽略互联网时代带来的社会环境的深刻变化，不能拒绝改革和创新。

参考文献：

［1］仰义方．高校思想政治理论课网络教学模式探讨［J］．内蒙古农业大学学报（社会科学版），2017（2）：71-75.

［2］陈慧军．“互联网+”行动下大学生思想政治教育创新探究［J］．沈阳建筑大学学报（社会科学版），2016（3）：302-306.

［3］王双群．新媒体环境下思想政治理论课教学方法创新的思考［J］．思想理论教育导刊，2015（11）：111-115.

［4］王斌．互联网时代思想政治理论课网络实践教学创新［J］．教育现代化，2018（7）：108-109.

论重庆红色文化融入高校思想政治教育的实现途径

田　慧

（重庆工商大学马克思主义学院　重庆　400067）

摘要：重庆红色文化是中国先进文化的重要组成部分，是高校思想政治教育的宝贵资源。将重庆红色文化融入高校思想政治教育具有重要的现实意义，应该探索重庆红色文化融入高校思想政治教育的有效实现途径，传承弘扬红色文化，增强高校思想政治教育的亲和力、凝聚力和感染力。

关键词：重庆红色文化；高校思想政治教育；价值意义；途径

习近平总书记指出："高校立身之本在于立德树人。"高校思想政治教育关系高校培养什么人、怎样培养人以及为谁培养人的问题，使命光荣，责任重大。中华民族优秀传统文化、党带领人民创造的革命文化和社会主义先进文化，为高校思想政治教育提供了深厚文化支撑。重庆红色文化作为中国先进文化的重要组成部分，具有鲜明的政治性和思想政治教育性，是高校思想政治教育的宝贵资源。在高校思想政治教育开展过程中融入重庆红色文化，既有利于传承和弘扬红色文化，又有利于增强高校思想政治教育的亲和力、凝聚力和感染力。

一、重庆红色文化的内涵及特点

（一）重庆红色文化的内涵

红色文化主要指中国共产党领导中国广大人民在长期的革命斗争和社会主义建设实践中所形成的伟大革命精神和物质载体。重庆是有着光辉革命历史的英雄城市，重庆红色文化是指，中国共产党在重庆领导人民进行革命斗争和社会主义建设实践过程中所形成的伟大革命精神以及物质载体的总和。精神形态的重庆红色文化主要包括坚贞不屈、视死如归的红岩精神，同仇敌忾、忠诚爱国的抗战精神，社会主义建设时期艰苦创业、积极进取、舍己为人的三线建设精神与顾全大局、舍己为公的三峡移民精神。物质形态的重庆红色文化资源丰富，全市共有革命文物 423 处，登记备案革命纪念馆 27 家，馆藏革命文物29 374 件，其中珍贵文物 5 137 件，各级各类爱国主义教育基地 208 个。其中，与中国共产党领导的革命斗争紧密联系的红色文化遗址以及场馆数量众多，如红岩村、渣滓洞、白公馆、红岩革命纪念馆、歌乐山烈士陵园、周公馆、桂园、杨闇公烈士故居、聂元臻元帅故居、《新华日报》总馆旧址、中国民主党派历史陈列馆等。

（二）重庆红色文化的特点

1. 重庆红色资源内容丰富，分布集中

重庆革命历史悠久，红色文化资源内容丰富，分布集中。重庆红色文化包括党在重庆领导革命斗争留下的宝贵物质财富和精神财富，与中华民族抗战有关的精神和物质资源，以及中华人民共和国成立后推进中国特色社会主义发展中所创造的物质与精神财富。重庆自近代开埠通商以来，地位日益重要。在 20 世纪 30 年代，重庆已经成为百万级人口城市，党在重庆设立南方局、八路军办事处，以重庆为中心开展大量革命活动。因此，重庆红色文化资源分布较为集中。重庆红岩联线文化发展管理中心数据显示，重庆主城区红色文化资源分布集中，集聚着红岩魂革命烈士纪念馆、烈士墓、白公馆、渣滓洞等几十处革命遗址。

2. 重庆红色文化与时俱进，内涵深刻

重庆红色文化是中国共产党领导人民在新民主主义革命和社会主义建设过程中形成的先进文化，始终处于时代发展的前沿，引领时代发展的潮流和方向。从红岩精神、抗战精神到三线建设精神，再到三峡移民精神，重庆红色文化与时代发展紧密结合，具有深刻内涵。红岩精神是以周恩来为代表的老一辈无产阶级革命家、共产党人和革命志士在抗日战争及解放战争初期斗争中形成的“刚柔相济、锲而不舍、以诚相待、团结多数、善处逆境、宁难不苟”的革命精神。抗战精神是抗战时期中国共产党在重庆与国民党左派以及民主党派密切合作以及国共两党抗日合作形成的“爱国、团结、争取民族独立”的革命精神。中华人民共和国成立后重庆成为三线建设核心城市，承建国家安排的 200 多个重点项目、30 多个配套项目，在社会主义建设过程中形成了“艰苦奋斗、不计得失、迎难而上、一往无前”的三线建设精神。改革开放时期，三峡工程迁移百万民众，形成了“舍小家为大家、顾全大局、舍己为公”的三峡移民精神。

3. 重庆红色文化感人至深、催人奋进

重庆红色文化感人至深、催人奋进。江竹筠、彭咏梧、许晓轩等红岩革命先烈，在敌人的威逼利诱面前，威武不屈。无论是惨无人道的皮鞭、镣铐、老虎凳、竹签子等酷刑，还是血腥的屠刀，都不能动摇他们对党的无限忠诚和坚定信念。他们用革命的激情和英雄的浪漫写下了坚定的誓言“为了免除下一代的苦难，我们愿——愿把这牢底坐穿”，用鲜血和生命实现了誓言。他们所代表的红岩精神体现了中国共产党人崇高思想境界、坚定理想信念、浩然革命正气，感人至深，催人奋进，具有深刻的感染力与说服力，能够引发大学生的情感共鸣，激发大学生心中的正能量，激励大学生勇担中华民族伟大复兴的时代重任。

二、重庆红色文化融入高校思想政治教育的价值意义

（一）重庆红色文化为高校思想政治教育提供宝贵资源

习近平总书记强调，“中国革命历史是最好的营养剂”“要把红色资源利用好、把红色传统发扬好、把红色基因传承好”①。重庆红色文化内涵深厚，重庆红色文化所蕴含的红岩精神、抗战精神以及社会主义建设和改革开放时期形成的三线建设精神、三峡移民精神，承载的是革命先辈以及中国人民波澜壮阔的革命史、艰苦卓绝的奋斗史、可歌可泣的英雄史，为高校思想政治理论课的开展提供了丰富的事实与鲜活的案例，能够有效融入高校思想政治教育相关理想信念教育、爱国主义教育、道德规范教育等内容之中，从而提高大学生的政治觉悟、思想觉悟、道德品质。

（二）重庆红色文化为高校思想政治教育提供价值引领

当前我国正处于快速发展的转型期，拜金主义、个人主义、历史虚无主义等不良的思想文化、价值观念对大学生的思想观念、价值观念产生冲击。一些大学生政治信仰缺失、理想信念模糊、价值取向扭曲、社会责任缺失，甚至质疑中国革命和社会主义建设的历史成就。习近平总书记指出，古今中外，每个国家都是按照自己的政治要求来培养人的，世界一流大学都是在服务自己国家发展中成长起来的。我国社会主义教育就是要培养社会主义建设者和接班人。因此，高校思想政治教育就是对大学生进行爱国主义、集体主义、社会主义教育，将大学生培养成为有理想、有道德、有纪律、有文化的社会主义新人。重庆红色文化所包含的红岩精神、抗战精神、三线建设精神、重庆三峡移民精神体现了英勇无畏、自强不息、奋斗奉献的革命精神风貌，蕴含着积极向上的价值观。将重庆红色文化融入高校思想政治教育能够为高校思想政治教育提供价值引领，促进大学生对红色文化的认同，促使大学生从中汲取精神力量，并将之内化为执着追求和坚定信念，树立起正确的世界观、人生观、价值观。

（三）重庆红色文化能够增强高校思想政治教育的感染力与说服力

当前高校思想政治教育注重课堂理论灌输，教育方式较为单一，缺乏感染力与说服力，难以使大学生在思想上和情感上与高校思想政治教育产生共鸣。重庆红色文化蕴含着丰富、鲜活的革命和社会主义建设先进人物的英勇事迹，蕴含着中国共产党领导下重庆人民在新民主主义革命、社会主义建设、改革开放时期的厚重历史事实、蕴含着丰富的革命文化。高校在思想政治教育过程中应该重视弘扬红色文化，增强高校思想政治教育的感染力与说服力。高校应该引导学生了解风云激荡的历史事实以及革命先烈感人至深的革命事迹，组织大学生缅怀革命先烈、参观红色历史遗迹、革命场馆，吸引、感染、打动大学

① 习近平. 弘扬“红船精神”走在时代前列［N］. 光明日报. 2005-06-21.

生，使大学生能够身临其境、感同身受，深刻理解中国共产党领导中国人民革命、建设、改革的艰辛探索与辉煌成就，深刻领悟革命文化、革命精神，从而潜移默化地提升大学生思想素质、道德修养，实现高校思想政治教育的目标。

三、重庆红色文化融入高校思想政治教育的途径

习近平总书记强调，要坚持把立德树人作为中心环节，把思想政治工作贯穿教育教学全过程，实现全程育人，全方位育人①。重庆红色文化蕴含着丰富的思想政治教育的内容，应将重庆红色文化融入高校思想政治教育全过程。

（一）重庆红色文化融入高校思想政治教育全过程

思想政治理论课是思想政治教育的主要阵地。长期以来，思想政治理论课存在内容抽象、教学方式比较单一的问题。如果将重庆红色文化融入思想政治理论课并创新教学方式，能够增强思想政治理论课的说服力与感染力，增强大学生对红色文化以及思想政治理论的认同。

1. 重庆红色文化融入高校思想政治理论课的教学内容

毛泽东思想和中国特色社会主义理论体系概论、思想道德修养与法律基础、中国近现代史纲要、马克思主义基本原理概论这四门课程是高校思想政治理论课的主干课程。各门课程应依据各自内容特点，实现与红色文化资源的融合。

（1）“毛泽东思想和中国特色社会主义理论体系概论”课程主要涉及马克思主义中国化的理论成果。马克思主义中国化的理论成果是马克思主义理论与中国共产党领导的革命、社会主义建设、改革开放具体实际相结合的产物。在“毛泽东思想和中国特色社会主义理论体系概论”的课程讲授中，教师需要结合中国革命、社会主义建设、改革开放实际，融入鲜活的重庆红色文化，实现课堂教学效果的提升。例如，在讲授新民主主义革命理论时，重庆革命先烈杨闇公、江竹筠英勇无畏、坚贞不屈、视死如归的革命事迹，能够使学生深入了解中国革命胜利的来之不易，深刻体悟新民主主义革命理论的重要性。在讲授走中国工业化道路思想内容时，教师可结合20世纪60年代重庆作为三线建设的重点地区，承建了国家200多个重点项目和30多个配套项目的三线建设历史事实进行讲授。在讲授坚持和加强党的领导相关内容时，教师可结合红岩革命英烈们牺牲以前给党组织留下的“狱中八条”，这些历史可以使大学生深刻意识到加强党的政治建设、思想建设、组织建设、作风建设、纪律建设和制度建设，任何时候都不能放松，广大党员与领导干部要永远保持艰苦奋斗、勤政廉洁的作风。

（2）“思想道德修养与法律基础”课程肩负培养民族复兴时代新人的重任，是提升大学生思想道德素质和法治素养的主要渠道。“思想道德修养与法律基础”课程所涉及的“坚定理想信念”“弘扬中国精神”“践行社会主义核心价值观”“明大德守公德严私德”

---

① 习近平. 把思想政治教育工作贯穿教育教学全过程 开创我国高等教育事业发展新局面［N］. 人民日报. 2016-12-09.

等课程内容可以融合重庆红色文化所蕴含的红岩精神、抗战精神、三线建设精神、三峡移民精神进行讲授，引导大学生了解革命先烈排除万难、无私奉献、奋不顾身的英勇事迹，体会中国革命精神、社会主义核心价值观的本质内涵、时代价值，激励大学生服务人民、奉献社会。

（3）“中国近现代史纲要”课程教授的目的在于使大学生认识近现代中国社会发展和革命、建设、改革的历史进程及其内在规律性，深刻领会中国人民选择马克思主义、选择中国共产党领导、选择社会主义道路与改革开放的历史必然性。重庆红色文化是在中国共产党领导中国人民革命、建设、改革开放的实践过程中形成的，将重庆红色文化融入中国近代史革命、建设、改革开放的各个阶段，能够增强大学生对“四个必然”的理性认同与情感认同，真正领悟只有社会主义才能救中国、只有坚持和发展中国特色社会主义才能实现中华民族伟大复兴的深刻历史结论。

（4）“马克思主义基本原理概论”课程的目的在于使大学生理解把握马克思主义基本原理，学会用马克思主义的基本立场、观点和方法去认识、分析、解决现实问题，树立共产主义远大理想和中国特色社会主义共同理想。在课程讲授过程中，教师可以结合重庆的红岩精神、抗战精神、三线建设精神、三峡移民精神阐明历史唯物主义理论、社会主义及其发展理论，能够增强理论的鲜活性与说服力。

2. 重庆红色文化融入高校思想政治理论课的教学过程

大学生具有较为成熟的自我意识，具有批判性、创造性。高校教师将红色文化融入思政课教学过程中应注重分析学生的认知规律、认知心理、思维方式，创新教学方式方法。高校教师可采取情景教学法、案例教学法、体验教学法、专题讨论等方法让大学生既当“听众”又当“主角”，在平等沟通、互动交流中推动教学内容入脑如心。例如在“毛泽东思想和中国特色社会主义理论体系概论”课程教学过程中，教师可以组织学生演出“重庆谈判”以及江姐“绣红旗”等情景剧，让大学生身临其境，理解红岩精神、抗战精神，深入掌握统一战线理论以及新民主主义革命理论。教师可以开设红岩烈士“狱中八条”的专题讨论课，引导学生思考当今应如何加强党的建设、应如何推进反腐倡廉。教师在教学过程中可以依据教学内容采取案例教学，通过引入杨闇公、江竹筠等革命先烈的具体事迹进行案例教学，来增强大学生对红色文化的认同，坚定大学生的理想信念。在教学过程中，教师可以组织大学生观看《重庆大轰炸》《重庆谈判》《烈火中永生》等纪录片、电影，引导学生阅读《红岩》《记忆之城》，并要求学生以小组形式汇报对红岩精神、抗战精神的认识体会，能够增强学生对重庆红色文化精神内涵的理解与认同。

（二）重庆红色文化融入大学生思想政治实践活动

“纸上得来终觉浅，绝知此事要躬行”，将红色文化融入高校思想政治教育过程中应注重理论与实践相结合，这样才能取得良好教育效果。重庆红色文化资源丰富，教师应该有效利用红色文化资源并组织学生开展思想政治实践活动，在实践中增强学生对红色文化的理解，坚定学生的红色文化自信。

1. 组织大学生参观红色革命遗址，进行实践教学

重庆文化资源分布较为集中，在教学过程中高校教师可以利用节假日组织大学生参观红岩村、红岩革命博物馆、渣滓洞、白公馆等革命遗址，引导大学生深入挖掘红岩精神的时代价值；组织大学生参观重庆大轰炸“六五大隧道惨案”遗址、张自忠墓、重庆黄山抗战遗址博物馆，使大学生铭记众志成城的抗战历史，明确实现中华民族伟大复兴的责任担当。引导大学生参观红色革命遗址能够促使大学生通过对革命先烈的缅怀，领悟把握红色精神实质。例如，重庆工商大学马克思主义思想政治实践课程中的“感悟使命”课程环节，就是组织学生参观革命遗址，要求学生在线上的作业平台提交心得体会，在线下课堂上进行汇报交流，从而增强大学生对重庆红色文化的理解，促进大学生坚定“四个自信”，提升思想道德修养。

2. 鼓励大学生成为红色革命场馆、红色革命老区的志愿者，开展志愿服务活动

高校应该鼓励大学生通过参与红色革命场馆、红色革命老区的志愿服务活动。例如，鼓励大学生成为红色场馆的义务解说员、引导员，组织并支持学生利用节假日到红色革命老区开展“三下乡”活动，开展“支教”活动，这样不仅能够培养大学生的综合能力，而且有利于大学生全面深入理解红色文化。

3. 建立学校红色主题教育基地，完善开展红色主题教育的长效机制

高校应该与重庆红岩联线文化发展管理中心合作，将红岩村、歌乐山烈士陵园、八路军重庆办事处旧址、聂荣臻纪念馆、中国民主党派历史陈列馆等作为大学生红色主题教育基地，利用红色主题教育基地，组织大学生开展党团活动，组织开展情景教学，推进红色主题教育常态化、制度化、持续化。

（三）重庆红色文化融入校园文化活动

校园文化是在全体师生共同参与和长期努力下形成的文化成果。形式多样的校园文化活动能够丰富大学生的学习生活，吸引大学生参与其中，“将红色文化融入大学校园文化，能够使红色文化在同校园文化相互结合中对学生产生潜移默化的影响，使学生在参与校园文化活动的同时接受红色文化的熏陶”①。高校应该充分利用重庆丰富的红色文化资源组织开展校园文化活动。

1. 利用重大节日或重大历史纪念日组织开展纪念缅怀活动

高校可利用重大节日或重大历史纪念日组织开展缅怀活动，应在清明节、国庆节，组织学生到白公馆、渣滓洞、歌乐山烈士陵园缅怀革命先烈，重温红色记忆。在重庆大轰炸纪念日，教师可以组织学生到重庆大轰炸遗址为在大轰炸中遇难的国人默哀，向不屈不挠的抗战军民致敬，深刻领悟不屈不挠的抗战精神。

---

① 马敬. 高校思想政治教育中的文化融入［M］. 长春：吉林大学出版社，2017

2. 组织红色文化主题校园文化活动

高校应该组织形式多样、内容丰富的红色文化主题校园文化活动，例如组织“红歌赛”“讲红色故事比赛”“革命诗歌朗诵比赛”，在学校掀起学习革命历史的热潮，营造积极向上的文化氛围，促使学生在活动中领悟革命精神，坚定革命文化自信。高校可以以红岩精神、抗战精神为主题组织学生开展主题文艺演出，引导大学生传承红岩精神、抗战精神，树立崇高理想；组织开展红色文化主题的读书会、座谈会活动。例如，组织学生开展红岩精神专题研讨会、座谈会，让学生在沟通交流中深入挖掘红色文化的内涵和时代价值，更好地传承和弘扬红色文化。

（四）重庆红色文化融入高校网络媒体

随着互联网的普及和互联网技术的发展，网络媒体逐渐成为大学生获取信息的主要渠道，将红色文化融入高校思政教育应该重视用红色文化占领网络媒体阵地。

1. 搞好校园红色专题网站建设

高校在校园网站建设中可开辟重庆红色文化专栏、建设红色文化专题网站。这类网站应该传播重庆革命、建设、改革开放的重大历史事件以及重庆革命先烈与建设者的鲜活事迹，提供《红岩》《记忆之城》等重庆红色经典图书，提供电视剧《重庆谈判》、纪录片《破晓》、川剧《江姐》、京剧《张露萍》、话剧《红岩魂》、《幸存者》等重庆革命历史题材剧目，设置关于重庆红色文化的讨论区，吸引大学生参与进来。在校园红色专题网站建设过程中，高校要结合时代特征，及时更新相关红色文化内容，不断创新红色文化传播的形式，有效发挥校园红色专题网站的思想政治教育功能。

2. 利用网络新媒体弘扬红色文化

高校利用微信、微博、QQ 等网络新媒体传播红色文化，能够实现红色文化传播的线上、线下交流互动，促进红色文化入脑如心。高校可在微信公众号、官方微博、学生 QQ 群发布重庆文化的相关内容，并与学生互动，通过跟帖留言的方式促进学生对红色文化的理解认同。高校也可以利用网络新媒体组织学生围绕重庆红色文化开展红色主题漫画比赛、红色剧本编写比赛、红色短视频拍摄比赛等，组织学生投票选出优秀作品，并在微博、微信等新媒体平台上展示，以此激发学生对重庆红色文化的学习热情，促进学生领悟重庆红色文化的深刻内涵，促使红色文化内化于心、外化于行，实现高校思想政治教育立德树人的目的。

习近平新时代中国特色社会主义思想创新传播的逻辑遵循

刘 朋

（重庆工商大学马克思主义学院 重庆 400067）

摘要：习近平新时代中国特色社会主义思想内涵丰富、意蕴深刻，是新时代新征程的科学行动指南。习近平新时代中国特色社会主义思想传播不仅是文本的传播，更是党的指导思想的传播、立场观点及思维方法的传播。习近平新时代中国特色社会主义思想传播要坚持辩证唯物主义和历史唯物主义，以习近平哲学社会科学创新思想为具体指导，从哲学社会科学创新的四个基本方面“阐明一个道理、发现一个规律、提出一个学说、找到一个解决问题的方法”出发紧紧抓住精神实质，以创新的方式展开传播，以理论的彻底性教育人民群众，在创新传播中实现习近平新时代中国特色社会主义思想的入脑入心。

关键词：习近平新时代中国特色社会主义思想；创新传播

习近平新时代中国特色社会主义思想内涵丰富、意蕴深刻，是新时代新征程的科学行动指南。习近平新时代中国特色社会主义思想传播不仅是文本的传播，更是党的指导思想的传播、立场观点及思维方法的传播。习近平新时代中国特色社会主义思想传播要以习近平哲学社会科学创新思想为具体指导，从哲学社会科学创新的四个基本方面，即“阐明一个道理、发现一个规律、提出一个学说、找到一个解决问题的方法”出发紧紧抓住精神实质，以创新的方式展开传播，以理论的彻底性教育人民群众，在创新传播中实现习近平新时代中国特色社会主义思想的入脑入心。

一、坚持从阐明道理出发进行传播创新

道理一般是指事物的规律，事情的因果关系和论点的根据、理由等。习近平新时代中国特色社会主义思想蕴含着丰富的道理。对习近平新时代中国特色社会主义思想进行传播就是要回答人民群众关心的问题，例如习近平新时代中国特色社会主义思想是什么，为什

么要贯彻习近平新时代中国特色社会主义思想，怎样贯彻习近平新时代中国特色社会主义思想，为什么在党的十九大提出习近平新时代中国特色社会主义思想等一系列问题。回答这些问题就要说清楚习近平新时代中国特色社会主义思想的来龙去脉，说清楚习近平新时代中国特色社会主义思想的重要意义，说清楚习近平新时代中国特色社会主义思想的理论成果。也就是说，对习近平新时代中国特色社会主义思想进行阐明道理式传播创新，就是阐明习近平新时代中国特色社会主义思想自身意义，阐明习近平新时代中国特色社会主义思想对人类社会发展规律、社会主义建设规律和共产党执政规律的发现与总结，阐明习近平新时代中国特色社会主义思想的基本内容及其各要素间的联系。

（一）阐明习近平新时代中国特色社会主义思想自身意义

习近平总书记强调，要努力掌握党的十九大精神的政治意义、历史意义、理论意义、实践意义①。宣传、传播习近平新时代中国特色社会主义思想其实也是要传播好这四大意义。这样的传播本身就是一种创新传播。反之，没有习近平新时代中国特色社会主义思想重大意义的传播就不是创新传播，甚至不是一种好的传播。

创新传播习近平新时代中国特色社会主义思想，就是要创新阐释中国共产党的治国理政的根本成就，鲜明昭告党的初心和使命以及政治担当，展示中国特色社会主义的道路自信、理论自信、制度自信、文化自信。创新传播习近平新时代中国特色社会主义思想，就是要创新阐释中国当下所处的历史方位，阐释当下的时代要求与历史使命，回答中国应该向何处去。创新传播习近平新时代中国特色社会主义思想，就是要创新阐释习近平新时代中国特色社会主义思想是集体智慧的结晶，集中阐述习近平新时代中国特色社会主义思想，即21世纪的马克思主义，是实现中华民族伟大复兴的指导思想，是把马克思主义具体原理同当下具体实际相结合的产物，是马克思主义的最新理论成果。创新传播习近平新时代中国特色社会主义思想，就是要创新阐释建设中国特色社会主义现代化强国的奋斗目标，阐释党中央对新时代伟大事业和伟大工程的全面部署，对中华民族伟大复兴的时间表、路线图、任务书的科学规划。

习近平新时代中国特色社会主义思想的意义需要同社会现实，同社会当下正在发生的全方位、开创性的变革，同党和人民取得的伟大成就结合起来。也要因时而化，因事而化、因势而新，恰到好处地阐明习近平新时代中国特色社会主义思想的意义，要从意义层面上充分领会习近平新时代中国特色社会主义思想及其作用，进而更加自觉拥护和学习习近平新时代中国特色社会主义思想，自觉学习习近平新时代中国特色社会主义思想，树立中国特色社会主义必胜的信心和信念。

（二）阐明习近平新时代中国特色社会主义思想对三大规律的发现和总结

习近平新时代中国特色社会主义思想是对人类社会发展规律、社会主义建设规律和共

---

① 习近平. 切实学懂弄通做实党的十九大精神 努力在新时代开启新征程续写新篇章[R/OL].(2017-10-28)[2021-03-21].http://www.xinhuanet.com/politics/19cpcnc/2017-10/28/c_1121870721.htm.

产党执政规律的深刻总结。传播好习近平新时代中国特色社会主义思想就是要阐明习近平新时代中国特色社会主义思想对这三大规律的深刻总结。

习近平新时代中国特色社会主义思想是马克思主义真理的最新阐释，是站在人类历史的高度看待中国的现状与未来。马克思主义科学揭示了人类社会的历史规律，指出了人类社会的未来发展方向。中国特色社会主义道路不仅是中华民族伟大复兴的道路，也是走向未来共产主义社会的道路，是阶段目标和最终目标有机统一的道路。今天我们对中国特色社会主义道路的坚持与发展实际上是对人类社会发展规律同中国特殊发展规律探索和把握的结果。宣传习近平新时代中国特色社会主义思想就是要明确阐明人民的美好心愿与远大的共产主义目标是相通的，当下的奋斗是有着科学理论指导的，是可以获得未来幸福的。

习近平新时代中国特色社会主义思想始终坚持中国特色社会主义发展道路。中国特色社会主义是科学社会主义。中国特色社会主义是对社会主义提出 500 年来发展规律的探索成果，是对近代中国 170 多年求富求强道路探索规律的成果总结，是对中国社会主义改造、建设和改革的规律探索的成果。宣传习近平新时代中国特色社会主义思想，就是要把社会主义的来龙去脉，把社会主义建设的规律，把中国取得伟大成就的根本经验向人民群众阐明。

习近平新时代中国特色社会主义思想是对中国共产党执政规律的深刻总结。近代中国的屈辱史，是中国人民不屈不挠的斗争史，也是中国人民苦苦寻求独立富强道路的探索史。中国共产党是把马克思主义同中国具体实际相结合而产生的为民族谋复兴、为人民谋幸福的政党。中华人民共和国成立以后，中国共产党不忘初心，坚持以科学社会主义发展中国，实现了中国人民从站起来到富起来，从富起来又到强起来的伟大飞跃。这铁一般的事实证明了只有中国特色社会主义才能发展中国，才能实现中华民族伟大复兴。这铁一般的事实也证明了中国共产党是中国特色社会主义的最本质特征，显示了我们对于共产党执政规律的深刻把握。宣传习近平新时代中国特色社会主义思想就是要通过铁一般的事实，向群众阐明党对政治规律的深刻认识，向群众阐明唯有坚持党的领导，才能坚持中国特色社会主义，才能迎来中华民族的伟大复兴。

（三）阐明习近平新时代中国特色社会主义思想的基本内容和联系

传播习近平新时代中国特色社会主义思想就是要把习近平新时代中国特色社会主义思想蕴含的基本道理说清楚。习近平新时代中国特色社会主义思想紧跟时代潮流，运用马克思主义立场观点和方法，审慎观察时代问题，总结中国特色社会主义实践经验，特别是从党的十八大以来中国取得的系列前所未有的成就中总结出开创性、独创性经验，洞悉人类社会发展规律、社会主义建设规律和共产党执政规律，形成了一套由新思想新观点新论断构建的严密而完备的科学理论体系。

传播习近平新时代中国特色社会主义思想就是要说清楚习近平新时代中国特色社会主义思想的丰富内涵。这就需要结合具体实践阐明新时代坚持和发展中国特色社会主义的总目标、总任务、总体布局、战略布局和发展方向、发展方式、发展动力、战略步骤等方面的基本问题。在传播和阐释中，特别要突出习近平新时代中国特色社会主义思想的核心要义——坚持和发展中国特色社会主义。讲清楚中国特色社会主义，是党和人民历尽千辛万苦、付出巨大代价取得的根本成就。改革开放以来，党的全部力量和实践的主题就是坚持和发展中国特色社会主义。此外，要讲清楚“八个明确”和“十四个坚持”及二者的关系。它们是习近平新时代中国特色社会主义思想的核心内容。要实现“两个一百年”奋斗目标就需要以习近平新时代中国特色社会主义思想为指导，就需要理解“八个明确”的具体内容，就需要理解“十四个坚持”涵盖的实现伟大复兴目标的“路线图”和“方法论”。

二、坚持从发现规律出发进行传播创新

习近平新时代中国特色社会主义思想是完整的思想理论体系，是对中国共产党执政规律、社会主义建设规律、人类社会发展规律不断深化认识的结果。对习近平新时代中国特色社会主义思想进行传播，就要遵循从发现这些规律出发，并进一步探索出这些规律。

（一）在探索三大规律中传播

习近平新时代中国特色社会主义思想不是教条，而是马克思主义立场观点和方法的当代经典表现，是指导当下中国特色社会主义实践的科学理论，是新时代的真理。对真理的把握和使用，要求人民群众在一定程度上知晓和理解人类社会发展规律、社会主义建设规律和共产党执政规律。

对人类社会发展规律、社会主义建设规律、共产党执政规律的探索是一个永无止境的过程。习近平新时代中国特色社会主义思想既是对三大规律探索的结果，又为进一步探索三大规律开辟了路径。创新传播习近平新时代中国特色社会主义思想，就是从认识和探索规律出发，让人民群众不仅知道习近平新时代中国特色社会主义思想“是何”，还要知道“为何”和“怎样”。

（二）在探索马克思主义传播规律中传播

马克思主义是真理。马克思主义的传播不同于一般的理论、观点和思潮，有其内在的规律。马克思主义传播是一个自觉的实践活动，其传播规律是由三个方面的规律聚合而成的。一是马克思主义自身发展规律，二是意识形态建设规律，三是信息传播规律尤其是大众传播规律。习近平新时代中国特色社会主义思想实际上是当下的具体的马克思主义。对习近平新时代中国特色社会主义思想的传播不仅要符合一般传播规律，还要符合马克思主义真理传播规律。要想创新传播习近平新时代中国特色社会主义思想，就必须不断探索马克思主义的传播规律。

习近平新时代中国特色社会主义思想传播要注重遵循马克思主义自身发展规律。习近平新时代中国特色社会主义思想是马克思主义自身发展运动的结果。做到习近平新时代中

国特色社会主义思想传播创新就需要从阐释马克思主义自身运动过程出发去阐释习近平新时代中国特色社会主义思想。这样不仅可以揭示习近平新时代中国特色社会主义思想的理论根源，而且可以创新传播内容和方式。如习近平在纪念马克思诞辰200周年的讲话就是一次通过阐释马克思主义发展规律来阐明习近平新时代中国特色社会主义思想的典范。

习近平新时代中国特色社会主义思想传播创新要注重遵循社会主义意识形态建设规律。社会主义意识形态是对社会主义实践的科学反映，其核心是党和国家的指导思想。社会主义意识形态承担的工作包括：对各种诋毁、歪曲、篡改马克思主义的敌对思想进行斗争，对自己内部的马克思主义形式下的教条主义、实用主义进行反思，对社会主义事业的经验总结，对马克思主义的论证与发展，对人民群众的教育和引导，对“中国故事”的宣传与讲解。习近平新时代中国特色社会主义思想传播创新就是要通过整个社会主义意识形态来呈现习近平新时代中国特色社会主义思想。

习近平新时代中国特色社会主义思想传播创新也要注重信息传播规律。一是要充分利用各种传播工具，多渠道、多层次、及时有效地传播习近平新时代中国特色社会主义思想。二是要精心布置习近平新时代中国特色社会主义思想的“议程设置”。传播学研究发现，在大众传播领域，虽然人们在实际生活中关心的事情有很多，但是大众传播对人们“关心什么”有着巨大影响，实际上对人们的“心中议事日程表”有一个“议程设置功能”。三是要精心培育习近平新时代中国特色社会主义思想传播的“意见领袖”。“意见领袖”既要有学术大咖、宣讲团队，又要引入民间力量，充分尊重群众的首创精神。

三、坚持从提出和发展学说出发进行传播创新

提出一种学说是创新。传播习近平新时代中国特色社会主义思想，要善于对其进行学术研究，通过提出一些新的学说来创新传播这一精神、这一思想。提出和发展学说，就是对习近平新时代中国特色社会主义思想进行思考，形成自己的系统的主张或者理论。坚持从提出和发展学说进行传播创新实质上是对习近平新时代中国特色社会主义思想大众传播创新的学术支撑。没有对习近平新时代中国特色社会主义思想的学术传播创新，就很难进行习近平新时代中国特色社会主义思想大众传播深层次创新，就很难做到习近平新时代中国特色社会主义思想宣传理论上的彻底性，也难以做到用习近平新时代中国特色社会主义思想去武装人。习近平新时代中国特色社会主义思想的科学解读和传播有赖于学术界展开多方位、多层面的学术研究和解读。

（一）在“进学术”中进行传播创新

习近平新时代中国特色社会主义思想博大精深，是立足时代之基、回答时代之问的科学理论。对其进行创新性传播是其传播的内在要求，需要从学术上进行研究。例如，从经济、政治、文化、社会、生态等各个领域展开对习近平新时代中国特色社会主义思想的研究，不断用发展的理论去指导实践。进学术，就是要求哲学社会科学各研究领域展开对习

近平新时代中国特色社会主义思想的研究。从各学科、各研究领域出发，提出和发展关于习近平新时代中国特色社会主义思想的学说。

为什么要进学术？进学术就是对这一思想展开学术研究，通过哲学社会科学工作者的努力来研究、发展和传播这一思想。这一思想博大精深，是人民群众集体智慧的结晶，蕴含着丰富的思想内涵和对三大规律的深刻洞见。要想用此思想武装全党和全国人民，离不开哲学社会科学的分析与解构，离不开哲学社会科学从科学理论体系向宣传体系乃至价值信仰体系的转化工作。因此，这一思想要进学术，也需要通过进学术来展开创新性传播。

学术也需要习近平新时代中国特色社会主义思想的进入。中国特色哲学社会科学必须坚持以马克思主义为指导，也就必须以习近平新时代中国特色社会主义思想为指导。没有马克思主义的指导，中国特色哲学社会科学就失去了灵魂，失去了真理和道义的制高点，就难以科学解释当下社会现实，也更难以指导当下社会实践。

中国哲学社会科学的进一步构建和发展，需要马克思主义的指导，特别是新时代马克思主义——习近平新时代中国特色社会主义思想的指导。这既是中国哲学社会科学自我发展的过程，又是一个在马克思主义指导下不断提出和发展学说的过程，还是习近平新时代中国特色社会主义思想创新性传播的过程。

（二）坚持在“进学科”中传播创新

党的十九大报告指出：“党的十八大以来，国内外形势变化和我国各项事业发展都给我们提出了一个重大时代课题，这就是必须从理论和实践结合上系统回答新时代坚持和发展什么样的中国特色社会主义、怎样坚持和发展中国特色社会主义。……围绕这个重大时代课题，我们党……以全新的视野深化对共产党执政规律、社会主义建设规律、人类社会发展规律的认识，进行艰辛理论图案锁，取得重大理论创新成果，形成了新时代中国特色社会主义思想”①。这说明，习近平新时代中国特色社会主义思想就是以新时代下的中国特色社会主义为研究对象，并已构建一套系统科学地思想体系。习近平新时代中国特色社会主义思想是一门科学，必须以科学的态度对待它，需要建构专门的学科和团队来进行研究、发展和传播。陈宝生指出，把习近平新时代中国特色社会主义思想学科化，就会使这一思想得到深入研究并不断发展，注入科学团队的力量，获得社会智力支撑。

四、坚持从寻找解决问题的办法出发进行传播创新

习近平新时代中国特色社会主义思想传播不是为了传播而传播，而是为了贯彻落实这一思想而传播，是为了更好地指导中华民族实现伟大复兴的实践而传播。习近平新时代中国特色社会主义思想是经过实践检验、富有实践伟力的强大武器。对其宣传和传播必须与实践紧密结合，在这一思想的指导下不断去寻找和生产解决当下问题的办法中去传播这一伟大思想。

---

① 《十九大报告辅导读本》编写组．党的十九大报告辅导读本［M］．北京：人民出版社，2017：18-19.

（一）坚持以问题为导向进行习近平新时代中国特色社会主义思想传播创新

我们目前处于开辟中华民族伟大复兴新征程的叠加期。未来将会面对一些重大挑战、重大风险、重大阻力和重大矛盾。如何抵御系统性金融风险，如何克服改革深层次巨大阻力，如何化解主要矛盾发生变化后的人民内部矛盾、人与自然的矛盾、中国崛起与敌对势力的矛盾，都需要进行深入思考和解答。对这些问题的解答和思考就是对习近平新时代中国特色社会主义思想的传播。只有坚持以问题为导向，正视当下问题，谋划未来，用习近平新时代中国特色社会主义思想去思考问题，在习近平新时代中国特色社会主义思想指导下给出建议和答案，才能对习近平新时代中国特色社会主义思想进行创新性传播。

（二）在实践中解决问题进行习近平新时代中国特色社会主义思想传播创新

习近平总书记强调，学习贯彻党的十九大精神，要在做实上下功夫。清谈误国、实干兴邦，一分部署、九分落实。要拿出实实在在的举措，一个时间节点一个时间节点往前推进，以钉钉子精神全面抓好落实①。正如马克思主义中国化是中国革命、建设和改革的产物一样，习近平新时代中国特色社会主义思想的产生是新时代中国特色社会主义实践的产物，其传播和发展也要到火热的实践中去。从中央到地方到每个人，都要在党的十九大提出的总目标和各项目标任务下，做好顶层设计、系统部署，从上至下，自觉行动起来，明确自己职责范围内的任务；依据党的十九大设定的任务表、路线图，做好工作规划。这样，每一次成绩的取得将构成伟大的成就，这既是习近平新时代中国特色社会主义思想贯彻的结果，又是习近平新时代中国特色社会主义思想的发展和创新传播。

我们进入了一个新时代，社会的主要矛盾发生了变化，中国在世界舞台的位置发生了变化，人民的需求发生了变化。习近平新时代中国特色社会主义思想不仅关注了这些变化，还给出了回应变化的指导思想。传播习近平新时代中国特色社会主义思想，就是要从人民的最迫切需要出发，让人民认清楚自己的需要，认识到只有领会和贯彻习近平新时代中国特色社会主义思想才能解决自己思想上的困惑，只有不断用最新的马克思主义理论武装自己，才能指导自己的生活实践，才能在奋斗中获得幸福。这是习近平新时代中国特色社会主义思想传播创新的真义。

① 习近平，切实学懂弄通做实党的十九大精神 努力在新时代开启新征程续写新篇章[R/OL].(2017-10-28)[2021-03-22].http://www.xinhuanet.com/politics/19cpcnc/2017-10/28/c_1121870721.htm。

公共文化服务与社会主义核心价值观的逻辑衍生机制

李　娜

（重庆工商大学马克思主义学院　重庆　400067）

摘要： 公共文化服务与社会主义核心价值观之间蕴含着辩证统一的理论基础，这决定并建构着两者之间的现实基础。理论基础和现实基础构成的逻辑，又奠定了公共文化服务助推社会主义核心价值观的逻辑衍生向度：达意和传情。这一双向逻辑维度，使公共文化服务在助推社会主义核心价值观的过程中，具有了实践指向，从而使公共文化服务在对社会主义核心价值观的助推中，形成了实践逻辑。

关键词： 公共文化服务；社会主义核心价值观；实践逻辑

党的十九大提出把社会主义核心价值观融入社会发展的各方面，使其转化为人们的情感认同和行为习惯，进而满足人民对美好生活的期待，首先需要提供充足的精神食粮。从公共文化服务建设体系的视角，公共文化服务的发展水平在显性层面表现为人民对美好生活期待的实现程度，并包含社会主义核心价值观践行的程度和实践状态。本文试图从公共文化服务视角，分析公共文化服务与社会主义核心价值观的逻辑衍生机制。

一、公共文化服务与社会主义核心价值观的逻辑衍生基础

（一）公共文化服务与社会主义核心价值观之间逻辑衍生的思想理论渊源

就理论而言，公共文化服务与社会主义核心价值观之间存在着哲学基础：理论（社会主义核心价值观）→实践（公共文化服务行为）→理论（社会主义核心价值观理论提升完善）。“人的思维是否具有客观性（gegenstāndliche）、真理性，这不是一个理论的问题，而是一个实践的问题。人应该在实践中证明自己思维的真理性，即自己思维的现实性和力量，自己思维的此岸性。”①

---

①　马克思，恩格斯．马克思恩格斯选集：第1卷［M］．北京：人民出版社，2012：134.

公共文化服务和社会主义核心价值观在主观和客观的辩证统一中，实现了逻辑上和实践上的相互融合、相互发展、相互成就。公共文化服务作为一种承载思想意识——社会主义核心价值观的载体和平台，就本质来说，它是一种有形的客体，但离开人的主观性活动（这种主观性活动一定是人的思想意识实体性的反映）——公共文化服务实践（行为），就不可能有客体；社会主义核心价值观作为人的思想意识的理论化，本身就是一种无形的存在，必须借助一定的客体才能实现主观见之于客观的目的，才能在实践中渗透、贯穿、彰显社会主义核心价值观的价值取向，主导公共文化服务的价值走向，并运用这种价值观来指导我们的实践，从而主导实践主体、实践客体的价值取向，以使社会主义核心价值观这一主流价值观占据社会的正统地位。但不得不承认的是，作为社会主义社会非常重要的组成部分，公共文化服务这一客体担负着践行社会主义核心价值观的重任。公共文化服务是社会主义核心价值观的理论载体，是社会主义核心价值观落地生根的平台，而实践把社会主义核心价值观和公共文化服务联系在一起，在理论中实践、检验，在实践中发展、提升，这便是二者之间的哲学基础。

（二）公共文化服务与社会主义核心价值观之间逻辑衍生的社会实践环境

利用公共文化服务建设践行社会主义核心价值观，绝非当下我国社会主义建设中的虚张声势，也绝非单纯的国家主流意识形态的建设和强化。在公共文化服务中践行社会主义核心价值观，无论从公共文化服务的理论建构上还是从公共文化服务的实践运作中，都必须建立在社会发展和诉求的基础之上，必然存在着全方位的现实基础，同时也是现实所必需。

第一，依赖于现代社会的经济环境条件。中国社会发展到现在，商品经济的飞速发展，多种经济发展方式在国内、国际的融通合流、互通有无，使得人们的物质生活条件日益丰富，市场经济改变的不仅是人们对经济发展的学理认知，而且挑战并考量人们的思想观念、道德观念、文化传统，以及当代人们的核心价值取向。公共文化服务的价值定位和意识形态坚持，直接影响并主导着接受公共文化服务受众群体的道德认知和价值取向。经济发展过程中出现的文化缺失、道德失信、信念动摇、价值观错位等问题，必然会在经济的纵深发展中得到解决。经济的全球化必然带来文化的全球化，中国的和谐社会理念，传递的是一种全世界人民的价值理想，社会主义核心价值观无疑是实现这一目标的价值观基础。

第二，取决于国家的运行机制。在国家层面上，吐故纳新、与时俱进、更贴近人民愿景的思想理论的发展，为公共文化服务助推社会主义核心价值观奠定了基础。海纳百川，有容乃大，在这种开阔而多样化的发展环境中，公共文化服务必须呈现多层次、多渠道、全方位的辐射发展脉络，才能物尽其用，社会主义核心价值观的当代性和包容性才能得以体现。社会主义核心价值观终将在人们触手可及的文化生活社区里以更亲民的形式出现，将在人们喜闻乐见的艺术文化形式中以更通俗的面貌展现。从某种程度上来说，一个国家对公共文化服务的支持力度，决定了一个国家主流价值观、主流意识形态在社会中占据空间的维度的大小。

第三，成就于社会个体的自觉。马克思在《共产党宣言》里提道："……，将是这样一个联合体，在那里，每个人的自由发展是一切人的自由发展的条件。"中国传统文化中，"崇德尚义"的道德观，体现了人们的人生价值取向，天地感而万物化生。社会主义核心价值观传承了中国人民对真善美的价值追求。实现中华民族伟大复兴的中国梦，就是每一个人的梦，就是国梦、家梦、个人梦的相互成就。中国优秀的传统文化和当代中国人的价值诉求为公共文化服务提供了坚实的个人基础。公共文化服务是彰显和表达个人价值诉求的工具，社会主义核心价值观是满足个人价值诉求的最有力的武器。当个人价值诉求在社会主义核心价值观中实现彰显、获得空间、体现生存价值的时候，经由公共文化服务建设铺展开来的社会主义核心价值观的实践愿景便在各自价值的提升和实现中展开实践操作。

二、公共文化服务与社会主义核心价值观之间逻辑衍生的向度

（一）公共文化服务"以言达意"传播社会主义核心价值观

没有达意，就没有公共文化服务、设施，更不要说公共文化服务的建设，公共文化服务对社会主义核心价值观的助推作用更是流于空想。社会主义核心价值观既是理论，又是我国的主流意识形态。理论要运用到实践中，方能显现出理论的指导力量和引领作用。公共文化服务最重要的功能就是要表达社会主流意识形态的价值取向，助推主流意识形态的传播和发展。

社会主义核心价值观作为社会主义核心价值体系的内核，无论从社会层面、国家层面还是个人层面，都必须借助一定的具体的社会载体，利用多样化的形式，使三个不同层面的价值目标以社会文化的形式展现出来。而当前我国的公共文化服务面对的受众群体存在着多层次性，其文化素质、思想道德素质、知识水平、认知水平、物质拥有程度等都存在着明显的差别，这就要求公共文化服务的形式必须是多层次的，这样才能正确地传播社会主义核心价值观的精神内涵，才能一步一步把不同层次的人们凝聚在社会主义核心价值观的认同体系中。所以，在达意的过程中，公共文化服务的发展便会呈现出多样性的状态，公共文化服务是为实际需求而存在和发展的，这样才能提高社会主义核心价值观的社会覆盖力、人民认同感、理论渗透力。这样，公共文化服务才能真正传达社会主义核心价值观的内涵和精神实质，才能诠释社会主义核心价值观的价值和发展意义。所以，在达意的过程中，产生了公共文化服务，而公共文化服务又推动着社会主义核心价值观不断发展、丰富和完善。公共文化服务在不断的发展变革中，改变、提升着人的思维观念，从这一层面来说，社会主义核心价值观生长在公共文化服务这一广阔而多彩的土壤里。

（二）公共文化服务"以情化人"内化社会主义核心价值观

如果说达意还仅仅停留在对文本或者思想理论的传播这一简单行为层面的话，那么传

情考量的就是公共文化服务的智慧和能力了。没有传情，达意就变成了简单的复制和传播，社会主义核心价值观便形同虚设，人们也仅仅是知其存在而不知其存在的意义，社会主义核心价值观最多也只能仅仅停留在外化于行的表面的形式主义阶段。

所谓会对意、传对情，实质上是对一种精神内在的参透和共鸣共生。在此境界中，在诠释和助推社会主义核心价值观的过程中，每一种公共文化服务都会在发展中自然而又渴求地扩充并开发着自己发挥作用的领域，极尽所能彰显着自己的价值承载、价值同化和价值表达功能，并在人们的需求中，在国内、国际文化的发展中不断突破现有的服务模式和局限。公共文化服务发展到这个阶段，想要达到彰显价值功能的目的，就必须面对并处理好“传情”这个问题，这样，才能在社会主义核心价值观的承载和传播中，与社会主义核心价值观遥相呼应、相容相长。

三、公共文化服务与社会主义核心价值观之间逻辑衍生的实践机制

以中国优秀传统文化为基础，立足国情，通过公共文化服务，服务当代人们对文化建设的需求，形成中国风尚。

（一）完善中华优秀传统文化与社会主义核心价值观的深度融合机制

1. 着力发挥公共文化服务的文化承载机制

社会主义核心价值观是经济全球化背景下，在不同文化因子，各类文化思潮，众多思想观念相互融合、相互激荡、相互碰撞之下应运而生的，有着自身形成、完善和发展的思想和现实逻辑。一方面，社会主义核心价值观完全符合中国人几千年来对生活的朴素价值追求。沿袭至今的“根”的家园情怀，“和”的社会诉求，从古至今，无论几经朝代轮换、社会变革，社会性质、社会结构、经济形态、生产方式发生了怎样的变化甚至变革，从未改变过。这决定了当前公共文化服务的构建和发展，要从根本上对社会主义核心价值观起到助推作用，立足中国人的家国情怀是根本，把中国优秀传统文化分化为一个一个文化因子，融入公共文化服务的建设中。另一方面，社会主义核心价值观完全符合当前特殊的历史背景和当代价值规整的需求。

公共文化服务的使命，便是在这种社会心理背景下、在社会主义核心价值观的主导下，重构人们价值体系，使人的活动归于求真、达善、和美的路径上来。那么，凸显公共文化服务的文化传统性，与中国人“家、国、天下”的根本情怀相契合，公共文化服务的使命才有望完成。

2. 充分运用公共文化服务的文化转换机制

在助推社会主义核心价值观的过程中，公共文化服务还存在诸多不足之处。各个领域都处于转型时期，转型就意味着冲破自身的藩篱甚至脱胎换骨，摒弃旧的，取精华去糟粕，兼容并蓄，并在此基础上重构新的机制。在助推社会主义核心价值观的过程中，表明并承认公共文化服务的这一现实，有助于形成整个社会良好的宽容机制，调动人们共同建

设公共文化服务的积极性，群策群力，最终形成良好的中国风尚。“哲学家们只是用不同的方式解释世界，而问题在于改变世界。”① 人改造自然，是为了解决人与自然的矛盾；人改造社会，是为了解决人与社会的矛盾。人参与公共文化服务建设，是为了解决人与公共文化服务需求的矛盾，是为了社会主义核心价值观主导下的价值信念的养成。

3. 深度发掘公共文化服务的话语形成机制

在全球化时代，中国经济和社会的发展不断与世界市场融合，中国传统的文化精神面临着不稳固的危机。如何在与世界文化的激烈碰撞中，使具有几千年深厚积淀的中国文化体系、民族精神岿然不动、深植人心，需要传统性与时代性的接轨和重新定位，用时代的声音诉说中国悠久的文化精神。每个时代的人们，其精神文化需求都会深深烙印下这个时代经济、政治、社会、文化等发展的状态和特点，以及这个国家与世界融合的深度和广度。公共文化服务如何完成文化表达方式、表达路径的转换，赋予其自身文化表达的时代性，是助推社会主义核心价值观的关键。公共文化服务的时代性包含了人们思想、文化、道德、价值观等方面的现实需求和审美价值取向。利用公共文化服务推进社会主义核心价值观，将实现这些现实需求和审美价值取向的满足。

（二）推进公共文化平台建设与社会主义核心价值观的深度融合机制

公共文化服务平台的大小、优劣、多少直接决定着这一助推力量的力度。在信息化时代，在为社会主义核心价值观创设多维度、多场域的文化平台的过程中，公共文化服务建设恰好与信息时代的大数据相遇。大数据时代，传统的社会主义核心价值观的传播范式遭遇挑战。公共图书馆、博物馆、公园、社区等公共文化服务平台呈现的传播范式已经远远不能完成助推社会主义核心价值观的重任。发挥公共图书馆、博物馆、公园、社区等公共文化平台对社会主义核心价值观的传播和推动作用，并利用新的条件拓宽、创新这些文化服务平台，才能以平台助建设，以建设助发展。例如，博物馆可以利用信息时代的技术和信息，通过模拟有声场景、投影技术使无声的展品讲述曾经悠久的历史。人们在观看的过程中会迅速利用自己的手机，把信息转化成个人的社会信息。传播效应会迅速地以个人为中心，经由这个中心点呈辐射状在社会、在民众间蔓延开去，并随着传播面的扩大，逐渐增强。这就是传统的传播范式渐趋弱化，社会传播随着大数据的出现逐渐增强，并且在传播中不断拓宽传播的渠道，改变着它的运行空间。一部电影，可以经由观看者发布的一张电影票、一段影评以难以想象的速度把与这部电影所有相关的信息变成社会信息。手机信息的推送，会在短时间内把一条信息变成海量关注。因此，充分利用这些文化平台，采用与大数据时代相匹配的方式为社会主义核心价值观创设传播平台，公共文化服务才会成为社会主义核心价值观最有力的推手。生活节奏的加快，对获取知识迅速度的要求等，使人们渐渐被社会主义核心价值观这一主流意识形态浸润。

① 马克思，恩格斯. 马克思恩格斯选集：第1卷［M］. 北京：人民出版社，2012：136.

（三）发展特色公共文化活动与社会主义核心价值观的深度融合机制

以公共文化活动彰显社会主义核心价值观，创设中国化语境。“任何一种类型的经济，如果它要求人们具有一种与这个伦理道德相悖的民族精神，那么这种经济将不会发展；相反，如果一种经济与这种伦理道德相一致，那么它必然兴盛起来。”① 同样地，如果一种文化与社会的发展相悖或不匹配，那这种文化将不会发展；相反，如果一种文化与社会的发展相一致，那么它必然兴盛起来。时代性是公共文化服务发展、兴盛的密码。公共文化服务如何完成文化表达方式、表达路径的转换，赋予其自身文化表达的时代性，是助推社会主义核心价值观的关键。公共文化服务的时代性包含人们思想、文化、道德、价值观等方面的现实需求和审美价值取向。利用公共文化服务推进社会主义核心价值观将实现对这些现实需求和审美价值取向的满足。当代人对精神层面的追求达到了前所未有的高度，吃、穿、住、行已经不是人们生活的单一追求，因此在这种背景下，公共文化活动应当成为满足人们精神需求的阵地。如社区免费舞蹈、棋艺等培训学习，老年人网络知识的教育普及，年轻人新颖而多种方式的价值观引导等；推出和传统节日有关的文化活动等。

（四）打造民族性公共文化服务与社会主义核心价值观的深度融合机制

中国有多个民族，决定了民风民俗是中国最为鲜明的文化特色和地域特色，从而决定了这个具有文化多样性、文化差异性、文化需求多元化的国家，必须以各地的风土人情作为社会文化建设的出发点，公共文化服务同样如此。在历史的发展进程中，一个民族、一个地区所延续下来的民族精神和文化传统，历经时代变迁，依然根植在人们心中，这是中华民族继承下来的民族情结和人文情怀，是中国人深藏在心中的精神向往和灵魂牵系的依托。一个地方和地区的公共文化服务，必须立足于本地的人文地理特点，尊重本地的历史文化传统，使之具有积极向上的时代气息，最终引导人们在社会主义核心价值观主导下的价值主轨道上发展、前行。中国语境的创设，需要尊重各地区各民族之间的文化多样性和差异性，从而各民族各地区的公共文化服务才能得以建设、推进、发展并完善。在这个过程中，增强的是当代民族的文化特性，强化的是中国人对本国文化的理解和认同。这样才能规避全球化形势下人们面对各国文化交汇时的无所适从，才能避免人们对文化选择的盲目性和理性缺失。

四、结语

在1993年的《世界伦理宣言》中，孔子的“己欲立而立人，己欲达而达人”“己所不欲，勿施于人”思想被尊为人类文明的黄金定律②。由此可见，中国的优秀传统文化是哲学智慧的基因，浓缩了世界人民的价值追求，必将引领人类文明的价值进程。社会主义

① 韦伯. 新教伦理与资本文精神［M］. 成都：四川人民出版社，1986：3-4.

② 夏澍耘. 社会主义协商民主的文化生成[R/OL].(2016-03-29)[2021-04-21].http://theory.people.com.cn/n1/2016/0329/c143844-28236003.html.

核心价值观从多层面、多维度展现了中国人的人文主义情怀，表明中国人从古至今沿承下来的核心价值追求和价值目标。以公共文化服务助推社会主义核心价值观，能够传播社会主义核心价值观蕴含的价值内涵。

在全球化的浪潮中、在中国人重建文明体系的进程中，具有中国特色、中国风格、中国气派的发展思想，必将让中国“品牌”出现在世界人民的面前。“如果一个国家能够使自己的力量被他国视为合法，并建立促使他国以和谐的方式确定其利益的国际制度，它未必需要像其他国家那样耗费昂贵的传统经济资源和军事资源。”① 随着全球化的纵深发展，国家与国家之间人口迁徙和流动的速度也随之加快，各国文化资源和文化需求共享、交流和互通，公共文化服务也成为传递我国文化精神和价值取向的最具说服力、最具民情民生气息的平台。在这里，中国的民族文化在沿袭、中国的文化精神在承续、中国的价值诉求在表达。通过公共文化服务建立起来的是一套具有辐射和传播效应的话语体系。这套话语体系建构起来的便是我们的中国品牌，它会随着世界各国人们不断迁徙、不断流动的进程而发展，把社会主义核心价值观这一饱含人类文明优秀因子的核心价值观传播到世界各地。

参考文献：

[1] 习近平. 习近平总书记系列重要讲话读本［M］. 北京：学习出版社，人民出版社，2014.

[2] 潘俊霖. 社会主义核心价值体系大众化实现路径探讨［J］. 长春理工大学学报（自然科学版），2011（10）12：14.

[3] 高素华. 马克思主义幸福观的当代价值：兼论培育社会主义核心价值观［J］. 长春市委党校学报，2014（3）：14-17.

[4] 沈贺. 马克思主义与社会主义核心价值观关系辨析［J］. 思想教育研究，2015（8）：51-56.

[5] 黄小华. 思想政治教育价值实现理论述评［J］. 探索，2011（3）：133-137.

[6] 胡河宁. 马克思主义灌输论及其现实意义[J]. 中国人民大学学报，1998（6）：37-42.

[7] 田冬梅. 论中国化马克思主义视域下的和谐核心价值观构建［J］. 世纪桥，2015（11）：31-32.

[8] 孙雪莹，李敏. 红色歌曲的传唱与马克思主义大众化的关系［J］. 山西大同大学学报（社会科学版），2015（3）：27-29.

[9] 田华，杜自明. 社会主义核心价值观生活化研究［J］. 教育教学论坛，2017（6）：7.

[10] 王川. 加强马克思主义“四观”教育 筑牢中华民族共同体思想之基［J］. 四川党的建设，2019（23）：11-18.

① 基欧汉，约瑟夫·奈. 权力与相互依赖［M］. 门洪华，译. 北京：北京大学出版社，2002：263-264.

［11］刘云山. 着力培育和践行社会主义核心价值观［J］. 求是，2014（2）：8-10.

［12］顾钰民. 深化社会主义核心价值观研究的几个问题［J］. 中国特色社会主义研究，2013（4）：51-55.

［13］王晓晖. 积极培育和践行社会主义核心价值观［J］. 求是，2012，14（23）：7-10.

［14］姜迎春. 凝练社会主义核心价值观 弘扬马克思主义政党的本质［J］. 红旗文稿，2012（8）：2.

［15］李建华. 社会主义核心价值观的提炼［J］. 红旗文稿，2012（5）：3.

［16］韩震. 培育和践行核心价值观需注重方法和途径创新［N］. 光明日报，2014-01-05.

［17］沈壮海. 把准社会主义核心价值观培育的着力点［N］. 光明日报，2013-01-05.

［18］颜晓峰. 社会主义核心价值观是社会主义核心价值体系的精髓［N］. 天津日报，2012-12-17.

提升基层领导干部中华优秀传统文化素养的路径探析①

陈亚惠

（重庆工商大学计算机科学与信息工程学院　重庆　400067）

摘要： 中华优秀传统文化的丰富内涵，对于我党执政兴国的发展理念、对于基层领导干部个人综合素质的提升都具有重要意义，尤其是在增长基层领导干部智慧、增强基层领导干部道德、塑造基层领导干部人格方面具有重要作用。本文从完善培训体系、营造良好氛围和强化践行意识三个方面对基层领导干部全面提升中华优秀传统文化素养提出了对策建议。

关键词： 基层领导干部；中华优秀传统文化；素养

一、相关文献研究

党的十八大以来中华优秀传统文化的弘扬和传承成为学界研究的热点。从期刊文献不难发现，在传统文化批判传承研究方面，曹效生对弘扬传统文化的价值、传统文化精髓及传统文化的创造性转化展开过翔实的论述②。清华大学欧阳军喜教授等的《中国传统文化与社会主义核心价值观的培育》则从社会主义核心价值观培育视角研究中华优秀传统文化，他们认为“社会主义核心价值观的培育与弘扬中国优秀传统文化并行不悖、互相促进”③。李勇刚则就中华优秀传统文化对当代领导干部综合素质之一的道德建设进行了分析，指出“领导干部要充分借鉴中国古代官德思想，有效激活中华优秀传统文化精神基因”④。通过对资料的搜集和整理，我们可以看出，国内学术界对于基层领导干部素养和中

① 本文是2018年重庆市社会科学规划项目“社会主义核心价值观与中华优秀传统文化的辩证关系研究”的研究成果之一。

② 曹效生. 不忘本来才能开辟未来：学习习近平总书记关于弘扬中华优秀传统文化论述［J］. 求是，2014（10）：45-47.

③ 欧阳军喜，崔春雪. 中国传统文化与社会主义核心价值观的培育［J］. 山东社会科学，2013（3）：11-15.

④ 李勇刚. 中华优秀传统文化对当代领导干部道德建设的启示［J］. 中央社会主义学院学报，2015（6）：72-76.

华优秀传统文化的研究主要有：中华优秀传统文化的解读和传承、习近平传统文化观、中国特色社会主义文化自信、领导干部的价值观、领导干部的素养能力建设等内容。许多学者站在多个视角提出了相应的研究观点。基层领导干部要学习中华优秀传统文化，从中获得精神鼓舞，升华思想境界，陶冶道德情操，完善优良品格，培养浩然正气。因此，在培养高素质领导干部方面，用中华优秀传统文化影响和提升基层领导干部素养，切实增强基层领导干部文化素养，也是进一步解读习近平总书记系列重要讲话精神，落实中共中央《关于进一步激励广大干部新时代新担当新作为的意见》的有效抓手和创新途径。

二、基层领导干部中华优秀传统文化素养的重要性

中华文明是世界上唯一一个历经五千余年发展而从未中断的文明，在中国历史发展的长河中，产生了独具特色、内涵丰富、体系完备的中华优秀传统文化，这些优秀传统文化是中华文明几千年来沉淀的精髓，是中华民族复兴的文化源泉，是中国特色社会主义理论发展的丰厚滋养。近代以来，不仅中华民族不断遭受东西方列强的军事侵略，中华优秀传统文化也受到了西方文化的强烈冲击；外来文化的不断涌入，对中华优秀传统文化的传承和发展造成了极大的阻碍，中华优秀传统文化甚至几乎断裂。历史已经证明，经济、政治和思想文化的独立，共同构成一个国家、一个民族的独立。失去了固有的传统文化，无疑是泯灭了这个民族的文化特性，使其丧失民族文化自信心和文化自豪感。国学大师钱穆在其巨著《国学概论》中指出："一个民族的文化如果能够复兴，国家民族才有希望、才有前途。"在全球化发展的今天，保持本民族传统文化的独立性、完整性的重要意义不言而喻，基于此，世界各国都致力于发展和繁荣本国文化。同样，我国也将中华优秀传统文化的发展提升到了前所未有的战略高度，先后出台了促进中华优秀传统文化传承和发展的一系列政策。党的十八大以来，习近平总书记就中华优秀传统文化的传承和弘扬发表了一系列重要讲话。比如"一个国家、一个民族的强盛，总是以文化兴盛为支撑的，中华民族伟大复兴需要以中华文化发展繁荣为条件"①；"中华优秀传统文化是我们最深厚的文化软实力，也是中国特色社会主义植根的文化沃土"②；"中华优秀传统文化是中华民族的精神命脉，是涵养社会主义核心价值观的重要源泉，也是我们在世界文化激荡中站稳脚跟的坚实根基"③。这些关于传统文化的论述既是习近平总书记的文化理念又是我国文化建设指导思想。

基层领导干部是党执政的最基层骨干力量，是推动党的建设和实现民族复兴的中坚力量。领导干部的文化素养直接决定了领导能力的高低，领导能力的高低又直接关系党的基层工作成效，直接影响党事业的兴衰成败。2008 年中央党校开学典礼上，习近平总书记就

---

① 邓显超，黄小霞. 习近平文化软实力思想初探［J］. 江西理工大学学报，2014（12）：9-11.

② 张喜德. 试论习近平的中国传统文化观［J］. 中国延安干部学院学报，2016（9）：15-18.

③ 朱文武. 习近平的传统文化观探析：学习习近平总书记关于传统文化的系列重要论述［J］. 青岛行政学院学报，2017（10）：18-21.

提出："各级领导干部都应当结合时代要求继承和发扬中华民族优秀文化传统，自重、自省、自警、自励，不断增强是非面前的辨别能力、诱惑面前的自控能力、警示面前的醒悟能力，不断提高慎权、慎独、慎微、慎友的自觉性。"① 在中央党校建校 80 周年庆祝大会上，习近平总书记再次强调了基层领导干部学习中华优秀传统文化的重要性，同时指出："学史可以看成败、鉴得失、知兴替；学诗可以情飞扬、志高昂、人灵秀；学伦理可以知廉耻、懂荣辱、辨是非。"基层领导干部学习中华优秀传统文化，理解、领悟中华优秀传统文化所孕育的丰富内涵，从中陶冶情操，提升文化修养，加强文化自信，提升工作能力和领导智慧。《荀子》中讲到"学者非必为仕，而仕者必为学"，从社会价值体系角度来看，各级基层领导干部在党和国家事业发展中属于"关键少数"，他们既肩负着领导责任，又具有较强的示范作用；学习、掌握和运用中华优秀传统文化是基层领导干部提升修养、提高才干、增长智慧、增强道德的重要途径；从文化建设的层面看，基层领导干部率先垂范学好中华优秀传统文化，对形成学习中华优秀传统文化的良好社会氛围能够起到积极的推动作用。基层领导干部必须发挥带头作用，这一点在《关于实施中华优秀传统文化传承发展工程的意见》（中共中央办公厅、国务院办公厅印发）（以下简称《意见》）中也有明确的要求。

三、中华优秀传统文化对提升基层领导干部素养的作用

（一）中华优秀传统文化是基层领导干部的智慧之源

基层领导干部的文化素养与其领导能力的大小、领导行为的成败得失有着直接的关系。纵观历史发展，凡是具有卓越成就的领导者都善于从中华优秀传统文化中寻找智慧的密码。战国时期著名的纵横家、外交家和谋略家苏秦，年少时夜以继日地研读传统典籍，实在太困太累了，就以锥子来刺伤自己大腿的方式使头脑清醒，继续读书学史，后因其才学被六国同时任命为国相。汉代著名政治家孙敬留下了"悬梁刺股"的经典历史故事。提出罢黜百家、独尊儒术的政治家董仲舒，专心攻读，孜孜不倦，留下了三年不窥园的典故，最终成为西汉著名的思想家、政治家，此类例子不胜枚举。中国共产党和国家领导集体一贯重视学习中华优秀传统文化，毛泽东同志作为一代卓越的政治家、军事家和思想家，其眼光深邃高远，这与他从小接受中国传统文化教育，热衷于读书学史有着密切关系。毛泽东同志对中华优秀传统文化非常之热爱，13 岁就读《三国演义》，是韶山冲公认的"三国迷"。从韶山冲到东山学堂读，从东山学堂到井冈山，从井冈山到重庆谈判，读《三国演义》已成为毛泽东同志的习惯。不仅如此，1942 年，毛泽东同志向全党发出号召，号召共产党的干部们都来读《三国演义》。

习近平总书记同样非常重视对中华优秀传统文化的学习。党的十八大以来，习近平总书记围绕中华优秀传统文化传承与发扬作出了一系列重要讲话，可以看出习近平总书记将

① 李海晶. 习近平的传统文化观研究［D］. 南昌：南昌大学，2016.

中华优秀传统文化提升到文化自信、治国理政的国家战略高度。习近平总书记在参加国内外活动时也常常对中华优秀传统文化的经典信手拈来，引经据典、文雅厚重。习近平总书记对基层领导干部加强中华优秀传统文化的学习也提出了明确的要求。他指出："中国优秀传统文化，基层领导干部也要学习，以学益智，以学修身。中国传统文化博大精深，学习和掌握其中的各种思想精华，对树立正确的世界观、人生观、价值观很有益处。"① 中华优秀传统文化的深浅有无，直接影响基层领导干部能否做到"以史为鉴、知古鉴今"，直接影响基层领导干部思维的深度和广度，直接影响基层领导干部对事物及其发展规律认识的洞察力、前瞻力和判断力②。出类拔萃的领导者往往是中华优秀传统文化忠实的学习者、传承者和实践者，浩如烟海的中华优秀传统文化是基层领导干部"治国、修身、齐家、平天下"的智慧之源。

（二）中华优秀传统文化是基层领导干部的道德之本

中华优秀传统文化非常注重道德品质的培养，历史上士大夫阶层也非常注重德行的修养。儒家学说提倡"为政以德"的理念，修身、克己、慎独等思想俯拾皆是。孔子提出了"杀身成仁"，孟子提出了"舍生取义"，曾子提出了"一日三省吾身"。习近平总书记指出："中华传统美德是中华文化精髓，蕴含着丰富的思想道德资源。"习近平总书记还强调，"对历史文化特别是先人传承下来的道德规范，要坚持古为今用、推陈出新，有鉴别地加以对待，有扬弃地予以继承，努力实现中华传统美德的创造性转化、创新性发展。"③ 随着经济全球化，主流价值观受到严重冲击和边缘化。面对道德滑坡、世风日下的现状，发挥文化引领风尚作用，用中华优秀传统文化的美德解决转型期道德沦丧问题显得尤为重要。基层领导干部承担着执政兴国的历史使命、承担着执政为民的重要职责，认真学习优秀传统文化，养天地之正气，法古今之完人，塑高尚之品格，切实加强自身修养，可以说是基层领导干部应具备的基本要求。习近平总书记指出："建设一支德才兼备的高素质执政骨干队伍，是我们事业成功的根本保证。面对纷繁复杂的社会现实，党员干部特别是领导干部务必把加强道德修养作为十分重要的人生必修课。"由此可见，"德"是基层领导干部素养的第一要素，强调德才兼备，以德为先。中华优秀传统文化为广大基层领导干部涵养为政之德提供了有效途径，其理论体系逻辑严密、内涵丰富、思想深邃，能够有效引导广大干部不忘初心、崇德修身、廉洁奉公。中华优秀传统文化堪称基层领导干部的道德之本。基层领导干部通过认真学习中华优秀传统文化，可以有效增强道德修养、作风建设、法治观念和廉政思想建设。

（三）中华优秀传统文化是基层领导干部的人格之魂

人格魅力是基层领导干部人品、性格、气质、能力等内在精神与外在表现的统一，是

---

① 张巨成．习近平与中国传统文化［J］．大理学院学报，2014（11）：15-17.

② 伍皓．领导干部的人文素养与媒介素养［J］．红河探索，2011（10）：28-30.

③ 丁笑生．大学生公寓文化建设研究［D］．南京：南京师范大学，2014.

对基层领导干部大公无私、以身作则、言行如一等品质、作风、能力的诠释。“其身正，不令而行；其身不正，虽令不从。”如果说基层领导干部能够取得较好的工作成绩，优秀的工作业绩又为基层领导干部树立较强的感召力和公信力，从而赢得人们的普遍尊敬和爱戴，则领导者的人格力量与他取得的成绩不无关系。中华优秀传统文化对于塑造基层领导干部英明果断的气质、坚忍不拔的毅力、海纳百川的性格等方面有着特殊的意义。在现实工作中，基层领导干部影响力的来源并不局限于其身处的职位和权力，还源于基层领导干部的文化修养、处事能力等非权力因素，深厚的文化内涵能够增强基层领导干部的人格魅力，从而增强基层领导干部的领导力和执行力。极个别的基层领导干部文化修养不高，认识问题没深度、处理事情没风度、解决问题没力度。这样的基层领导干部很难得到群众的拥护，其领导职责很难有效行使。人民群众喜欢既有才气又有正气的基层领导干部，这样的基层领导干部逻辑清晰、思维缜密、一身正气，让人心悦诚服。基层领导干部传统文化素养既展示了基层领导干部政治家的风采又展示了温文尔雅的学者气质，彰显了基层领导干部强大的人格魅力。

四、新时代进一步提升基层领导干部中华优秀传统文化素养的路径探索

学习是基层领导干部汲取知识、掌握技能、锻炼能力的基本路径选择。面对浩如烟海的中华优秀传统文化，基层领导干部想要永葆时代的先进性，就必须树立终身学习的意识，提高文化自觉，坚定“四个自信”，不断提升领导能力和领导艺术。

（一）完善基层领导干部的中华优秀传统文化培训体系

中国共产党历来高度重视对基层领导干部的培训工作，设置了由中央到地方的各级各类的党校、行政学院、社会主义学院等基层领导干部培训机构，强化对基层领导干部培训、轮训的再教育。党校作为基层领导干部教育的主阵地，通过对基层领导干部进行短期的集中学习和培训，达到全面提升基层领导干部执政能力的目标。《意见》提出，中华优秀传统文化传承发展工作要“纳入各级党校、行政学院教学的重要内容”①。因此，党校等机构应形成布局科学、结构合理、衔接紧密的基层领导干部传统文化教学体系，一是构建科学完备的课程体系。对中华优秀传统文化进行系统梳理、总结、归纳和提炼，系统运用中华优秀传统文化对基层领导干部进行政德滋养。二是设计灵活多样的教学模式。完善短、中、长三类班次的学制设置，针对不同层次和行业基层领导干部的差别化需求，优化教学模式，充分运用慕课、翻转课堂等多媒体、案例教学等方法，开展线上线下一体化教育，提升基层领导干部对传统文化的认知能力。三是组建一支高素质的师资队伍。将政治立场坚定、传统文化素养深厚、具有较强课堂掌控能力的优秀教师放到教学科研的第一线，完善人才引进、培养和使用机制，建设一支与中华优秀传统文化培训任务相适应的师资队伍和特聘领导、特聘教授队伍，努力形成基层领导干部中华优秀传统文化培训的新局

---

① 赵仁龙．加强干部文化自信教育［J］．党政干部论坛，2017（10）：5-7.

面、新风气，增强基层领导干部中华优秀传统文化培训的实效性。

（二）营造基层领导干部学习中华优秀传统文化的良好社会氛围

习近平同志提醒全党："中国共产党人依靠学习走到今天，也必然要依靠学习走向未来。"① 中华传统文化讲"十年树木，百年树人"，作为新时期的基层领导干部，要有与时俱进的求知欲望和强烈的学习意识，养成终身学习的习惯。一是要加强营造基层领导干部队伍学习中华优秀传统文化的氛围。各行业、领域、区域、单位的基层领导干部可以采取上党课、报告会、组织专题研讨等多种学习方式，有计划地组织集体学习中华优秀传统文化，将对中华优秀传统文化的学习制度化、常态化、系统化。中央政治局就在基层领导干部学习中华优秀传统文化方面做出了很好的表率。习近平总书记在中共中央政治局第十二次、第十三次、第十八次等集体学习时，带领中央政治局全体同志系统地解读并学习了中华优秀传统文化，为基层领导干部学传统、用传统带了个好头。基层领导干部带头学习中华优秀传统文化氛围的营造，不仅有利于基层领导干部综合素质的提升，而且率先垂范在社会上形成学习中华优秀传统文化的良好氛围。二是要营造全社会学习中华优秀传统文化的整体氛围。大力推进中华优秀传统文化"进机关、进企业、进学校、进社区、进乡村"等系列活动，加强对青少年尤其是大中小学生的传统文化教育，注重中华优秀传统文化与现代社会协调发展，把对个人的教育功能、社会的教化功能有机结合起来，营造全社会学习、倡导、践行中华优秀传统文化的浓厚氛围。

（三）强化基层领导干部对于中华优秀传统文化的践行意识

强化基层领导干部对中华优秀传统文化的践行意识是提升基层领导干部中华优秀传统文化素养的一个重要途径。对于中华优秀传统文化，基层领导干部要真学真懂、真信真用。中华优秀传统文化历经千年而不衰，并且在新时代焕发出更为强大的生命力，其原因之一就是以儒家为主体的中华优秀传统文化所具有的治国安邦思想和爱国主义精神，并且能够随着时代的发展而自我完善的特质。中国共产党作为中国先进文化的代表，其发展思想和发展理念就源于中华优秀传统文化。对此，习近平总书记多次强调，"中国共产党既是中华优秀传统文化的忠实传承者和弘扬者，又是中国先进文化的积极倡导者和发展者"。中华优秀传统文化是中华民族的"根"和"魂"，"是我们最深厚的文化软实力，也是中国特色社会主义植根的文化沃土"。刘云山强调，更加自觉、主动地推动文化大发展大繁荣，阐明了文化的发展性和绵延性，"任何一个国家和民族文化的发展，都是在既有文化传统基础上进行的文化传承、变革与创新。如果离开传统，割断血脉，就会迷失方向，丧失根本"②。对于中华优秀传统文化，要站在政治的高度，自觉地学习、主动地学习。一个人学过什么样的文化，受过什么样的教育，这个人就会表现出什么样的行为方式。基层领导干部只有善于从前人治国理政的成败得失中总结经验，提升思维层次和领导能力，并将

① 肖露. 融入全民阅读时代［J］. 当代贵州，2013（5）：25-27.

② 韩振峰. 文化：国家发展和民族振兴的强大力量［J］. 思想政治工作研究，2010（12）：8-10.

之用到实际工作之中；用中华优秀传统文化的世界观、价值观和方法论来指导基层领导干部的工作实践，才能真正将中华优秀传统文化做到内化于心、外化于行，更好地担负起基层领导干部的职责和使命。

中华民族千百年积淀下来的优秀传统文化是中华民族的精神支柱。中国共产党是中华优秀传统文化最忠实的代表者和最坚定的传承人。弘扬中华优秀传统文化是党和国家领导集体一脉相承的思想延续。新时代，在汇总中华优秀传统文化的基础上形成的中国特色社会主义核心价值观是每一位基层领导干部需要具有的最基本的核心素养。秉承时代的重托和历史的担当，基层领导干部必须提升中华优秀传统文化素养，这样才能更有效地推动文化自信，促进民族团结，实现中华民族的伟大复兴。

参考文献：

[1] 曹效生. 不忘本来才能开辟未来：学习习近平总书记关于弘扬中华优秀传统文化论述 [J]. 求是，2014 (10)：45-47.

[2] 欧阳军喜，崔春雪. 中国传统文化与社会主义核心价值观的培育 [J]. 山东社会科学，2013 (3)：11-15.

[3] 李勇刚. 中华优秀传统文化对当代领导干部道德建设的启示 [J]. 中央社会主义学院学报，2015 (6)：72-76.

[4] 沈小勇. 传统修养智慧对现代领导干部的启示[J]. 中国领导科学，2015 (5)：15-18.

[5] 邓显超，黄小霞. 习近平文化软实力思想初探 [J]. 江西理工大学学报，2014 (12)：9-11.

[6] 张喜德. 试论习近平的中国传统文化观 [J]. 中国延安干部学院学报，2016 (9)：15-18.

[7] 朱文武. 习近平的传统文化观探析：学习习近平总书记关于传统文化的系列重要论述 [J]. 青岛行政学院学报，2017 (10)：18-21.

[8] 李海晶. 习近平的传统文化观研究 [D]. 南昌：南昌大学，2016.

[9] 张巨成. 习近平与中国传统文化 [J]. 大理学院学报，2014 (11)：15-17.

[10] 伍皓. 领导干部的人文素养与媒介素养 [J]. 红河探索，2011 (10)：28-30.

[11] 丁笑生. 大学生公寓文化建设研究 [D]. 南京：南京师范大学，2014.

[12] 赵仁龙. 加强干部文化自信教育 [J]. 党政干部论坛，2017 (10)：5-7.

[13] 肖露. 融入全民阅读时代 [J]. 当代贵州，2013 (5)：25-27.

[14] 韩振峰. 文化：国家发展和民族振兴的强大力量 [J]. 思想政治工作研究，2010 (12)：8-10.

高校辅导员践行立德树人根本任务的路径探析

张　静
（重庆工商大学国际商学院　重庆　400067）

摘要：党的十九大报告明确提出，要全面贯彻党的教育方针，落实立德树人根本任务，这为高等教育的发展指明了方向。辅导员作为高校育人工作的骨干力量，在高校思想政治教育与日常管理工作中扮演着重要角色，发挥着重要作用。深入探讨高校辅导员实现立德树人的路径与方法，是高校培养高素质人才的重要保障，也为辅导员队伍自身建设提供了理论基础与经验借鉴。

关键词：立德树人；高校辅导员；育人路径

教育强则国家强，人才兴则民族兴。“要坚持把立德树人作为中心环节，把思想政治工作贯穿教育教学全过程，实现全程育人、全方位育人。”① 习近平总书记在全国高校思想政治工作会议上的重要讲话高屋建瓴、饱含期望、催人奋进，从全局和战略的高度，深刻回答了事关高等教育事业发展和高校思想政治工作的重大问题，使我们进一步认清了办什么样的大学、怎样办好大学和培养什么人、怎样培养人、为谁培养人的问题，具有很强的政治性、思想性和针对性。辅导员作为开展大学生思想政治教育的骨干力量，更应将习近平总书记的重要讲话精神内化于心、外化于行、立德修身、匠心育人，以一颗仁爱之心去关注、关心、关怀每一个学生，关注学生成长的每一个细节，将社会主义核心价值观以春风化雨、润物无声的方式贯穿育人的全过程，做社会主义核心价值观的坚定信仰者、模范践行者和积极传播者。

一、以德立身、以德立学、以德施教践行辅导员工作之本

辅导员作为高等学校教师队伍的重要组成部分，是高校从事大学生思想政治教育、日

① 张烁. 把思想政治工作贯穿教育教学全过程 开创我国高等教育事业发展新局面［N］. 人民日报，2016-12-09.

常管理工作的骨干力量和中流砥柱，是大学生健康成长的领航者和引路人。辅导员优良的道德品质在育人工作中起着潜移默化的积极作用和事半功倍的独特效果；对大学生树立正确的世界观、人生观、价值观有着直接且深远的影响；对提高大学生思想政治教育的实际效果起着积极的推动作用；是影响大学生思想政治教育的重要因素。

（一）真情投入，充满爱心，德育工作之前提

高尔基说："谁爱孩子，孩子就爱谁。只有爱孩子的人，他才可以教育好孩子。"爱，是辅导员工作的前提。"感人心者，莫先乎情"，对学生要以理服人、以情感人。辅导员应该不忘初心，扎根学生，以踏石留印、抓铁有痕的劲头干教育、攻难关；与学生同心同行，助力他们成长成才；在成为学生人生导师和知心朋友的道路上，陪伴学生至亲至善至知己，亦师亦友亦比邻。

（二）身正为范，德高为师，德育工作之基础

辅导员是与学生关系最近，互动最频繁，也是最能从思想上、言行上感染与影响学生的人。辅导员得体的衣着、端庄的外表、高尚的品德、优雅的风度会涤荡学生的心灵，陶冶学生的情操，从而起到"其身正，不令而行；其身不正，随令不从"的教育效果。因此，辅导员不仅要以高尚的师德和魅力的人格令学生敬佩，还要以最佳的精神境界和言行举止，影响和感染学生。

（三）一专多能，德学深厚，德育工作之保障

由于学生素质的多层次性，学生工作的复杂性以及高难度，辅导员完善和充实自己的素养内涵，拓展自己的知识结构，是工作所需和职责所在，更是摆在辅导员面前的一项首要任务。第一，辅导员从事的是思想政治教育工作，需要自身有坚定的政治立场和科学的价值观念引导与影响学生。第二，加强基础知识的学习，如教育学、心理学、管理学，注意教育规律的掌握，学生矛盾的处理，心理问题的解决，家校联动的改善，班级建设的促进。第三，深化专业认识。深入了解学生所学专业的培养计划、专业特色、就业前景等，有利于对学生进行专业定位、就业指导以及学习方法引导。辅导员还需要具备一定的才艺，做到一专多能。辅导员丰富的兴趣爱好和多才多艺的个人风采在增强个人魅力的同时，也很容易与学生产生惺惺相惜的共鸣，深受学生喜爱，也有利于学生活动组织与指导。辅导员应树立"以德为行，以学为上"的教育理念，以德学立身、终生学习，不断提升自身的职业能力。

二、专业化、职业化、专家化推行辅导员工作之径

习近平总书记指出："做好高校思想政治工作，要因事而化、因时而进、因势而新。要遵循思想政治工作规律，遵循教书育人规律，遵循学生成长规律，不断提高工作能力和水平。"这为进一步全面提高辅导员专业化、职业化水平指明了方向。努力成为党的大政方针的坚定拥护者、先进思想与主流文化的积极传播者、学生思想问题的解惑者、人生发

展的导航者、专业学习的指导者、健康成长的引路人和生活心理的关怀者，正是我们全体辅导员追逐的青春梦、事业梦。

（一）健全考评机制以激励辅导员的工作热情

（1）严把准入机制，建立高素质的辅导员队伍。

按照政治强、业务精、纪律严、作风正的要求，选拔拥护党的领导、思想端、作风正、喜爱学生、热爱学生管理工作、有志于探讨大学生思想政治教育规律与方法的优秀人才加入辅导员队伍。从辅导员岗位的“准入机制”把关，抬高“门槛”，以确保专职辅导员队伍的整体素质。

（2）规范管理机制，建立科学系统的考评办法。

高校应该根据专职辅导员的角色定位和岗位职责，有目的、有计划地制定相应的科学化、系统化的辅导员队伍管理机制和考评办法；明确专门的辅导员考评管理部门，制定具体的辅导员量化考评细则，努力做到考评全程系统化、规范化、科学化、制度化。高校应该将考核结果与薪酬、优秀评选、职务晋升、学位深造等机会挂钩，对于连续考评不合格的辅导员，及时调离辅导员岗位，从而优化辅导员的队伍建设，增强辅导员的责任意识，调动辅导员的工作积极性。

（二）强化培养机制以增强辅导员的工作实力

（1）建立培训机制。

高校要根据自身实际情况，结合辅导员实际工作需要，按照理论联系实际、继承结合创新的原则，对辅导员进行科学化、系统化的培养和训练，建立和完善辅导员培训机制。培训机制涉及的领域既有教育学、心理学、管理学、职业规划、就业指导、形势政策等理论知识方面的系统学习，又包括辅导员应具备的语言表达、沟通能力、分析判断、组织协调、突发事件处理等相关实践能力的提升；既有世界观、人生观、价值观等价值领域的认识升华，又有爱岗敬业、责任意识、创新思维等职业素养方面的强化教育。辅导员接受全方位、系统化的培训，既夯实了辅导员专业理论知识基础，又挖掘了辅导员潜在巨大发展潜力。

（2）构建培训体系。

《普通高等学校辅导员队伍建设规定》第十四条明确指出：“建立国家、省级和高等学校三级辅导员培训体系。教育部设立高等学校辅导员培训和研修基地，开展国家级示范培训。省级教育部门应当根据区域内现有高等学校辅导员规模数量设立辅导员培训专项经费，建立辅导员培训和研修基地，承担所在区域内高等学校辅导员的岗前培训、日常培训和骨干培训。高等学校负责对本校辅导员的系统培训，确保每名专职辅导员每年参加不少于16个学时的校级培训，每5年参加1次国家级或省级培训。”辅导员的培训工作是一个庞大的系统工程。高校针对辅导员岗位的具体需求，坚持“干什么，学什么，缺什么，补什么”的原则，因人而异、按需施教，采取灵活多样的培训形式和内容。高校还应该定期组织辅导员进行业务能力培训，召开理论研讨会，分享经验，充分发挥经验丰富辅导员对新入职辅导员的“传、帮、带”作用。鼓励辅导员拓宽职业眼界，提升职业竞争力。高校辅导员可以通过读硕士、博士研究生的方式提高学历层次；通过出国深造、学习访问、脱产进修等方式提升职业能力，适时进行知识储备和更新。在重视理论提升的同时，高校辅导员还要注重实践能力的培训，可通过社会实践、个案研究、考察调研、岗位轮转、挂职锻炼等方式提升实践能力，积累实战经验。

（三）拓宽发展机制以拓展辅导员的工作视野

（1）加强理论研究，搭建学术提升平台。

高校应每年特批一定的科研经费，设立思政、党建、团学、学风建设、心理健康、事务管理等辅导员专项课题，支持和鼓励辅导员开展相关专题研究。同时，高校可以通过在学报上开设辅导员专栏、出版辅导员工作研究刊物、辅导员论文集、辅导员案例分析等方式，为辅导员参与学科建设、开展学术交流创造机会和搭建平台。高校可以根据个人兴趣和研究方向成立辅导员名师工作室，有计划、有目的地针对学生工作中存在的现实问题进行深入研究，探索行之有效的解决办法，形成针对现实问题、深入探索研究的浓厚学术氛围，逐步构建理论联系实践、继承结合创新的工作格局。

（2）开设“辅导员沙龙”，搭建业务促进平台。

辅导员沙龙以一种轻松、自由、和谐的氛围，使辅导员从繁重的事务中抽离出来各抒己见、交流心得、分享成果，增进了辅导员之间的工作协作关系，促进了辅导员之间相互学习与沟通，提升了辅导员的职业素养与工作能力，有利于辅导员专业化、职业化发展目标的实现。

（3）成立专业协会，搭建经验共享平台。

高校应该成立专职辅导员协会，开设专职辅导员论坛，开拓辅导员掌握政策信息、探讨工作经验、拓展工作视野的信息互通阵地，形成辅导员学习、交流、科研、创新的有效平台，提升辅导员理论知识水平、业务能力和研究水平，形成专职辅导员工作研讨和学习创新的长效机制，加强辅导员队伍专业化、职业化建设。

（四）建立保障机制以确保辅导员对工作的诉求

《普通高等学校辅导员队伍建设规定》第十六条指出：“高等学校要积极为辅导员的工作和生活创造便利条件，应根据辅导员的工作特点，在岗位津贴、办公条件、通信经费等方面制定相关政策，为辅导员的工作和生活提供必要保障。”高校在努力稳定住辅导员队伍的前提下，进一步以专业化、职业化为目标，加强辅导员队伍建设，针对辅导员入职、培养、晋升和发展的全过程，统筹规划、分步实施、精准落实，使辅导员“工作有条件、干事有平台、发展有空间”，牢固树立“思想政治工作是一门科学，辅导员队伍是高校一支专业技术队伍”的观念。高校要尊重辅导员作为高校教师的身份和尊严，而不只是保安、保姆的代名词，尊重辅导员的劳动，而不被轻易错认为“打杂的”；激励辅导员认真做好大学生思想政治教育工作。高校应给予辅导员足够的存在感、价值感，确保辅导员在自己的岗位上能够真正做到在其位、谋其职、展其才。高校应该对辅导员工作给予支持和理解，关注和解决辅导员反映的实际问题，消除其后顾之忧，确保辅导员安其位、精其职、乐其业。

三、新时代、新方法、新媒体履行辅导员工作之责

当今社会已经步入新媒体时代，信息内容丰富性、信息形式多样性、信息来源隐蔽性、信息价值多重性、信息真伪难辨性、信息检索便捷性等，是新媒体时代信息传播的鲜明特色。新媒体的迅猛发展，为高校开展思想政治教育提供了新的环境和良好机遇，同时也给其带来了新冲击与新挑战。在新媒体环境下，大学生多元、开放、自由的心理诉求使得传统“说教式”的思想政治教育方式已经不能适应现代大学生教育的现实需要，辅导员要善于运用新媒体、新技术，充分发掘信息技术的优势，为思想政治教育工作注入时代感和吸引力。另外，辅导员要熟知和灵活运用大学生喜闻乐见的网络语，以学生容易接受的方式与话语与学生进行沟通。最后，辅导员应该引导学生树立客观、理性的思维方式，做网络文明的捍卫者和网络发展的建设者。

“守好一段渠，种好责任田。”高校辅导员只有不断创新工作内容方法，丰富思想政治时代情怀，才能做到“思想不褪色，方法不落伍”，真正促使思想政治工作不仅有益、有用、有力，而且有趣、有意、有功。

言传身教，以身作则。立德树人，必先教己。教师是人类灵魂的工程师，承担着立德树人的神圣使命。辅导员要本着教育者先受教育的原则，提高自身的思想政治修养，依靠人格的力量，在工作、生活中做、知、行合一，做身正为范的榜样，将身教和言教结合起来，努力成为学生思想道路上的风向标；以一颗仁爱之心去关注、关怀、关心每一个学生，关注学生成长的每一个细节，将社会主义核心价值观以春风化雨、润物无声的方式贯穿育人的全过程，不断提升职业能力，提高工作质量，做到“思想不褪色，方法不落伍”，利用好互联网这个平台，统筹各方面资源，积极培育健康向上的思想阵地，努力成为可以和学生聊人生、谈理想的知心朋友和人生导师。

从《我的修养要则》论大学生党员廉洁意识培育[①]

陈　曦

（重庆工商大学会计学院　重庆　400067）

摘要：《我的修养要则》是周恩来写给自己的生日箴言，更是写给党员干部的修养准则，对于党员干部增强党性修养、强化廉洁意识具有历史意义和现实意义。党的十九大报告明确指出："强化不敢腐的震慑，扎牢不能腐的笼子，增强不想腐的自觉，通过不懈努力换来海晏河清、朗朗乾坤。"高校可以借鉴《我的修养要则》"加强学习、开展批评与自我批评、严守纪律"的精神内涵，探索一体推进"三不"的方法路径，扎实开展大学生党员廉洁意识培育工作。

关键词：《我的修养要则》；大学生党员；廉洁意识培育

1943年3月18日是周恩来的45岁生日。在重庆红岩村，中共南方局的同志们为他准备了茶点祝寿。但周恩来没有出席，而是简单地吃了一碗面条，就回到办公室撰写了《我的修养要则》。他的这一庆祝生日的特殊方式，折射出他在特殊环境下的高度自律。习近平总书记在纪念周恩来同志诞辰120周年座谈会上的重要讲话中指出"周恩来同志是严于律己、清正廉洁的杰出楷模"。

党的十九大强调，要"弘扬忠诚老实、公道正派、实事求是、清正廉洁等价值观""强化不敢腐的震慑，扎牢不能腐的笼子，增强不想腐的自觉"。大学阶段是学生价值观形成的关键时期，由于部分大学生党员对廉洁意识培育认识不足、积极性不高，高校廉洁教育形式单一、缺乏吸引力，对大学生党员清正廉洁等价值观的塑造还需进一步加大力度、创新形式。高校肩负着"培养社会发展所需要的人"的重要使命，应深入学习领会周恩来《我的修养要则》的丰富精神内涵，以《我的修养要则》这一党性教育活教材为指导开展

① 本文是重庆市社会科学规划项目"党的十九大精神指引下大学生廉洁意识培育研究"（项目号：2018PY35）的研究成果之一。

大学生党员廉洁意识培育工作，引导大学生党员树立正确的清正廉洁价值观，让周恩来精神在新时代绽放新的光芒。

一、学习周恩来“活到老、学到老、改造到老”的终身学习观，不断提升大学生党员对廉洁意识培育的思想自觉

《我的修养要则》共 217 个字，分为 7 条。这 7 条就如同 7 颗珍珠，串联起它们的，正是《我的修养要则》第一条就强调的内容——“加紧学习”[①]。周恩来一生热爱读书、酷爱学习，无论是在战火纷飞的年代，还是盛世和平的新时期，他一直把读书学习放在首位。周恩来在少年时便立下了“为中华之崛起而读书”的鸿鹄志向，涉猎了中西方许多启蒙思想家的作品；大学时阅读了大量的国内外名人著作、史实典故，并形成自己独特新颖的看法与见解，经常抽出时间加强马克思主义理论学习，保证思想的及时更新。周恩来把个人读书与工作要求相结合，把博采众长与批判吸收相结合，把学习书本知识与调查研究相结合，始终把读书当成一种乐趣、一种习惯、一种追求，做到了《我的修养要则》里面强调的“习作合一”。周恩来曾说：“一个人对于世界万事万物，对于人生各种问题，要想看得透，就得志于学，勤于问，敢于闯。”

当前，教育系统党风廉政建设和反腐工作形势依然严峻复杂，全面从严治党任务依然艰巨繁重，一些党员教师在重大原则和大是大非问题上有模糊认识甚至错误认识，极个别人的言行挑战政治底线和法律红线，重点领域违法法纪问题时有发生[②]。有些高校学生组织存在贪污和隐匿费用、干部选举暗箱操作等腐败现象。由此看来，培育大学生廉洁意识是时代所需、现实所需。高校要提高大学生党员廉洁意识，可以利用《我的修养要则》这一党性活教材，提高大学生党员的廉洁意识，让大学生党员在加强学习中不断提高自我认识，做到对廉洁意识培育的内心认同。

（1）引导大学生树立“活到老、学到老、改造到老”的终身学习观，提升大学生加强学习的思想自觉。

高校应组织大学生认真学习马克思主义廉洁政治理论，学习习近平关于党风廉政和反腐斗争的重要论述，使其不断从中汲取科学智慧和理论力量；组织学习中国特色社会主义文化，尤其是革命文化，使其深刻理解周恩来精神的时代价值和时代内涵，增强学习贯彻周恩来精神的文化自觉；组织学习新知识新技能，使其增长知识、丰富学识，提高内在素养、锤炼过硬本领，逐步适应新形势新任务新要求。通过加强学习，大学生不断实现自我改造、成长提高，认识到廉洁是大学生必须具备的基本品质，强化对高校廉洁意识培育的内心认同，成为德智体美劳全面发展的社会主义建设者和接班人。

---

① 张秋兵. 周恩来：《我的修养要则》[J]. 精神文明导刊，2017（6）：57.

② 人民网. 教育部长：极个别人言行挑战政治底线和法律红线[R/OL].（2015-12-03）[2020-12-30].http://politics.people.com/cn/n/2015/1203/c70731-27883507.html.

（2）发挥高校思政课引导作用，把廉洁教育渗透在教学中。

高校要注意发挥思想政治理论课在廉洁教育中的引导作用，坚持将廉洁教育作为“两课”的重要内容①，可根据不同章节内容，设置与廉洁意识培育的结合点，在思想政治理论课教学中讲授周恩来廉洁故事，传授廉洁知识，不断引导大学生认清当前廉政形势，认识廉洁与反腐、廉洁与全面从严治党、廉洁与国家战略、廉洁与大学生全面发展等问题；通过理论教育与案例教育相结合、正面引导与警示教育相结合、历史教育与时事教育相结合，逐步引导大学生形成廉洁意识，帮助大学生明确廉洁是人生道路上永远的道德标准，让廉洁习惯、廉洁意识陪伴大学生的人生成长历程。

（3）建设适合大学生学习廉洁知识的平台，让廉洁教育走进学生心中。

高校可以通过开展理想信念教育、党风廉政建设专题教育、严守纪律和规矩教育，形成良好的廉洁意识培育氛围；通过拓展新媒体教育，用微信公众号、微博、专题网页等推送廉洁故事、廉洁动画、廉洁书画作品等，不断丰富廉洁文化；通过廉洁教育的征文、公益广告语等征集活动，关于荣辱观、成才观、消费观、就业观等方面的演讲会、辩论赛、报告会等廉洁教育活动，让廉洁教育贴近学生、走进大学生心中。

总之，大学生党员要按照习近平总书记“全党同志一定要善于学习、善于重新学习，要有本领不够的危机感，以时不我待的精神，一刻不停地增强本领”的要求，坚持“学习、学习、再学习”，使思维视野、思想观念、认识水平跟上越来越快的时代发展，跟上新时代全面从严治党新要求，在从源头上预防腐败中不断涵养不想腐的内在自觉，不断促进自我完善，适应新时代的发展。

二、学习周恩来“保持经常性批评和自我批评”的自我改造观，不断提升大学生党员对廉洁意识培育的行动自觉

《我的修养要则》第四条内容“要与自己的他人的一切不正确的思想意识作原则上坚决的斗争”，强调的就是开展批评和自我批评。周恩来十分注意严以修身、反省自我。在南方局整风学习期间，周恩来曾多次主持会议讨论如何“自我反省，各人检讨自己的缺点”，带头严格剖析自己，并对其他党员开展严厉批评，对摆老资格的老党员告诫“党龄越长，越要遵守纪律”等②。在这种氛围下，南方局同志们清廉、无私、忘我、团结，使抗日救亡、团结民主力量等工作得以卓有成效地开展。周恩来曾说：“一个合乎时代要求的政党或团体的反省功夫，如果能认真做到这样，那这个政党或团体就一定成功。”③

① 赵正元.北京工商大学把廉洁意识植入大学生心中[R/OL].(2007-01-30)[2021-07-31].http://www.jyb.cn/zgjyb/two/200701/ t20070130_63181.html.

② 党性修养要“严”而“实”：感悟周恩来同志《我的修养要则》[R/OL].(2018-03-13)[2021-07-30].http://dangshi.people.com.cn/n1/2018/0313/c85037-29865214.html.

③ 殷月兰.周恩来倡导的“反省功夫”[R/OL].(2016-09-27)[2021-07-30].http://dangshi.people.com.cn/n1/2016/0927/c85037-28742496.html.

当前，党组织弱化问题依然存在，党内组织生活缺乏严肃性、经常性，有些大学生党支部组织生活普遍存在重视不够、形式呆板、内容单调、组织乏力等问题，有些大学生党员欠缺在组织生活会上开展批评与自我批评的实践。高校要引导大学生党员强化廉洁意识，可利用周恩来《我的修养要则》这一党性活教材，让大学生党员在组织生活中不断提高自我认识，将廉洁意识培育内化为自觉行动。

（1）抓好党支部建设这个根本。

党支部是党最基本的组织，是党的全部工作和战斗力的基础。高校党委要高度重视学生党支部建设，按照《中国共产党支部工作条例（试行）》，加强学生党支部制度化规范化建设，让学生党支部“强”起来。高校学生党支部在加强党风廉政建设工作中应充分发挥战斗堡垒作用，要突出廉洁教育，将廉洁教育作为党支部建设的重要内容，列出学习计划，定期总结评价，不断提升大学生党员政治能力。

（2）用好党的组织生活这个经常性手段。

《关于新形势下党内政治生活的若干准则》强调要严肃认真开展党内政治生活。高校党委落实全面从严治党必须从党内政治生活管起、严起，让党员真正严守组织生活的刚性要求，自觉自愿地参加党的组织生活。高校学生党支部要以问题为导向，认真落实“三会一课”、谈心谈话等制度，不断强化党内监督，让党内政治生活正常化、经常化，让学生党支部“活”起来。大学生党员通过自觉接受党内政治生活锻炼，认真参加组织生活会，定期向党组织汇报思想，如实填报个人有关事项、按时足额缴纳党费等。

（3）用好批评与自我批评这个有力武器。

习近平总书记强调“批评和自我批评的武器要多用常用、用够用好”。高校学生党支部要通过经常开展批评与自我批评，加强党组织对党员的经常性教育、管理、监督，让学生党支部“实”起来。大学生党员应该以高度的党性觉悟和担当精神开展自我批评，培养和保持顽强的斗争精神、坚韧的斗争意志、高超的斗争本领，像红岩前辈一样坚持斗争，在大风大浪中长才干、壮筋骨，为实现中华民族伟大复兴的中国梦贡献力量。

总之，大学生党员要按照党支部建设要求，认真参加支部组织生活，扎实开展批评与自我批评，发扬彻底的自我革命精神，不断增强党自我净化、自我完善、自我革新、自我提高的能力，在开展批评与自我批评中不断涵养大学生党员不敢腐的行动自觉，促进大学生党员不断自我净化，以适应新时代的变化。

三、学习周恩来“党的纪律对于每一个党员来说都绝无例外”的纪律规矩观，不断提升大学生党员对廉洁意识培育的政治自觉

《我的修养要则》第六条内容“永远不与群众隔离，向群众学习，并帮助他们。过集体生活，注意调研，遵守纪律”，强调的就是党员必须遵守纪律。周恩来强调纪律是决定

党能否坚持革命、战胜敌人、争取胜利的首要条件①。周恩来一生坚决执行党的决议，严守党的政治纪律，始终维护党中央权威，在任何时候任何情况下都同党中央保持高度一致；严守党的组织纪律，维护党的团结，从不搞小圈子、小团体；严守党的工作纪律，重大问题该请示的请示，该汇报的汇报，从不超越权限办事；严守党的保密纪律，即使对最亲近的人也绝不泄漏半句。周恩来在生命的最后日子里对邓颖超说："我肚子里装着很多话没有对你说。"这就是周总理，共产党人中守纪律、讲规矩的楷模。

当前，不少大学生党员觉得廉洁与自己无关，认为廉洁是党员、公职人员的事情。然而，走向社会后的大学生却又有部分人在短时间内因自身廉洁问题身陷囹圄。高校要引导大学生党员强化廉洁意识，可利用周恩来《我的修养要则》这一党性活教材，让大学生党员在严守纪律中不断提高自我认识，将廉洁意识培育转化为自觉遵循。

（1）强化制度意识。

大学生党员要深刻认识到实现社会和谐稳定、国家长治久安需要依靠制度，不断增强对国家制度体系的认同感和敬畏感，让制度内化为自觉遵守制度的行为习惯和价值追求；要按照学校的规章制度办事，严格遵守学生手册，坚持制度面前人人平等，自觉维护制度权威，自觉作制度执行的表率，以实际行动引领带动周围同学增强制度意识。

（2）强化规矩意识。

全面从严治党的"严"强调党员必须强化规矩意识，时时处处以严的规矩约束自己。大学生党员要认真学习《中国共产党廉洁自律准则》《中国共产党纪律处分条例》等，严守纪律"底线""红线"，切实增强纪律观念和规矩意识，严格约束自己，筑牢信念防线和法纪防线，不该说的话不说，不该做的事不做，以严的要求践行新时代大学生的使命担当，以实的行动落实全面从严治党各方面要求。

（3）强化责任意识。

责任意识是大学生个体德行发展的内在基础和核心。大学生党员是推动历史发展和社会前进的重要力量，是中国特色社会主义事业的接班人和建设者，要树立强烈的责任意识，辩证地看待问题，用积极的心态面对各种矛盾，强化价值判断力，学会面对，学会承受，扛起自己肩上的责任，脚踏实地走好自己的人生之路，以实际行动践行社会主义核心价值观。

总之，大学生党员要按照习近平总书记在全国高校思想政治工作会议上的重要讲话中强调的"让学生成为德才兼备、全面发展的人才"要求，以周恩来守纪律、讲规矩的高度自觉为标杆，不断强化纪律和规矩意识，严格约束自己的言行；自觉接受监督，敬畏人民、敬畏组织、敬畏法纪，拒腐蚀、永不沾；严守党的政治纪律和政治规矩，明确政治方向、坚定政治立场、担负政治责任，让大学生党员在守纪律、讲规矩中不断涵养大学生不

① 王小颖. 十九大彰显新时代中国共产党政党文化优势［R/OL］.（2017-12-13）［2021-08-10］. http://theory.people.com.cn/n1/2017/1213/c40531-29704889. html.

能腐的“硬约束”，促进大学生党员不断自我提高，适应新时代的要求。

党的十九届四中全会和十九届中央纪委四次全会都对一体推进“三不”作出了部署。一体推进“三不”既是反腐败斗争的基本方针，又是新时代全面从严治党的基本方略。周恩来《我的修养要则》虽然已距今已70余年，但其蕴含着丰富内涵，对于大学生养成正确的世界观、人生观、价值观仍然具有很强的历史意义，尤其在当前全面从严治党的大背景下，对于大学生党员树立清正廉洁价值观，更是具有十分重要的时代意义，是高校一体推进“三不”的有益借鉴。高校应该学好、用好这一资源，以《我的修养要则》中蕴含的周恩来精神为指导，一体推进“三不”建设，培育大学生党员廉洁意识。

大学生就业质量法律保障研究

陈丹妮

（重庆工商大学法学院　重庆　400067）

摘要：自2017年党的十九大报告提出“实现更高质量和更充分就业”的目标以来，如何从法律角度推动大学生实现更高质量就业，是我们需要思考的问题。构建大学生就业质量法律保障机制不仅是推动实现更高质量就业的现实需要，而且是高等教育良性发展的长远需求，更是依法治国的必然结果。本文从现行的法律结构出发，重点研究现阶段大学生就业质量方面存在的问题，从法律角度探讨如何协调各方力量实现大学生更高质量就业。

关键词：大学生就业质量；法律保障

一、研究大学生就业质量法律保障机制的重要性

（一）构建就业质量法律保障机制是推动实现更高质量就业的现实需要

中国是一个世界人口大国，就业的形势和质量会影响家庭、社会甚至国家经济的发展。党的十七大报告提出“千方百计扩大就业”，党的十八大报告提出“推动实现高质量就业”，党的十九大报告提出“实现更高质量和更充分就业”，这些都体现出我国关于就业的理念和实践正在不断改变和深化。

推动实现高质量就业需要个人、用人单位、社会、政府多方的统一协调。高质量就业的实质是以政府为核心，协调统筹各方力量不断改善就业环境、提供可靠有效的就业保障。与此同时，就业者自身应该具备良好的素质，能够适应社会的需求和发展。但随着近年来就业形势的愈加严峻，人力资源市场制度不够完善，高校教育理论与实践的脱节，社会与人才的对接出现脱轨的现象，相关法律保障制度不够完善，多种原因导致无法实现真正意义上的高质量就业目标。

大学生作为家庭和社会的新生力量，是推动社会发展的中坚力量。虽然近些年在政府、高校、社会、用人单位的共同努力下，就业岗位不断增加，但是很多人因为就业质量

不高而无法满足基本的生活需要。法律是保障社会生活的最重要的屏障，所以构建就业质量法律保障机制就显得很有必要。因此，通过构建就业质量法律保障机制来推动实现更高质量就业是时代发展的需要。

（二）构建就业质量法律保障机制是高等教育良性发展的长远需求

近年来，我国就业市场的竞争力明显增大，能用博士的岗位不会招硕士，能用硕士的岗位不会招本科生。但是，就业市场的很大部分岗位并不是说学历越高就越能胜任，这种畸形的用工要求导致了学历越来越不值钱，学历的含金量在就业市场上越来越低。而反观就业市场的蓝领行业，我们可能会看到：招聘快递员月收入上万元，招聘外卖配送员年薪十万元等的信息，这就会使社会产生一种错觉，即“知识无用、读书无用”。长此以往，这不仅会导致国家劳动力素质不高，而且会不利于高等教育的长远发展。因此，我国应当从制度入手，着力完善大学生就业质量权益保护机制，从根本上构建起完善的大学生就业质量法律保障机制，切实提高就业质量，从而达到提升我国劳动力素质与能力的要求。

（三）构建就业质量法律保障机制是依法治国的必然结果

全面推进依法治国是国家推进“四个全面”的整体部署要求，也是我国建设法治国家的必然趋势。依法治国过程中必然会涉及的一个领域就是经济民生领域，而就业就是经济民生领域中最为重要的一个方面，也是民生之根本。就业的目标不仅在于增加大学生就业岗位的数量，而且需要提升大学生就业的质量。大学生相比较于用人单位而言往往处于弱势地位，大学生就业质量水平得到改善的很重要的变化体现在劳动权能否公平地实施。依法保护大学生就业并消除就业歧视，保护大学生的就业权益，依法治理大学生就业公平失衡现象、同工不同酬现象、公共就业服务资源匮乏现象是急需解决的问题。

二、大学生就业质量的现行法律结构

我国对于劳动者的就业法律，是以宪法为核心，以劳动法、劳动合同法、就业促进法等法律为主体，以行政法规、规章、地方性法规为辅。这些法律同样适用于大学生就业，可以保障大学生就业的权利与义务。

（一）与大学生就业质量有关的法律

《中华人民共和国宪法》《中华人民共和国劳动法》《中华人民共和国劳动合同法》《中华人民共和国劳动争议调解仲裁法》《中华人民共和国就业促进法》《中华人民共和国工会法》《中华人民共和国社会保险法》等对劳动者的就业权利、义务及救济方式等做了较为明确的规定，这些法律规定同样适用于保障大学生就业。

（二）与大学生就业质量相关的法规、规章

我国建立了《工伤保险条例》《失业保险条例》《就业服务与就业管理规定》《普通高等学校毕业生就业工作暂行规定》等与大学生就业质量相关的法规、规章。1997 年颁布的《普通高等学校毕业生就业工作暂行规定》是我国目前唯一专门针对大学生就业的法律，其主要规定了各政府部门、高校、用人单位在大学生就业问题上的职责分工，并明确了毕业生就业指导、毕业生鉴定及就业计划制订等内容①。

（三）与大学生就业促进相关的政策

针对大学生就业的质量保障问题，我国主要出台了一系列关于大学生就业的劳动政策，其制定主体涉及国务院、教育部、财政部等20多个部门，比如《关于进一步引导和鼓励高校毕业生到基层工作的意见》《国务院关于进一步做好普通高等学校毕业生就业工作的通知》《国务院扶贫办 教育部 人力资源和社会保障部 关于加强雨露计划支持农村贫困家庭新成长劳动力接受职业教育的意见》等政策②。

三、现行法律在保障大学生就业质量方面存在的问题

（一）大学生就业质量的法治化水平较低

通过对我国关于就业方面的法律、法规、规章、就业政策进行梳理，我们可以看到目前我国在大学生就业权益方面的立法还是欠缺的。对于大学生中困难群体如偏远山区大学生、少数民族大学生、贫困大学生、残疾大学生等的就业权益的保护大多数分布在各地方政府出台的就业政策文件中。其中对大学生就业保障的条款中呈现出条块化、分散化等现象，并没有完全从现有立法中加以确定，缺乏系统性。

虽然这些政策性文件可以保障大学生部分就业权益，但是政策性文件缺乏法律的刚性约束。与法律相比，政策性文件也没有过高的强制性、稳定性和权威性，因此，对于大学生就业的权益保障力度不够。例如，一些政策文件对劳动者的就业权，只是作了原则性极强的简短规定，但对如何保障就业权，并没有明确的界定与评判标准。这就会导致此项关于就业权的法律规定不能落地，劳动者不能依此进行相应的权益保护。《中华人民共和国就业促进法》涉及就业公平的问题，但也只是对其作了抽象性的规定。对于普通劳动者来讲，现行法律法规在就业权与就业公平方面，都缺乏具体详细的规定，可想而知，刚进入社会的大学生，更会涉及相应的就业不公平问题。一旦就业不公平，就会导致就业质量不能得到根本性的保障。所以，目前我国对于大学生就业权益保障的法律规定，面临着原则性太强、精细化不够、缺乏操作性等问题，这些问题都亟待解决。

（二）关于大学生的反就业歧视法缺失

我国现行的几部法律中，对于大学生就业质量的保障机制不完善，例如，劳动者在就业过程中遇到的歧视问题，就很突出。在就业市场上，就业歧视的现象层出不穷，特别是对大学生而言，他们都是从学校直接走向社会，没有过多的社会经验，所以在面临着就业歧视时不知道如何维权。

种种现象折射出来一个问题，那就是我国对于劳动者的就业歧视的法律缺失，导致了

---

① 鄂义强，刘晓莉．构建科学的大学生就业政策体系［J］．中国高等教育，2018（11）：54-56.

② 孙志鹏．中国大学生创新创业政策协同评价研究［D］．河南：华北水利水电大学，2019.

在实际用工过程中，大学生会面临用人单位的经验歧视、性别歧视、生源歧视、学历歧视、特殊疾病歧视等问题。一些用人单位会在非官方平台上发布一些说明，认为在招聘人员时，尽量选择户籍为城市的大学生，而不是户籍为农村的大学生。

当然，这些就业歧视是不会直接写在招聘简章里或出现在公司章程里，它只会成为用人单位心照不宣的用人潜规则，而这样的潜规则源于就业歧视，但是我国并没有出台专门针对反就业歧视的法律。例如，没有明确的概念对就业歧视进行界定，没有设立专门的反就业歧视的机构。因此，大学生在就业平等权遭到侵害之后很难进行维权。救济程序不明确、缺乏相关的诉讼制度、用人单位侵权后责任如何承担等问题规定不明确，都应该引起足够的重视。

（三）大学生失业保障法律制度不健全

在促进就业和保障就业质量中有一个兜底的制度设计便是失业保险制度。失业保险这项制度的目的在于保障劳动者失业后的基本生活与促进失业人员再就业。按照我国《失业保险条例》的规定，领取失业保险金需要同时满足 3 个条件：所在单位和劳动者本人已按照规定履行缴纳失业保险费满 1 年的；非因本人意愿中断就业的；已办理失业登记，并有求职要求的。这 3 个条件缺一不可。但大学生却不能享有这项兜底制度相关的保障。在现实中，大学生的失业状态一般是指在毕业之后的半年内没有找到工作，同时也没有接受任何培训，并处于正在找工作的状况之下。在失业状态下，大学生特别是贫困大学生就特别需要相关的保障。但是，这种情况并没有纳入事业保险制度的保障范围之内。

（四）大学生在实习期的就业权益保障不力

毕业生在实习期间，一般会和用人单位签订三方协议，而非劳动合同。此时大学生虽然接受实习单位的用工安排，但是大学生的身份仍然是学生，而不是劳动者，所以用人单位和毕业生在此段时间的法律关系不能适用劳动法律关系，而只能适用民事法律关系，这就会导致如果在此期间发生了因工作导致的伤害，不能被认定为工伤，也不能适用《工伤保险条例》。根据《工伤保险条例》第十四条、第十五条和第十七条的规定，只有职工才能认定为工伤。而实习生的身份是学生，不是法律意义上的劳动者，不适用劳动法，只能按照人身侵权损害赔偿进行处理，这就会导致大学生无法通过工伤保险获得便捷及时的经济补偿。如果贫困大学生在此期间遭受此伤害，那么对于贫困生本人及家庭来讲，都是沉重一击。所以大学生失业保障法律制度的设计是有缺陷的。

（五）大学生就业质量保障的公共就业服务体系不完善

在大学生求职过程中，虽然各高校有相关的就业服务与指导的机构，但是，专业的就业服务与指导无论是从数量还是从质量上都是有所欠缺的。况且接受过公共就业服务体系所提供的就业服务的大学生还只是一小部分，有相当大数量的大学生未能得到相关的指导。部分大学生就业质量不高，很多大学生不到 1 年就离职了，对于自身就业满意度也并不高。这虽然在一定程度上也体现出大学生在求职过程中没有能够很好地进行“人职”匹配，但是政府、高校对于大学生在就业过程中的引导与服务力度也不够，大学生就业质量保障的公共就业服务体系不完善。

四、保障大学生就业质量的法律建议

（一）制定专门的普通高校毕业生就业质量保障法

我国高校毕业生数量越来越多，为了保障大学生就业质量，更有针对性地促进其就业，有必要出台一部专门维护普通高校毕业生的就业质量保障法。高校毕业生就业质量保障法需要通过细化大学生的就业保障法律制度等具体措施，保障处于弱势地位的大学生就业权利。在就业质量保障法中，第一，要将相关的对于保障大学生就业质量的优惠政策和保障政策明确化，例如在法条中明确规定地方政府及财政部门应该依法扶持大学生创业以及给予大学生就业补贴；明确规定大学生创业在税收方面的优惠制度、对大学生就业数额的补贴和工作时限等。第二，对于保障大学生就业质量的各方主体进行权利与义务的明确规定，明确政府、高校以及用人单位的职责。第三，在法条中明确规定侵犯大学生就业权益应当承担的法律责任，对侵犯大学生就业权益的行为进行严厉打击。

（二）出台专门的关于反就业歧视的法律法规

保障就业质量，就必须出台反就业歧视的法律法规。就业歧视的定义并未在法律上明确规定。大学生常常在求职过程中受到歧视，导致其就业平等权遭到不同程度的侵害。与此同时，很多大学生在受到就业歧视后既不能按照劳动争议方式得到救济，也不能按照诉讼方式得到救济。所以，我国应该尽快出台专门针对高校毕业生的反就业歧视法，为高校毕业生营造公平的就业竞争环境，并提供相应的法律保障。第一，要对就业歧视的含义、种类、适用主体、责任承担、救济途径等作出明确规定。第二，明确反就业歧视的范围和种类，特别是针对大学生所面临的户籍歧视、地域歧视等问题，以此作为毕业生在遭到就业歧视能够得到法律救济的依据。第三，明确规定在就业歧视案件中设置举证责任倒置原则，举证责任应由用人单位承担；如果用人单位拒绝举证或举证不能，则直接推定用人单位存在就业歧视。

（三）完善大学生失业保险制度

逐步完善我国失业保险制度，将失业保险人员的范畴扩大到刚离校的大学生。政府和财政部门应统筹协调给予离校未就业大学生适当的补助，这对于保障就业质量来讲，是非常有必要的。防止大学生出现因为毕业即失业所带来的生活担忧，让其能够得到更加宽裕的成长时间。有关部门可以通过设置相关方面的专项基金、专款专用，同时扩大基金的来源；建立专门的机构以台账的形式管理、协调、统筹、安排离校未就业大学生的相关补助和就业事项等，避免出现大学生毕业即失业的情况。

（四）保障实习期间大学生就业权益

一般来说，毕业生与企业签订了三方协议。毕业生在企业进行实习，实习生与企业之间是一种劳务关系，一般情况下适用民事法律，如果发生纠纷则按照一般民事侵权来处理，但是民事侵权事件的处理时间长且不利于保障大学生权益。因此，我国应该修订《工伤保险条例》，将工伤保险体制范围扩大到大学生实习期间发生的纠纷。这样就可以在充分保障实习生就业权益的条件下，充分调动其在工作岗位的积极性，同时分担学校和实习单位承担的风险，从某种程度上也促进了三方合同的签订，保障了就业质量。

（五）重视社会公共就业服务体系建设

社会公共就业服务体系由政府、用人单位、就业服务机构、高等院校、高校毕业生等组成，任何一个部分在解决高校毕业生的就业问题时都扮演着不同的角色，承担着不同的责任。政府应该充当引导者和管理者的角色，集中各方资源实现协调统筹安排。政府应该在宏观上实行调控就业市场；同时协调各方资源，督促相关部门出台激励政策引导劳动力资源。另外，政府应该牵头搭建就业信息网，公布权威的就业数据，发布最新的激励政策，普及相关的法律法规。

在政府的监督管理下，就业服务机构对信息平台上发布的信息进行整理、筛查、整合，达到去伪存真的目的，然后将信息归纳分类，最大化地满足就业市场供求双方的客观需求，做到就业资源的合理分配和调控。

高校一方面可以通过信息平台介绍院校概况和专业特色，将自己的专业所长方便快捷地呈现在平台之上，有利于校企互相了解之后达成进一步的合作；另一方面，高校能够根据信息平台上用人单位对人才需求的趋势及时调整适合于就业市场的培养方案和课程设置，使之能够培养更加符合用人单位需求的高素质人才，从而实现良性循环①。

① 汪文忠. 构建大学生就业质量保障机制的法律思考［J］. 中国大学生就业，2016（23）：6-11.

高校第二课堂实践“课程思政”的逻辑及其要领①

胥 炜

（重庆工商大学党政办公室 重庆 400067）

摘要： 高校第二课堂是课程思政实践的重要载体，在人才培养过程中发挥着举足轻重的作用。新时代高校第二课堂实践课程思政具有特殊内涵。在高校第二课堂实践课程思政的关键是厘清生成机理和逻辑结构，指出高校在第二课堂实践课程思政的具体要领，这对揭示和诠释高校第二课堂实践课程思政的特殊内涵具有重要意义。

关键词： 高校第二课堂；课程思政

习近平总书记在全国高校思想政治工作会议上强调，要坚持把立德树人作为中心环节，把思想政治工作贯穿教育教学全过程，实现全程育人、全方位育人，努力开创我国高等教育事业发展新局面②。中共中央办公厅、国务院办公厅印发了《关于深化新时代学校思想政治理论课改革创新的若干意见》，明确提出整体推进高校课程思政，深度挖掘高校各学科门类专业课程蕴含的思想政治教育资源，解决好各类课程与思政课相互配合的问题，发挥所有课程育人作用，构建全面覆盖、类型丰富、层次递进、相互支撑的课程体系，使各类课程与思政课同向同行，形成协同效应③。2019 年 3 月 18 日，习近平总书记在主持召开学校思想政治理论课教师座谈会时指出，思想政治课改革要坚持“理论与实践相统一”，用科学理论培养人，重视思政课的实践性，把思政小课堂同社会大课堂结合起来，教育引导学生立鸿鹄志，做奋斗者。高校第二课堂是实践课程思政的重要平台。为全面了

---

① 本文是重庆市社会科学界联合会 2018 年度规划博士项目“基于协同育人的高校课程思政实践路径研究”（2018BS102）的研究成果之一。

② 习近平. 习近平在全国高校思想政治工作会议上强调：把思想政治工作贯穿教育教学全过程开创高的教育事业发展新局面［N］. 人民日报，2016-12-09.

③ 中共中央办公厅国务院办公厅印发《关于深化新时代学校思想政治理论课改革创新的若干意见》［EB/OL］.（2019-08-15）［2021-03-08］.http://www.moe.gov.cn/jyb_xxgk/moe_1777/moe_1778/201908/t20190815_394663.html.

解课程思政在第二课堂的实施情况，进一步创新高校思想政治课实践教学模式，本文针对高校第二课堂开展课程思政的逻辑起点及其实施要领展开研究。

一、课程思政要注重第二课堂的“立德”作用发挥

根据课程论的基本原理，课程思政需要从整体课程出发，既考虑发挥显性课程的作用（不仅仅指思想政治理论课的作用），又强调发挥隐性课程的作用。隐性课程是指学校课程方案和学校教学计划之外的教育活动或实践，但其仍然是学校教育的组成部分，主要包括第二课堂、校园文化建设等。课程思政在实施过程中，既提倡民主，充分发挥学生的主观能动性，又强调广大教育工作者的全员参与、全程参与。

高校第二课堂是指高校在教学计划之外，引导和组织学生开展的课外活动，包括政治性、学术性、知识性、健身性、娱乐性、公益性等方面的活动①，如社团活动、义工志愿者活动、科技竞赛活动、创新创业活动、勤工助学活动、讲座、企业实习实训、红色文化之旅活动等。高校第二课堂是实现立德树人的重要载体、场域和平台，是培养新时代德智体美劳全面发展的社会主义建设者和接班人的重要方式，发挥着重要的育人作用，与第一课堂同向同行，形成协同效应②。课程思政就是将思想政治教育融入高校人才培养环节的整个过程。换言之，课程思政就是将思想政治教育覆盖各学科、各个育人环节、各阶段的全员、全程的全方位育人模式。第二课堂与第一课堂同向同行，并行发挥育人的作用，是课程思政实践的重要形式之一。第一课堂注重智育的培养，第二课堂注重德育的培养，但是由于目前高校第二课堂“立德”作用发挥得不够充分，因此，应该从以下三个方面加以改进：

（一）课程思政要注重在第二课堂融入价值观教育

课程思政是指在高校所有课程教学中，将知识传授和价值引领有机衔接，在课程教学中提炼出蕴含的爱国主义情怀、社会主义正义感、社会责任感、文化自信、人文精神等价值范式③。在第一课堂和第二课堂中融入价值观教育是课程思政的题中之义。课程思政是从课程论的角度对大学哲学意蕴和价值取向的回应，是对高等教育所应该秉持的教育观念和应倡导的意识形态的呼吁④。课程思政的价值意蕴是将意识形态教育渗透育人全过程，实现课程价值观和国家意识形态的同频共振，就是从另一个视角回答培养什么人、怎样培养人和为谁培养人的根本问题。第二课堂可以实现课程思政知识育人和立德树人相结合的育人理念。目前，对大学生进行社会主义核心价值观教育主要是通过思想政治课教育的方式，渠道较为单一。在新时代，高校课程思政需要在专业课程教学和第二课堂融入价值观

① 李进才. 高等教育教学评估词语释义［M］. 武汉：武汉大学出版社，2016：154.

② 李发武. 高校第二课堂体系的构建与创新［J］. 学校党建与思想教育，2019（10）：94-96.

③ 杨守金，夏家春. “课程思政”建设的几个关键问题［J］. 思想政治教育研究，2019，35（5）：98-101.

④ 高德毅，宗爱东. 从思政课程到课程思政：从战略高度构建高效思想政治教育课程体系［J］. 中国高等教育，2017（1）：43-46.

教育，从而实现高质量的人才培养。

（二）课程思政要注重在第一、二课堂之间形成协同育人机制

第二课堂内容丰富，形式多样，相较于第一课堂更具有吸引力。第二课堂中的思想道德培养类活动，能够让高校大学生更好理解和消化第一课堂所学的知识。如果教师只在课堂上讲解爱国主义，同学们会觉得非常空洞，但让同学们观看升旗仪式，就能够激发他们的爱国热情，这在一定程度上丰富了课程思政的形式。研究表明，第二课堂与大学生核心竞争力之间存在正向显著影响①。可见，第二课堂的作用不可忽视。目前第一课堂的专业学习、理论学习与第二课堂的实践体验仍然存在脱节现象②。换言之，第一课堂与第二课堂之间尚未形成协同的育人机制。第一课堂和第二课堂相辅相成，相得益彰，需要共同协作，才能达到育人的最佳效果。课程思政的真正落地需要两个课堂共同发挥作用，因此，第一课堂的专业教学与第二课堂的实践教学需要有机统一，它们并非完全独立的两个部分。

（三）课程思政要注重在第二课堂活动群体中传播正能量

课程思政的核心目标是，强调各门课程都具有育人的功效。第二课堂的延展，可以实现课上课下无缝衔接，从而提高高校思想政治教育工作的育人成效。课程思政要注重在第二课堂活动群体中弘扬主旋律，传播正能量。第二课堂的主要形式即为高校学生社团，高校学生社团是学生根据自己的兴趣爱好所组建的，学生社团中的群体活动能够充分调动学生的积极性。同时，学生社团可以培养学生与人相处、与人合作的能力，这对学生综合素质的提升具有至关重要的作用。如果能够充分利用第二课堂的主要形式——学生社团来传播正能量，课程思政的实施会变得更容易。学生社团的学生志趣相投，他们之间的相互影响不可小觑。如果能够让学生社团群体弘扬主旋律，传播正能量，高校大学生所处的第二课堂环境就能达到环境育人的最佳效果。

二、高校第二课堂开展课程思政的逻辑起点

课程思政是针对当前教育工作中育人和育德出现分裂的现象，特别是现实中很多高校思想政治教育出现不尽人意的情形而开展的。传统意义上的第二课堂是第一课堂的补充，认为第二课堂的设计也只是在第一课堂的框架体系之下的延伸。但从人才培养的角度考虑，第二课堂的设计应该与第一课堂设计平行，是核心素养实践能力培养的主渠道。第二课堂可以展现课程思政的独特魅力，可以避免第一课堂严肃的课堂氛围，师生能够在轻松愉悦的情境中，达到育人和育德的双重功效。高校第二课堂与第一课堂最大的差别在于，第二课堂更加注重实践性，让学生在实践过程中乐学乐思。基于此，笔者认为高校第二课堂开展课程思政的逻辑起点是实践。

---

① 宋丹，曾剑雄. 第二课堂、学习满意度与大学生核心竞争力关系的实证研究［J］. 大学教育科学，2018（5）：21-29.

② 李丽，周广，臧欣昱. 创新高校第二课堂育人体系的实践探索［J］. 思想政治教育研究，2019，35（4）：112-116.

（一）理论与实践相结合是课程思政开展的基础

实践活动是形成思想品德的重要源泉，马克思主义把实践看作认识的基础和检验真理的唯一标准，认为“社会生活在本质上是实践的”①，强调实践在社会生活中的重要作用。大学生的世界观、人生观和价值观的形成，离不开社会实践活动。对当代大学生进行思想政治教育，不能只停留在第一课堂，更要关注第二课堂。高校第二课堂以实践活动为主，将实践活动与专业课程、创新创业、职业规划等有机结合，让大学生在实践中理解理论知识、检验理论知识。因此，高校应该注重理论与实践的有机结合，即形成第一课堂和第二课堂的协同育人机制，这也是课程思政开展的重要基础。

第二课堂可以有效提升大学生的实践能力、动手能力，弥补第一课堂的短板。大学生在参与第二课堂活动时，可以结合自己所学专业，带着问题参与活动，及时总结在第二课堂的实践收获。大学生在第二课堂中可以验证专业课程中存在争议的问题，可以利用实践机会，依靠有利条件进行创新和发明。

我国历来有利用第二课堂进行思想政治教育的优良传统，新时代我们更需要继承这一优良传统。高校想要培养大学生良好的政治素养，就必须充分发挥第二课堂的育人和育德作用。第二课堂对于促进大学生自我教育，激发其主观能动性，具有举足轻重的作用。

（二）坚定理想信念是课程思政的价值依托

大学生的实践受制于意识的支配，实践可以让大学生形成诚实、有担当、勤奋、阳光的品格，从某种程度来说，实践就是将人们的理想信念客观化，换言之就是将理想信念转化为行动。坚定理想信念是课程思政的价值依托，“道德是一种精神，但是它并非一种简单的精神，而是一种特殊的精神，它的特殊性表现在实践性上”②。实践不仅能够巩固、强化思想政治观念所倡导的积极正向的内容，而且能够凸显这些思想政治观念的优势特征。

高校第二课堂开展课程思政，能够有效将“知情意”有机统一。高校可以组织大学生开展讲座、发表演讲、参观访问、研讨辩论、参加义工志愿者活动、参加“三下乡”社会实践活动、参加创新创业实践活动等，引导大学生学习中国历史和传统文化，让大学生了解中国是如何崛起的，了解中国共产党如何把马克思列宁主义普遍真理同中国革命实践相结合的历史和现实，让他们深刻理解马克思主义为什么行，中国共产党为什么能，中国特色社会主义为什么好。这些将大大促进大学生自觉继承和发扬中华民族奋发图强的爱国主义精神，使其坚信马克思列宁主义、毛泽东思想、邓小平理论以及习近平新时代中国特色社会主义思想能够引导中国人民走向繁荣富强，使其更加热爱党和信任党，把自己培养为社会主义建设者和接班人。

（三）活动群体的影响力是课程思政的辐射

第二课堂的组织形式通常是小组或者是群体，这样的活动群体具有蝴蝶效应，可以促

---

① 马克思，恩格斯．马克思恩格斯选集：第1卷［M］．中共中央翻译局，译．北京：人民出版社，1995：60.

② 杨芳．浅谈思想政治教育实效性的方法论基础［J］．贵州师范大学学报（社会科学版），2007（6）：66-67.

进大学生相互学习，相互影响。第二课堂的社团活动，即大学生根据自己的兴趣爱好、特长，选择参加的各种各样活动，能够让大学生在轻松愉悦的环境下学习和娱乐。在社团活动中，师生之间、生生之间接触频繁，关系密切。大学生可以在一个多元化的集体中让个性心理特征得到充分发展。

高校大学生在第二课堂参加各种各样的活动，他们会与第二课堂产生各种联系，这种联系让大学生产生归属感，逐渐获得认同感、荣誉感、责任感。在第二课堂中，优秀群体所倡导的价值观，会在各种各样的活动中潜移默化地影响和浸润学生的心灵，从而能够有效培养大学生集体主义观念和高度的责任感，使其逐步养成吃苦耐劳、甘于奉献的作风和一切从大局出发的正确思维模式。积极有益的第二课堂活动，有寓教于乐的独特功能，大学生可以从他们喜爱的活动中得到情感体验，思维和情操的陶冶，从而提高个人修养。第二课堂可以从科技、文化、艺术、娱乐等方面满足大学生的各种需求，并融入正确的人生观、价值观、审美观，渗透集体主义、爱国主义教育的内容。这些正是课程思政所提倡的德育功能，如果高校能够有效利用第二课堂这个育人载体，课程思政的实施将会水到渠成。

三、高校第二课堂开展课程思政应注意的要领

（一）注重知行并举，发挥实践育人功效，是课程思政的“落脚点”

明朝的林希元曾说：“自古圣贤之言学也，咸以躬行实践为先，识见言论次之。”这是一句关于实践论述的名言名句，强调实践的重要性，高校第二课堂的突出特点就是可以培养大学生的实践能力。宋代诗人陆游诗云：“纸上得来终觉浅，绝知此事要躬行。”意思是说从书本上学习得来的知识较为浅薄，唯有经过亲身实践，才能真正将其变成自己知识，内化为行动。“不忘初心、牢记使命”主题教育，最终落脚点和检验标准也在于践行，内化于心，外化于行，躬行实践，就是用习近平新时代中国特色社会主义思想武装头脑、指导实践，以实际成效验证中国共产党的优良传统品质，为党的事业作出应有贡献。第二课堂开展课程思政，是思想政治教育的重要途径之一，课程思政要正确把握第二课堂的核心要义，这样可以让课程思政的开展达到事半功倍的效果。随着信息化时代的来临以及大学生政治素养的提升和视野的开阔，大学生对第二课堂活动的内容、形式有了新的要求，所以高校在组织第二课堂的时候需要与时俱进，让当代“00后”的大学生具有更多参与权、发言权、自主权，让他们真正成为学习的主人。无论是活动内容选择还是形式的组织都应该推陈出新，紧跟时代步伐。这样才可以真正发挥课程思政的作用，才能够提升当代大学生政治素养和政治能力。

（二）注重价值引领，发挥信念育人作用，是课程思政的“关键点”

习近平总书记在主持召开学校思想政治理论课教师座谈会时指出，“要坚持价值性和知识性相统一”。他从领导层面提出，思想政治教育知识性和价值性具有同等重要的作用。高校课程应该更多强调育德，但是目前我国现阶段的课程更多关注知识层面。

高校应该丰富第二课堂的组织形式，提升第二课堂的吸引力，在实践教育中实现价值

观的引领。一是积极开展理想信念教育、爱国主义教育。高校可以通过讲座、参观廉政教育基地、烈士陵园等形式，以重大节日为契机，深度挖掘节日内涵，开展丰富多彩的第二课堂实践活动，激发大学生内心的信仰，引导大学生树立正确的世界观、人生观和价值观。例如，在新中国成立70周年之际，举行丰富多彩的庆祝活动（诗歌朗诵、集体升国旗、师生歌咏比赛等），激发学生爱国热情。二是开展专业实践活动。高校可以结合地方经济社会发展情况，加强与企业的深度合作，为大学生搭建实践平台。三是鼓励大学生参加义工志愿者服务活动。高校应该立足学科优势，为大学生搭建成长成才的实践舞台，引导大学生亲身感受新时代的发展变化，将使命感内化于心。例如，在抗击新冠肺炎疫情期间，全国各地的大学生积极投身抗疫一线，奉献青春力量，让青春绽放绚丽之花。四是开展创新创业教育。高校应该鼓励大学生积极参与各类创新创业大赛，打造创新教育品牌，遴选一批创新创业项目进行重点打造、重点培育，引导大学生开拓创新思维，不断提升创新能力。五是开展校园文化建设活动。高校应该依托学风建设、校园文化艺术节、科技文化节、社团文化节等活动，充分发挥共青团、学生会等组织的育人纽带作用，使大学生在活动策划、组织管理和人际交往过程中提升个人能力，满足大学生的精神文化需求和兴趣爱好，活跃校园文化氛围；通过读书研讨会、主题演讲比赛、主题辩论会、主题班会等形式，引导大学生发挥特长，在活动中相互交流，不断培养大学生集体荣誉感和良好的道德素质。

（三）注重榜样引领，发挥群团带动作用，是课程思政的“催化剂”

在第二课堂活动开展过程中，必然会涌现出一批积极带头作为的先进分子。这些来自大学生群体中的模范人物，具有良好的群众基础，能够起到榜样引领作用。这些模范人物必然会产生较好的示范引领作用，会成为大学生们争相效仿的对象。这样就会逐渐将大学生们的思想和行为引导到正确的方向上来。朋辈引领和榜样示范是重要的教育方式，学生中的“关键少数”，是高校第二课堂建设的生力军①。在第二课堂实践活动中要注重发挥这部分群体的带动作用，不仅让他们在思想上进行引领，而且在实践方面也起到积极带头作用。这是高校第二课堂发挥课程思政功效的重要途径之一。重庆工商大学在2021年3月5日举行了“战役有我，义路同行”志愿服务线上交流活动，让参与了抗疫活动的同学分享他们在抗击疫情过程中奋斗的点点滴滴，用榜样的力量激励其他同学勇担责任，奋勇向前。另外，第二课堂可以通过先进楷模的事迹报告会宣讲活动，让大学生受到深深的感染，让他们充分了解自己钦佩的楷模的所思所想，让他们充分认识到新时代所倡导的理念和行为是什么，从而在日常生活和学习中自觉践行，朝着社会所希望的方向不断前进。在抗击新冠肺炎疫情期间，上海大学第二课堂开展题为“寻伟人足迹，传伟人精神”的线上讲座，为同学们讲述世界著名科学家、教育家钱伟长老先生勤奋好学的一生，让同学们感受伟人的精神，鼓励青年学生坚定理想信念，争做新时代卓越青年。因此在第二课堂注重榜样的引领，发挥群团的带动作用，是课程思政有效的“催化剂”。

---

① 高宁，张梦. 对“课程思政”建设若干理论问题的“课程论”分析［J］. 中国大学教学，2018（10）：59-63.

新时代大学生“中国梦”教育路径探析

余　新　陈　静

（重庆工商大学旅游与国土资源学院　重庆　400067）

摘要：新时代大学生“中国梦”教育的关键在于增强大学生对于共筑“中国梦”的认同。这是深入推进教育体制改革和高校教育改革的客观要求，也是高校培育中国特色社会主义事业建设者和接班人的紧迫任务。因此，深入研究大学生“中国梦”的教育路径具有重要的历史意义和现实意义。

关键词：新时代；“中国梦”；教育路径

新时代大学生肩负着实现中华民族伟大复兴中国梦的光荣历史使命，“中国梦”教育所蕴含的内涵对于新时代大学生增强使命感、成长成才都具有重要的激励作用。将“中国梦”融入高校思想政治教育，充分发挥“中国梦”教育对大学生价值观、政治观、道德观的引领作用是践行社会主义核心价值观的必然选择，也是贯彻党和国家教育方针的现实需要。高校是大学生思想政治教育的重要场所，将“中国梦”融入大学生思想政治教育是一项重要的政治任务，具有深远的历史意义和现实意义。

一、大学生“中国梦”教育的意义

（一）丰富了高校思想政治教育的内容

对大学生进行世界观、人生观和价值观教育是高校思想政治教育的主要内容。新时代大学生思想政治教育需要与经济社会发展、科技发展紧密结合，需要突破传统的知识传播模式。高校应该强化信息技术应用，使大学生能够熟练运用网络资源进行学习。高校还要大力开展课外学术活动、科技活动和创新创业；丰富学生“第二校园课堂”活动，开展各类人文知识大赛、专业大赛、创新大赛。

（二）大学生是践行“中国梦”实践的生力军

“中国梦”与每一个中华儿女的福祉密切关联，更与大学生的前途命运息息相关。关注大学生，让大学生拥有梦想，自觉地把自己的学习、生活与“中国梦”结合起来，使自已真正成为实践、实现“中国梦”的生力军。习近平总书记指出：“中国梦是我们这一代的，更是青年一代的。”中华民族伟大复兴的“两个一百年”奋斗目标的实现需要发挥青年一代的生力军作用。

（三）促进大学生“个人梦”与“中国梦”的统一

习近平总书记说：“国家好，民族好，大家才会好。”没有国家的富强、民族的振兴，就没有每个人的幸福梦想。个人利益和国家利益紧密相连，无论是在战争年代还是在和平年代，祖国的繁荣富强都与大学生的成长成才紧密相连。只有国家繁荣昌盛，大学生才能有良好的学习环境和个人成长的发展平台，才能有更多的机会实现自己的人生理想。中华民族伟大复兴的“中国梦”的实现，就是大多数人民群众利益的实现，时代的重任、人民的嘱托需要大学生来承担。作为实现“中国梦”的生力军，当代大学生应不辱使命。因此，当代大学生要处理好“个人梦”与“中国梦”的关系，在努力实现中华民族伟大复兴“中国梦”的路上实现自己的价值。

二、大学生“中国梦”教育存在的问题

（一）大学生“中国梦”的课堂教育达不到预期的效果

教师在授课过程中对教学内容与“中国梦”理论的联系提出了要求，但教师在实际教学中，没有对大学生“中国梦”教育的授课内容、教学效果、考核标准等一系列教学环节进行规范，教师在实际的教学过程中还存在着教学方法单一、理论脱离实际等问题。部分思想政治理论课教师采取简单的灌输式的传统教学方式，对学生进行单向的知识传授，不能与大学生的现实生活紧密结合；没有采用灵活多样、寓教于乐的教育方式，没有实现大学生的知行合一。部分教师在授课时还存在“一支粉笔一张嘴”的情况，很多教学方式并未应用起来。

（二）部分大学生理想信念意识淡薄，缺乏为实现“中国梦”而奋斗的动力

当代大学生一方面表现出对集体主义、理想主义精神世界强烈的向往，另一方面对个人主义、世俗物质生活利益有强烈的追求。抽样调查显示：45%的大学生认为书本理论与社会社会现实不一致，34%的大学生认为教师教学存在问题，课堂教育效果不理想，还有16%的学生认为树立个人的理想信念没用，还是学专业课对自己的帮助大。部分大学生表现出对个人理想和职业理想的重视，但对国家、个人和社会关系的认识模糊不清。

（三）大学生“中国梦”教育与校园环境营造的差距

当前的高校校园文化建设中存在一定程度重视物质建设，轻视精神建设的现象，高校“中国梦”教育校园文化建设中的协调与平衡、创造与扬弃、凝聚与导向示范、熏陶与约束等多重育人作用没有得到充分发挥，校园文化的建设也没有从整体上得到审视。高校没有充分利用校园文化和网络平台等载体，积极有效地引导大学生提高对“中国梦”的感性和理性认识，还有一部分大学生对“中国梦”教育心存怀疑态度，没有充分认识到“中国梦”的科学本质和精神实质。

（四）大学生“中国梦”教育的社会实践形式单一

社会实践，可以带领大学生走出课堂、走入社会，帮助大学生深化对“中国梦”的认识。在实际社会实践中，当前高校的社会实践活动形式单一，高校仍然采用一些传统的方法，主要局限于社会调查、大学生义工服务等传统模式，没有形成统一的社会实践规范和标准。因此社会实践难以达到应有的针对性和实效性。

（五）网络平台的宣传教育作用发挥不够

抽样调查显示，目前互联网的普及率为46%，大学生依然是中国互联网网民的最大群体。但是大学生很少能通过电脑或手机接收到学校发送的关于“中国梦”教育的内容。因此，大多数高校还没有利用互联网平台来宣传“中国梦”。当前大学生广泛使用智能手机，在现实社会中普遍存在“低头族”，今天的大学生思想政治教育是否也应该顺应“低头教育”呢？这值得每一个高校思想政治教育工作者深思。

三、践行大学生“中国梦”教育的路径

（一）“中国梦”理论教育的主渠道是高校大学生思想政治理论课

高校应该通过大学生思想政治理论课课堂教学的方式来对大学生进行“中国梦”理论教育，编写“中国梦”教育的理论教辅资料，使“中国梦”更好地走进大学生的头脑，将“中国梦”教育的生动现实案例编入教材，使其走进课堂。当前大学生思想政治理论课主要包括马克思主义基本原理、毛泽东思想和中国特色社会主义理论概述、中国近现代史纲要、思想道德修养与法律基础四门课程，高校应将这四门课程融入“中国梦”教育之中。

（二）校园物质文化建设要融入“中国梦”教育

为“中国梦”教育营造良好的校园环境是完善校园物质文化建设的前提。高校应该让大学生能够在良好的社会文化环境中学习和生活，将“中国梦”与中华民族优秀物质文化成果融入校园文化景观之中，使大学生充分感受中华民族的发展历史和成就，培育大学生爱国主义的民族精神，树立其对未来的光明前途的信心。高校应该通过校史教育与展览，让大学生将自己的大学“校园梦”与国家民族的“中国梦”相结合，增强高校的办学特色和文化底蕴，要建设校园内的景观文化、文化石雕塑、展示橱窗等文化景观，增强大学生实现中华民族伟大复兴“中国梦”的信心。高校应该将办学目标与大学生“中国梦”教育紧密结合，让大学生拥有归属感和认同感，激励他们成长成才的决心和信心。

（三）积极开展以“中国梦”教育为主题的文化活动

校园文化活动的开展直接影响着“中国梦”教育的最终效果，高校需要在活动的内容和开展形式上进行创新，才能将枯燥无味的理论教育变得生动而形象；只有生动形象的教育才能调动大学生参与的积极性和主动性，才能达到寓教于乐的育人效果。高校应该在国家重大节假日期间开展“中国梦”教育的文艺演出和主题展览；通过校团委和大学生的各级各类社团组织，开展丰富多彩的学生活动，如辩论赛、文化月、学术月、宣讲会、参观

革命圣地等活动。高校应该使活动内容丰富多彩、活动形式多种多样，吸引大学生普遍参与，调动他们参加各种活动的积极性和主动性，使其在形式多样的娱乐活动中理解“中国梦”的理论内涵和精神实质。

（四）通过大学生社会实践丰富和拓展“中国梦”教育

大学生通过社会实践深入基层，去了解社会、了解国情民情，深入基层、深入群众，才能了解群众对“中国梦”的认识和看法，才能使大学生得到锻炼，逐步走向成熟。大学生参加社会实践是开展“中国梦”教育，最生动、最深刻的路径。大学生通过社会实践能够全面了解社会、服务他人、奉献社会，加深对“中国梦”理论的社会认知和理解，在公益实践中形成健康的人格，树立正确的理想信念。高校通过社会公益实践和志愿者服务活动，调动大学生践行“中国梦”教育实践的积极性和能动性，成为“中国梦”教育的践行者，成为对社会有用的人才。

（五）构建“中国梦”教育的新型网络机制

当前，社会宣传媒体利用网络平台创建“中国梦”教育的新型机制已成为“中国梦”教育的重要载体和形式。互联网可以构建以“中国梦”为教育主题的专题网站。互联网已成为当代大学生学习和生活的必不可少的宣传工具。高校可以通过互联网教育来加深大学生对“中国梦”的理解；通过开设以“中国梦”教育为主题的网络思想政治理论课，让大学生在规定的时间内完成规定的学时，开展“中国梦”教育网络主题活动；将严肃的“中国梦”教育主题转变为生动有趣的知识游戏活动，让大学生充分体验到互联网所带来的轻松教育。

“中国梦”融入大学生思想政治教育是一个长期而复杂的过程，传统的理论灌输教育方式已经不能适应和满足现代高等教育的需要。新时代的大学生思想政治理论教育必须考虑当代大学生的特点，遵循社会发展的历史规律，与时俱进，利用先进的科学手段，去寻找行之有效的教育路径和方法。大学生是国家现代化建设的重要人才资源，其思想政治素质状况更与党和国家的前途命运息息相关。当代大学生是实现“中国梦”的中坚力量，中华民族伟大复兴的“中国梦”终将在一代代青年大学生们的接力奋斗中变为现实！

参考文献：

[1] 习近平. 在同各界优秀青年代表座谈时的讲话 [N]. 人民日报，2013-05-05.

[2] 习近平. 习近平致第十二届世界华商大会的贺信的 [N]. 人民日报，2014-09-26.

[3] 习近平. 永远做可靠朋友和真诚伙伴 [N]. 人民日报，2013-03-26.

[4] 习近平. 携手建设中国—东盟命运共同体的 [N]. 人民日报，2013-10-04.

[5] 习近平. 在中法建50周年纪念大会上的讲话的 [N]. 人民日报，2014-03-28.

[6] 习近平. 做党和人民满意的好老师 [N]. 光明日报，2014-09-10.

[7] 翟博. 教育是实现“中国梦”的力量源泉 [N]. 中国教育报，2013-03-23.

疫情防控视域下高校网络思想政治教育研究

张小焕

（重庆工商大学文学与新闻学院　重庆　400067）

摘要：突如其来的新冠肺炎疫情，使高校的教育教学工作按下了“暂停键”。如何对大学生进行网络思想政治教育成为亟待解决的问题；作为思政教育工作者，必须深刻认识到网络思想政治教育开展的必要性，必须创新思想政治理念，优化教学模式，调动多元媒介，充分利用网络优势，构建一个线上线下相互交融的网络思想政治教育体系。

关键词：疫情防控；高校网络思想政治教育

当前，随着信息技术的迅猛发展和互联网普及程度的不断提升，网络正在改变着人们的衣、食、住、行和生产生活方式，建构了新的社会舆论圈，改变了媒体的传播；也以惊人的速度渗透大学生的生活和学习，影响着他们的生活习惯和行为方式。习近平总书记指出：“我们必须科学认识网络传播规律，提高用网治网水平，使互联网这个最大变量变成事业发展的最大增量。”2020 年 2 月 23 日，在统筹推进新冠肺炎疫情防控和经济社会发展工作部署会议上，习近平总书记又明确强调：统筹网上网下、国内国际、大事小事，营造强信心、暖人心、聚民心的环境氛围。网络思政育人是高校思想政治教育的重要阵地、有效抓手和创新支点。

一、高校网络思想政治教育开展的重要性和必要性

（一）高校网络思想政治教育，是强化大学生意识形态安全、掌握网络主导权的战略需要

高校是培养社会主义人才的重要基地，高校必须树立把加强和巩固大学生的思想政治教育作为人才培养重点的意识。良好有效的思想政治教育，不仅有利于大学生的身心健康，而且关系国家未来的发展。随着互联网技术的迅猛发展，大学生成为最早的网络接触

者之一。网络上良莠不齐的信息，也给高校思想政治教育工作带来了新的挑战和机遇。2015 年，《关于进一步加强和改进新形势下高校宣传思想工作的意见》文件明确指出：要创新网络思想政治教育，开展高校校园网络文化建设专项试点工作。2015 年，《关于加强和改进高校宣传思想工作队伍建设的意见》提出：高校宣传思想工作队伍要把掌握运用微信、微博等新媒体操作技术作为宣传思想工作队伍的必备能力，练就运用“网言网语”参与网络文化建设管理的过硬本领。2017 年，《普通高等学校辅导员队伍建设规定》要求高校辅导员加强与学生的网上互动交流，运用网络新媒体对学生开展思想引领、学习指导、生活辅导、心理咨询等。

高校辅导员老师站在思想政治工作的最前线，必须第一时间掌握学生思想动态，积极进行正向引导，做好大学生成长道路上的人生导师。高校辅导员和大学生之间接触密切、亦师亦友的良好关系有助于其更好地把灵活多样的网络方式和日常思想政治教育有机结合起来，帮助同学们解决一些实际问题。

（二）开展高校网络思想政治教育，是高校培育和践行社会主义核心价值观的重要环节

网络思想政治教育凭借开放、迅捷的媒介载体，依据全新的政治理念传播模式，无论是教育内容还是教育方法都是对传统思想政治教育的补充和延展。党的十八大和党的十八届三中全会要求“全面贯彻党的教育方针，坚持立德树人，加强社会主义核心价值体系教育”，对深化教育领域综合改革作出了全面部署①。

当前各大门户网站、微博、微信等公众媒介平台，凭借着门槛低、互动自由、操作便捷等特点，受到当代大学生青睐，已经成为大学生获取信息、传播信息的主要渠道。大学生由于认知水平有限，无法对纷繁复杂的信息去伪存真，容易误入歧途，这些都给高校传统的思想政治教育带来了新的挑战和机遇，也要求高校思想政治教育工作者跟上时代步伐，利用互联网这一信息载体，深入实际研究网络思想政治教育的新方法、新路径，结合微信、微博等新媒体的主要特点，创新工作理念，改进工作方法，将思想政治教育的主要阵地拓展到网络媒体，保证大学生思想政治教育顺利完成。

（三）开展高校网络思想政治教育，是提高思想政治教育整体有效性的有力保证

在大数据时代，人人都是自媒体。大学生获取信息的渠道不单单是课堂，他们可以从网络中选取自己所需要的有用信息；高校思想政治工作者的教育重点要从线下的课堂管理转移到线上的网络管理，需要对工作进行更深层次的思考。

高校思想政治教育工作者既要保证传统思想政治教育方向的正确性、有效性，又要对诸多的新媒体网络平台的信息进行整合归类，将传统课堂和网络思政有效结合，形成合力，取长补短，才能更好地发挥思想政治教育的整体效能，取得理想的育人效果。

---

① 陈建春. 聚焦三大思维的培育，服务立德树人的使命：2018 年全国Ⅰ卷评析［J］. 中学历史教学，2018（11）：20.

二、高校网络思想政治教育工作面临的问题和挑战

（一）网络思想政治教育网络建设创新性不够

网络作为新兴的舆论宣传阵地，是高校传统思想政治教育的延伸和补充，但是高校网络思想政治教育的课程设计及实施推进的步伐仍然相对落后。很多高校思想政治教育工作者存在惯性思维，更习惯用“老师讲、学生听”的传统教学模式，单纯地将互联网技术作为一种现代化的工具和手段。一些思想政治教育工作者习惯把网络作为储存库，只将其用来保存自己的教学资源以应付学校的检查，从而出现“一节课只用一页 PPT”的尴尬情况。

网络的普及，给人们的生活、生产方式带来了巨大的变革，继而带来了政治、经济、文化、意识形态等领域的新变化、新问题。网络环境的不断变化，要求网络思想政治教育必须不断地进行理论创新，才能解决网络时代出现的新问题。

当前，网络思想政治教育工作创新不足主要体现在工作意识上，存在的主要问题是：对于互联网信息平台的传播特点和使用方法把握不够，思想政治教育的网络建设思路落后，思想政治教育网络的内容过于呆板，缺乏创新性。2020 年 3 月，为将高校思想政治理论课教学优势转化为支持抗疫斗争的强大力量，引导大学生深刻认识中国抗疫彰显的中国共产党领导和中国特色社会主义制度的显著优势，教育部社科司与人民网联合组织“全国大学生同上一堂疫情防控思政大课”。在校大学生的参与感很强，网站一度崩溃，但是一些思想政治教育工作者的参与感并不强。

（二）网络思想政治教育平台资源匮乏，内容单一

随着互联网的快速发展，很多高校都搭上了“网络思政”顺风车，将传统思想政治教育工作和网络平台相结合，建设了一批思想政治教育主题网站或论坛，思政类的官方微博、微信公众号也日益普及。但总体来看，目前高校网络思想政治教育实效性相对较低是不争的事实，网络思想政治教育平台存在资源匮乏、内容单一的缺点，高校的网络思想政治教育平台更多地转发一些微博“大 V”的评论，或者是官方网媒的言论，缺乏原创性文章和观点。学生对已经看到过的内容没有兴趣，恶性循环，从而导致主题网站吸引力不足、关注度不高、内容点击率低，难以达到网络思想政治教育的效果。同时，一些思想政治教育网站采取“一红到底”的网页设计，页面设计缺乏创新性，页面排版刻板守旧，没有特色，无法吸引大学生的眼球，直接影响了教育作用的有效发挥。

（三）网络舆论削弱主流意识形态的领导权、话语权

网络为网民提供了不计其数的信息资源，更是社会意识形态、社会思潮的集合地。在世界经济全球化视域下，信息可以跨国界传播，不同的意识形态可以相互传播、相互竞争，可能会逐步瓦解传统媒体话语权，给主流意识形态带来危机。

高校是培养社会人才之地，也是最前沿思潮的集中地。大学生因为社会阅历不足，极

易受到西方国家的意识形态的影响。西方国家通过网络向我国输入不良社会思潮，导致我们的青年一代拜金主义、利己主义、享乐主义、奢靡之风蔓延，给中国特色社会主义核心价值观带来了严重威胁，在一定程度上削弱了我国主流意识形态的话语权和领导权。

当前，我国正处于社会转型的关键时期，国外敌对势力虎视眈眈，在网络上丑化我国国家形象，这些多元的舆论信息挑战着中国的传统道德观和价值观，可能会影响大学生的道德信仰，这些都给高校思想政治工作带来挑战。

三、疫情防控视域下强化网络思想政治教育的措施

（一）创新网络思想政治理念，建立有吸引力的思想政治教育网站

随着网络技术的普及，大学生的认知、情感、意志、信念和行为方式不断受到网络的影响。这要求高校思想政治教育工作者必须创新自己的思想政治理念，建立一个有吸引力的思想政治教育网站。

在新冠肺炎疫情防控中，大学生群体通过网络、微博、微信、抖音、快手等多样化媒介传播平台，掌握最新的疫情防控动态，观看正能量的抗疫视频，阅读、转发官方的评论，分享感人至深的抗疫画面。他们在分享和学习中，培养了爱国主义情感和民族自豪感、自尊心。高校思想政治教育工作者可以抓住这些鲜活的真实的“教材”，让同学们分享心得，交流感悟，既有利于高校大学生对疫情树立正确的认识，又是各高校开展网络思想政治教育，学习贯彻习近平新时代中国特色社会主义思想、坚持立德树人、坚决打赢疫情防控阻击战的关键。

与此同时，高校思想政治教育工作者可以收集整理抗击疫情的信息，将其放在专门建立的思想政治教育网站上，唱响主旋律，向大学生展示中国共产党的领导优势、中国特色社会主义制度集中力量办大事的显著优势，讲好在党的领导下人民抗击疫情的感人故事；激发大学生树立爱国主义情怀。

思想政治教育网站必须要紧紧抓住思想政治教育阵地的主导权、控制权，切合大学生的学习生活，准确定位大学生群体的特点、关注点，紧扣大学生心理和情感需求，力争在大学生群体中传递中国传统文化，讲好中国好故事，及时引导舆论方向，营造和谐的网络环境，发挥网络在社会主义核心价值观体系建设中的引领作用，在重大问题上不缺位，在关键时刻不失语，提高网络思想政治育人的效度和力度。

（二）创新教学模式，做优教学平台

新冠肺炎疫情在影响各行各业的同时，也给高校课堂教学带来了严峻的挑战。高校教师利用在线教学平台设计、组织与实施在线教学。这种新型的教学方式对教师和学生而言，也是教学模式创新的一次重大突破。线上教学是互联网应用技术与高等教育教学改革的完美结合，教师和学生通过屏幕进行知识分享，打破了传统课堂教学的时空境界。正如教育部吴岩司长所讲，高等学校的在线教学不仅是在疫情期间可以起到救急的作用，而且

这也是中国高等学校这几年来一直致力推动的教育教学领域的一场学习革命。

在疫情期间，为了不影响正常的教学计划，各大高校及时改变策略，充分利用中国大学慕课、学习通、企业微信、钉钉、雨课堂、学习强国等各种网络平台，开展网上授课，保证了“停学不停课”。

无论是线上教学平台还是线下传统课堂，教育教学的根本目的都在于培养全面发展的社会主义人才。线上教学对授课老师的要求更高，教师不仅需要有扎实的专业知识，而且需要充分了解教学平台，坚持以内容取胜，整合线上线下优质教学资源，对课程的教学流程和设计进行深度思考。

（三）注重能力培养，盘活多元媒介

2020 年 3 月 15 日，习近平总书记给北京大学援鄂医疗队全体“90 后”党员的回信中说道：“青年一代有理想、有本领、有担当，国家就有前途，民族就有希望。”大学生这个群体充满朝气，学习能力强、参与意识强，对新鲜事物充满好奇心和探索精神，这与网络传播的即时性、交互性、快捷性等特点相契合，使得抖音、微信、微博、快手等新传播媒体受到青年群体的青睐。在这些传播媒体中，大学生既是受众，又是传播者。因此，高校思想政治教育工作者要对新传播媒体有全面的认识，将传统思政课堂与新传播技术相结合，实现网络思想政治传播效果最大化。

在疫情防控中，网络使得大学生闭门不出就能知晓天下事。大众微传播媒介向公众传播海量信息，大学生通过网络了解党和国家团结带领人民坚决打赢疫情防控阻击战的最新动态，增强了抗击疫情的信心。但是，微传播媒介缺乏严格的入门管控，大学生也会接收到一些不实谣言和鱼龙混杂的负面信息，导致思想出现偏差或者是误入歧途。思想政治教育工作者要以师者身份，充分发挥互动性，积极帮助广大青年提升甄别信息的能力、辨明是非的技巧，做到不传谣、不信谣、不造谣，弘扬社会主义主旋律，传播积极向上的正能量。

要善于利用“微传播”这一新平台开展思想政治工作，充分利用学生群体中的“关键少数”，抓好学生干部和党员的模范带头作用，带动多元媒介，共同宣传主流意识形态，要求学生干部从自身出发，宣传防疫展现的感人事迹及观后感、读后感。同龄人之间更容易进行情感的传递和交流，思想政治教育要做好网络宣传阵地的“把关人”和“意见领袖”，营造有热度、有温度、有高度的网络氛围。

同时，思想政治教育工作者要高屋建瓴，指导学生之间互动交流，指导学生学会运用马克思主义的立场、观点和方法，发现问题、思考问题，理性看待疫情当中存在的不足和短板。

疫情防控给高校网络思想政治教育提出了新要求、新任务。做好网络思想政治育人工作，必须要遵循思想政治工作的规律和特点，结合大学生的生理、心理特征，将网络信息技术和传统思想政治教育工作相结合，在线上与线下构建一个相互交融的思想政治育人体系，坚定地完成高校培养社会主义建设者和接班人这一根本任务。

抗疫精神融入思政课教学的内在机制及实现途径研究

黄传荣

（重庆工商大学马克思主义学院　重庆　400067）

摘要：抗疫精神是中华民族在抗击新冠肺炎疫情过程中形成的守望相助、英勇战斗、顾全大局、甘于奉献、积极乐观、迎难而上的精神，是民族精神的继承和发扬。抗疫精神体现了中国特色社会主义制度的优越性和中国共产党的性质，是思想政治理论课教学的重要内容。抗疫精神融入思政课教学是思想政治理论课程本质属性的要求，社会价值与个人价值的同构功能是抗疫精神融入思政课教学的理论基础。将抗疫精神融入思政课教学，需要坚持科学研究与课堂应用相结合、坚持问题导向与理论阐释相结合、坚持课堂理论讲授与课外实践相衔接，不断更新教学观念，充分发挥传统教学手段与现代教学手段的同构作用。

关键词：抗疫精神；思政课教学；内在机制；实现途径

习近平总书记在学校思想政治理论课教师座谈会上强调“思政课要坚持价值性和知识性相统一，寓价值观引导于知识传授之中”。这一重要论述，集中阐明了思想政治理论课的价值观教育和知识教育之间的和谐统一关系，深刻揭示了思想政治工作规律、教书育人规律以及学生成长规律，具有很强的现实指导意义。本文以习近平总书记关于思政教育的“价值性和知识性相统一”为指导，探讨抗疫精神融入思政课教学的内在机制及实现途径。

一、抗疫精神融入思政课教学的必要性

抗疫精神是指中华民族在抗击新冠肺炎疫情过程中所形成的守望相助、英勇战斗、顾全大局、甘于奉献、积极乐观、迎难而上的精神。它为打赢防疫攻坚战注入了强大的动力，是中国共产党全心全意为人民谋利益、中国特色社会主义制度优越性的重要体现，是民族精神的继承和发扬。

第一，抗疫精神的形成体现了中国特色社会主义制度的优越性。中国特色社会主义制度是具有强大动员力量的制度，是我们面临各种挑战、战胜各种重大风险的重要法宝。在防控新冠肺炎疫情的过程中，中国较好地发挥了社会主义集中力量办大事的优势，体现了社会主义制度的优越性。《棋经十三篇·虚实篇第五》有言："夫弈棋，绪多则势分，势分则难救。"① 下棋如此，处理重大突发公共安全事件更是如此。在新冠肺炎疫情肆虐全国、严重威胁人民身体健康和生命安全的紧急情势下，习近平总书记亲自部署，亲自指挥。全国各地区、各部门积极响应，迅速启动重大突发公共卫生事件应急响应机制，形成全国联动、联防联控、群防群治的局面。在全国各部门的有力动员和全国民众的支持配合下，疫情得到了有效控制，抗疫斗争全面胜利在望。在这个过程中，全国人民形成了凝聚民族精神、反映民族斗志的抗疫精神。抗疫精神的形成过程体现了社会主义制度的优越性。

第二，抗疫精神体现了中国共产党全心全意为人民谋利益的性质。在中国特色社会主义制度下，政府之所以能够集中力量办大事，是因为中国共产党能够摆脱利益集团和党派纠葛，充分调动广大人民群众的积极性和创造性，为大多数人谋利益。《中国共产党章程》明确指出，除了代表工人阶级和最广大人民群众的利益外，中国共产党没有自己的特殊利益。同时，中国共产党在任何时候都把群众利益放在首位，与人民群众同甘共苦，与人民群众保持最密切的联系，坚持权为民所用、情为民所系、利为民所谋，绝不允许任何党员脱离群众，凌驾于群众之上。中国共产党的最大政治优势是密切联系群众，一切为了群众，一切依靠群众，从群众中来，到群众中去，把党的正确主张变为群众的自觉行动。在抗疫斗争中，中国共产党的作为充分体现了其是时刻心系人民群众利益、全心全意为人民谋利益的政党。新冠肺炎疫情暴发后，习近平总书记高度重视，多次在新冠肺炎疫情防控工作会议上强调，必须高度重视人民利益，把人民群众的生命安全和身体健康置于首位，充分依靠、团结群众打赢防疫攻坚战。习近平总书记的指示透露出他对人民生命安全和身体健康的深切关怀，体现了党对人民健康高度负责的情怀和担当。各级党政领导干部切实贯彻习近平总书记的指示，深入疫情防控一线，部署疫情防控工作；各基层组织和广大党员也积极献计献策，充分发挥战斗堡垒作用和先锋模范作用，真正做到了坚持人民至上、生命至上，把宗旨意识转化成为民行动，在疫情面前增强人民群众安全感。随着疫情逐步得到有效控制，习近平总书记又部署统筹推进疫情防控和经济社会发展工作，对复工复产、稳定就业、脱贫攻坚、春季农业生产、民生保障等工作提出了要求。经济稳，则大局稳；经济发展好，则人民能从中获得更多的实惠。党中央的部署充分体现了党和政府对人民切身利益的重视。

第三，抗疫精神是对民族精神的继承和发扬。一个国家的昌盛，离不开本国人民的奋斗；一个民族的繁荣，离不开民族精神的支撑。在中国的历史长河中，中华民族发扬团结奋进精神，克服了重重困难，屹立于世界民族之林。近年来，在党中央的坚强领导下，我

① 王世滨. 智胜十三篇［M］. 北京：民主与建设出版社，2017：412.

国组织开展了多次速度快、动员范围广、投入力量最大的救援斗争，奋力夺取了南方低温雨雪冰冻、四川汶川地震、青海玉树地震、甘肃舟曲山洪泥石流等重大自然灾害的胜利。在抗击新冠肺炎疫情过程中，全国人民纷纷向抗疫主战场武汉伸出援助之手。全国各地数百支医疗队、数万名医务人员驰援武汉，驰援湖北；全国各地捐赠生活用品、防疫用品等物资，助力湖北、武汉渡过难关。“一方有难，八方支援”，正是在全国人民的援助之下，武汉、湖北逐渐走出黑暗，迎来曙光。

二、抗疫精神融入思政课教学的内在机制

首先，抗疫精神融入思政课教学是思想政治理论课程本质属性的要求。思政课兼具价值性和知识性，是二者的统一体。思政课的价值性是指，思想政治理论课以教材呈现的各模块知识为载体、导向，充分发挥学科知识的价值引导作用，加强爱国主义、集体主义、社会主义教育，引导学生树立正确的历史观，民族观、国家观、文化观，深入实施道德建设工程，推进社会公德、职业道德、家庭美德、个人品德建设，激励人们向上向善、孝老爱亲、忠于祖国、忠于人民，其宗旨在于帮助学生树立正确的人生观、价值观、世界观，使学生在社会生活中分清真善美和假恶丑，从而做出正确的价值判断和价值选择，同时练就扎实的基本功，树立远大目标和理想，充分发挥个人在民族伟大复兴中的作用。价值性体现了思政课的功能与作用及其与大学生个人发展之间的关系。知识性是指课程内容的含量。思政课以马克思主义理论为主要内容。知识是人类认识世界、改造世界经验的理性提炼和科学总结。马克思主义理论是指导无产阶级社会运动和全人类自我解放的思想武器，是经过社会实践检验的、正确科学的知识体系。

知识性是思政课的基本属性和首要要求，是实现价值性的前提和基础。每门思政课程均具有相应的学科支撑、成熟的研究方法、逻辑严密的分析框架和系统的理论体系；思政课应该将理论知识与中国革命、建设、改革的具体实际密切联系，具有“历史与逻辑的一致性”。全面系统地传授知识是思政课的首要任务。中国化的马克思主义是中国共产党领导全国人民在革命、建设和改革开放的伟大实践中形成的科学理论。以马克思主义科学理论为主要内容的思政课是引导青年学子学习并深刻认识中国特色社会主义理论，帮助其树立正确的世界观、人生观、价值观的重要阵地。充分发挥思政课启迪心灵、思想引领作用，就必须做好知识传授工作，充分发挥知识的熏陶作用，让学生在感受知识魅力的同时，形成认知并付诸行动。知识是价值的载体，彰显价值是传授知识的根本目的和本质要求。价值性是思政课的本质属性。从价值的客体满足主体需求的属性来看，思政课是价值实现的载体。在这里，学生是价值的主体，思政课是价值的客体。思政课满足了学生在成长、成才过程的方向性需求。思政课的根本目的是立德树人，如果离开了这个目的，思政课就没有了根基和灵魂，从而也就失去了存在的意义。知识性和价值性相统一是思政课的本质属性，体现了教书和育人是有机联系的统一体。知识性明确了思政课的主要内容以及

学习思政知识的作用，价值性回答了学习思政课的原因和根本目的。需要在知识的基础上强化正确价值观的引导和理解，将价值观引导和塑造渗透于知识讲授之中，实现价值性与知识性的有机统一。思政课教学不是单纯的知识灌输，而是综合性的价值性渗透。

其次，社会价值与个人价值的同构功能是抗疫精神融入思政课教学的理论基础。何谓价值？马克思从政治经济学、哲学角度对其进行了阐释。在政治经济学层面，马克思指出，价值是商品的社会属性，是一种历史范畴，其大小取决于生产商品所需要的社会必要劳动时间。在哲学层面，马克思强调价值是主体需求与客体属性的有机结合、和谐统一。马克思在《评阿·瓦格纳的〈政治经济学教科书〉》中指出："'价值'这个普遍的概念是从人们对待满足他的需要的资料的外界物的关系中产生的"[①]，并且"人在把成为满足他的需要的资料的外界物……进行估价，赋予它们以价值或使它们具有'价值'属性"[②]。作为价值的主体，人有创造价值的需要，但人也必须依靠自身的不断努力来实现价值满足。但人是社会性动物，具有社会属性，人只有在社会中才可能产生价值需要，获得实现价值满足的工具，最终实现价值满足。个人价值的满足并不是一个单向度的过程，而是与社会（集体）双向对流。正如马克思所言："只有在集体中，个人才能获得全面发展其才能的手段，也就是说，只有在集体中才可能有个人的自由……每个人的自由发展是一切人自由发展的条件。"[③] 个人价值的实现是社会价值实现的前提和基础，社会价值的实现有赖于个人价值的实现。因此，个人的价值观只有符合社会主流价值观的要求，在认识上与社会正统价值观同步，才能融入社会发展的潮流，更好地将实现个人价值与推动社会发展的融合，最大限度地满足个人需求。同时，个人的努力有利于推动社会进步，而社会的不断进步又会源源不断地给个人提供更好的条件，促使个人实现更大的社会价值。

抗疫精神是中华民族在艰难困苦的环境中形成的，是民族精神的继承和发扬，也是中国特色社会主义核心价值观的重要组成部分。因此，抗疫精神融入思政课教学是弘扬社会主义核心价值观的必然要求。根据个人价值和社会价值同构理论，个人价值只有融入社会价值才能更好地满足个人需求。与此同时，个人的价值观也只有和主流价值观相一致才能使自己的行动不偏离终极目标。思政课教学就是通过对与抗疫相关的、思政知识的传授，将中国特色社会主义核心价值观源源不断地输送给学生，让学生知道其来龙去脉，认识其正确性和科学性，从而形成符合社会主义核心价值观要求的人生观、价值观和世界观，并在行动上将实现自我发展与推动社会进步相融合。

三、抗疫精神融入思政课教学的实现途径

坚持科学研究与课堂应用相结合。创新性是衡量思政课含金量的重要标准之一。课堂

---

① 马克思，恩格斯. 马克思恩格斯全集：第19卷［M］. 北京：人民出版社，1963：406，409.

② 方爱东. 社会主义核心价值观论纲［J］. 马克思主义研究，2010（12）：127.

③ 马克思，恩格斯. 马克思恩格斯全集：第3卷［M］. 北京：人民出版社，1960：86.

教学的创新性主要体现在三个方面，即课堂内容具有前沿性和时代性，教学形式体现先进性和互动性，学习结果具有探究性和个性化。要实现创新，教师需要潜心研究教学内容，不断探索新型教学方法，反思教学效果。首先，思政课教师需要全面把握课程教学大纲，关注前沿学术动态，不断深化对抗疫精神的研究，挖掘其历史价值和时代内涵，并将研究成果有机地运用到课堂教学中，构建富有特色的课程体系。除了不断深化教学内容外，思政课教师还要不断研究教学方法。思政课的授课对象是全校不同专业、不同学科背景的学生。学生原有的知识积累相差较大，兴趣点各不相同，这给教师授课带来了难度。因此，思政课教师在备课中，除了要充分准备授课内容，还要充分了解学生的学科背景、相关知识储备情况、兴趣点等。在全面了解学生的基础上，思政课教师需要因地制宜地使用合适的教学方法。思政课教师还应该尝试将其他领域如播音主持、相声艺术、演讲等的方法运用到课堂教学中来，不断拓展研究方法。此外，思政课教师还应该密切关注时政，紧跟时代步伐，使教学具有较强的时代性。

坚持问题导向与理论阐释相结合。问题导向是指在教学过程中，教师根据学生的知识掌握水平或社会热点问题创设情境，营造特定的氛围，激发学生的好奇心和求知欲，引导学生质疑、思考并解决问题，让学生在知识学习过程中产生解决矛盾的意愿并付诸行动的一种情境教学模式。这种教学模式以现实问题为探究案例，引导学生利用既有的知识储备和相关理性认知，积极主动地围绕有意义的问题展开讨论，进而认清问题本质，同时帮助学生实现对旧知识的迁移、更新和对新知识的接受、理解和深化。正如一位学者所言："允许学生在自由讨论期间就重大社会问题发表个人意见，并就一些热门话题发表评论或进行辩论，有助于学生产生积极的思想共鸣，从而扩大思想政治教育的效果。"① 抗击新冠肺炎疫情是关系人民生命安全和身体健康以及社会稳定的重大社会事件。在和疫情作斗争的过程中，社会上涌现出许多先进人物和感人事迹，也出现了诸多欺上瞒下、弄虚作假、玩忽职守、处理问题简单粗暴等不良现象。如何引导学生弘扬先进人物的英雄主义精神、正确认识在抗疫过程中出现的问题，是思政课教学的题中应有之义。情境教学模式为抗疫精神融入思政课教学提供了思路。针对一些别有用心的人以抗疫过程中出现的不良现象为借口攻击社会主义制度、攻击中国共产党的领导，教师在开展思政课教学时可以设置情境，让学生充分讨论，各抒己见。教师在充分了解学生对相关问题认识的基础上，弄清学生的认识是基于知识的欠缺，还是价值观的原因，有针对性地传授知识，帮助学生树立正确的观念。

坚持课堂理论讲授与课外实践相衔接。课堂理论讲授是以语言文字、情节符号等为载体，将科学、抽象、系统的马克思主义理论传授给学生的教学方式，是一种自上而下的、具有稳定性、系统性、高效性和持续性的知识传递过程。学生在课堂上学习的是对中国特色社会主义实践活动科学的高度提炼和概括，是理性认识的范畴。与课堂上的知识传授不

① 吕宏山，粟志刚. 论思想政治教育价值性与知识性相统一的内在机理与实现途径［J］. 毛泽东思想研究，2019（6）：125.

同，课外实践是一种体验和探究式的学习，是将课堂所学知识内化为学生的认识，是一种自下而上、由内而外的知识发现过程。课外实践活动形式多样、内容丰富，学生从中获得的是鲜活、生动、具体的感性认识。这种直观具体的感性认识是很难用清晰理性的语言和符号表达的，也无法通过课堂知识讲授进行传递，只有通过学生亲自实践、用心感悟才能获得。因此，坚持理论学习和课外实践的融合是实现抗疫精神融入思政课堂的必要途径。在具体操作层面，教师可以在课堂上传授抗疫精神的形成过程、内涵及其与民族精神的联系，抗疫精神与社会主义核心价值观的关系等理论知识，解决相关理论认识问题，用科学的理论武装学生的头脑，帮助学生掌握运用马克思主义理论分析和解决问题的基本方法。同时，教师可以在课外开展诸如辩论赛、采访抗疫英雄、做社区防疫志愿者等丰富多彩的、弘扬抗疫精神的社会实践活动，让学生通过自下而上的社会实践和个人体验，将理论认识和个人体悟相结合，深化对马克思主义理论的认识和理解，提升他们解决社会实际问题的能力，从而做到课堂理论传授和社会实践的有机统一、知识传授与个体体验相结合、理性认识和感性认识相融通。

不断更新教学观念，充分发挥传统教学手段与现代教学手段的同构作用。行为主义学习理论认为，学习过程是有机体在一定条件下形成刺激与反应的联系从而获得新经验的过程。在这个过程中，教师负责教，学生负责学，教学就是教师对学生的单向培养活动。教师通过知识的整合加工，结合教学大纲的要求和对教材的内容理解，把重点内容传授给学生。在传统教学观念下，教师只需要把所教学科的基本知识理解透彻，融会贯通，用通俗易懂的语言讲出来，并在后期不断强化记忆，使学生遇到类似的问题能够用同样的方法解决，就算完成了基本教学任务。现代教学理念认为，教师在课堂上传授的信息需要通过学生在社会生活中不断内化，才能形成对学生有用的东西。现代教学理论要求教师在授课时尊重学生的个体差异，充分调动学生的积极性、主动性，启发学生积极思考、主动发现，真正成为构建知识、加工信息的主体。随着信息时代的到来，知识爆炸式地增长，传统教学观念已经无法适应时代的发展。因此，教师只有不断学习现代教育学理论，更新教学观念，并不断尝试现代教学模式，才能紧跟时代的步伐。

此外，传统教学手段比较单一，无法较长时间地吸引学生的注意力，导致教学效果不佳。随着互联网时代的到来，以互联网技术为代表的新媒体为思政课教学提供了新的手段。在思政课教学中，教师要充分利用互联网平台，构建形式多样的教学资源库，多方面展现理论教学的说服力；充分发挥网络媒体的即时性和互动性优势，通过企业微信、QQ群、微博、公众号、各种教学平台等平台，以生动形象的形式及时推送反映抗疫精神的各种素材，并引导学生广泛讨论，提高抗疫精神与思政课教学的融合度。尽管新媒体具有形式多样、内容丰富、可以立体呈现教学内容、激发学生学习兴趣等优势，但网络学习具有碎片化、无法体现教师言传身教作用等弊端。因此，教师要正确处理课堂教学与网络教学的关系，利用课堂教学帮助学生建立科学系统的知识体系，利用网络教学深化学生对课堂教学内容的认识。

总之，教师要不断提高知识储备量，坚持科研创新，更新教学观念，利用多样的教学手段，将理论阐释与问题导向相结合，将课堂教学与课外实践相衔接，不断提高教学质量和教学效果，以抗疫精神为切入点引导学生树立正确的世界观、人生观、价值观，培养更多优秀人才。

推进大中小学思政课一体化建设的理论思考

陈艳宇

（重庆工商大学马克思主义学院　重庆　400067）

摘要：大中小学开设思想政治教育课应遵循系统性和阶段性相统一的基本原则，既要把各级学校进行的思想政治教育当作一体化的整体教育过程，又要重视各级学校学生所处的学习水平。学校的思想政治理论课是一个系统工程，需要完善的顶层设计和长期的教学规划。

关键词：思政课；一体化建设

思想政治教育是一个长期的教育进程，久久为功，才会在树立学生的世界观、人生观、价值观的过程中发挥作用；思想政治教育是一个复杂的整体工程，需要从整体层面进行规划，才会在推进学生德、智、体、美、劳全面发展中发挥其价值。思想政治教育应从学生抓起，贯穿于学生的整个教育过程。学生是一个个不断从小到大成长着的个体，在每一个年龄阶段的理解知识、接受陶冶的能力都存在着差异。通常来说，年龄越低的学生接受能力越差，反之亦然。反映在学校教育上，小学生、中学生、大学生的接受能力是呈阶梯状上升的。我们应当遵循因材施教的原则，对每一个阶段的学生采用合适的教学方法和内容。大中小学思政课一体化是解决思想政治教育整体推进和因材施教问题的有效方法。

一、大中小学思政课一体化建设的概念和原则

思想政治教育一体化是指，处于不同学习阶段的思政课作为一个有机连续的整体，呈现出协调性、连贯性的特点，每个阶段的思政课与其他阶段的思政课之间无缝衔接、相辅相成、科学分工、互为补充、循序渐进。

（一）大中小学思政课一体化建设的提出

多年以来，我国大中小学都在进行思想政治教育，但其存在着相互分离、各行其是的

问题。大中小学思想政治课一体化是解决这个问题的有效途径，这已经是学界和教育管理部门所共同关注的问题。2013 年，教育部哲学社会科学研究重大课题包含“大中小德育课程一体化建设研究”及其“大中小学教材的一体化建设和管理研究”课题，这表明教育部已经把大中小学一体化的研究与建设提上了议事日程①。2019 年 3 月 18 日，习近平总书记在学校思想政治理论课教师座谈会上发表重要讲话，指出：“在大中小学循序渐进、螺旋上升地开设思想政治理论课非常必要，是培养一代又一代社会主义建设者和接班人的重要保障。”2019 年 8 月，中共中央办公厅、国务院办公厅发布了《关于深化新时代学校思想政治理论课改革创新的若干意见》（以下简称《意见》），指出：遵循学生认知规律设计课程内容。

（二）大中小学思政课一体化建设应遵循的原则

各级学校在实施一体化的思想政治课过程中，应遵循指向性、全面性、协调性、连贯性和阶梯式的基本原则。指向性是指各级学校在进行思想政治教育时应有明确的教学方向，这个教学方向是统一的、全局性的，各级学校开设思政课程均应以之为旗帜，立德树人、铸魂育人是其基本的价值追求。全面性是指在学校教育的各个环节、各种课程中都应贯彻思想政治教育的要求，推进思政课程与课程思政相结合。协调性是指教育的各个环节应与学生的认知特点相适应，教学内容和教学方法不能违背学生的成长规律、不能超越学生的发展阶段。连贯性是指大中小学每个阶段的思想政治教育应是前后相继、相互衔接的，每个阶段之间不应有空档、断层。阶梯式是指无论从思想政治教育的内容选取还是方法适用上，都应按照教育教学规律和学生成长发展规律由浅入深、由易到难，层层推进。

（三）思政课一体化建设尊重了大中小学的教育规律

思政课一体化建设具有重要的实际意义。建设协调、连贯、阶梯式的大中小学思政课体系，有利于改变各阶段思想政治教育相互割裂、内容重复、不符合学生成长规律等方面的弊端。人的认识发展有一定的规律，任何人的发展都不可能脱离成长的规律，尤其是各个层级的思想政治教育更是不能跨越式前进的。心理科学的研究表明，人的认识遵循由表及里、由浅入深、由少到多、由近及远、由感性到理性的固有规律。大中小学的学生分处于人生成长的不同层级，绝大多数学生的认知水平和感悟能力只能处于该层级的范围，不能超出也不会落后。每个层级的思想政治教育在内容选择、方法采用、目标确定等方面都必须遵循各个层级的标准和要求，这是为了在适应规律的基础上最大限度地发挥思想政治教育的作用。在内容的选择上，应遵循由浅入深、由简到繁、由生动到抽象的规律，各个不同层级的思想政治教育内容应有所不同而又先后衔接。道德启蒙始于小学教育阶段，初步思想基础的确立在初中阶段，可以重点培养高中阶段学生的基本政治品质和哲学认识，可以全面培养高校学生更深入地认识世界的能力，使其形成责任感和使命感。

---

① 卢黎歌，耶旭妍，王世娟. 统筹推进大中小学思政课一体化建设研究［J］. 北京工业大学学报（社会科学版），2020（1）：12.

二、大中小学思政课一体化建设的重要意义

在国际形势风云变幻、国内形势仍然复杂的今天，学校的思想政治教育在帮助学生树立正确的世界观、人生观和价值观方面有着非同寻常的重大意义，思政课一体化建设将有助于全面贯彻党和政府的教育方针政策，达到全面提升学校思想政治教育的树人效果。

（一）有利于在新形势下培养建设所需的人才

学校教育的目的是培养德智体美劳全面发展的社会主义建设者和接班人。以德为先，德之教育是基础，思想政治教育的熏陶和潜移默化是完成学校教育任务的首要保证。思政课一体化建设的推进，有利于通过顶层设计，在每一个阶段根据学生的身心特点，选择先后承接、由低到高的思想政治教育内容和方法，遵循统一目标、有序推进、阶梯进行的原则，层层递进，保证各阶段的思想政治教育教学质量，夯实基础、稳扎稳打，为社会主义现代化建设培养全面发展的人才。

（二）有利于思想政治教育效果的提升

各级学校要完成树人铸魂的教学任务，达到为社会主义培养建设者的教育目的，必须重视思政课的开设和推进。在长期复杂的国内外形势下，学生的思想政治教育工作会面临各种各样的新挑战，各级学校的思政课建设还存在很多问题，有些学校的思想政治教育效果差强人意。《意见》指出，思政课“课堂教学效果还需提升，教材内容不够鲜活”“大中小学思政课一体化建设需要深化”。思政课教学效果不理想的主要原因在于：教学内容的选择不够贴合学生实际，教学方法在一定程度上脱离了学生的接受水平，各阶段的思政课开设相对脱节、缺乏继承性。思政课一体化建设从宏观设计的角度对不同阶段学生的思想政治教育进行连接、协调安排，解决不同阶段思政课内容重叠、错位、缺失的问题；根据不同阶段的学生成长的特点采用阶梯式递进的教学内容、方法和步骤；把所有学习阶段的思想政治教育作为一个整体，进行统筹安排、合理设计教学环节。这从根本上提升了思政课教育的效果。

（三）有利于各阶段学生的健康成长

学生的成长具有其固有的规律，任何教学活动的开展都应该遵循和适应这些规律。思政课一体化建设，要根据各阶段学生成长特点、认知规律制定规范、全面、系统的思政课课程体系。小学、中学、大学学生的成长规律是螺旋式上升的，思政课一体化建设适应这样的发展规律，也应该适应这样的发展规律。首先要解决思想政治教育内容不符合学生实际的问题。要解决低年级开设的课程高出学生实际、超过学生接受能力的问题，要解决高年级开设的课程低于学生实际、过于简单、不具备学习挑战性的问题，各级各类学校开设的思政课应按学生的实际情况调整好学习要素。其次要解决思想政治教育内容重复的问题。从本质上来说，思想政治教育的主体内容、总体脉络是固定不变的，但其采用的具体内容和难易程度应根据不同的学生特点而有所区分，要避免教学内容的简单重复。即使是

同样的教学理论，也应该根据新形势、新环境，设计出不同的教学内容。

三、大中小学思政课一体化建设欲解决的问题

各级各类学校思政课的开设已经形成了很多有益的经验，但也存在诸多的问题。思政课一体化建设的提出正是为了解决大中小学思想政治教育过程中存在的诸多弊端。

（一）小学思想政治教育现状分析

小学生身心发展不成熟，对世界、社会和人生的认识还处在初级阶段，需要学校、教师和家长对其给予正确的指引，以使其逐步确立应对自身和时代发展的正确心态并加强对祖国的热爱之情。小学阶段的思想政治教育正处于一个人的各种观念萌芽、奠基的时期，在整个人生的价值体系的形成过程中处于基础性地位，这个时期的地基如果没有打好，将影响到此后人生发展的各个阶段。这一时期的学校教育课程中，思政类课程并不是学生的主要课程。在应试教育思想的影响下，思想政治教育被忽略是常见的事情。在小学教育过程中，应特别重视在各门课程中融合思政教育，以潜移默化的方法在学生成长过程中发挥思政教育正向的、健康的引导作用。在这个过程中，各科教师皆充当非常重要的角色。小学生的心智，还不足以应对深刻的政治问题。因此教师在日常教学过程中，应善于将深奥的、枯燥的理论知识转变为与生活、游戏相关的教学内容，善于引导学生在轻松愉快的氛围中、在不知不觉的状态下，获得正确的、对成长有益的价值观念。小学阶段的思想政治教育不应以考试为目的，各级各类学校应根据自身实际情况制定切实可行的思政教育效果反馈方式。

（二）中学思想政治教育现状分析

思想政治课在中学教学中处于基础性的地位。各学校通过思想政治教育课堂来传播、弘扬符合新时代的正能量精神，这对于中学生的世界观、人生观和价值观的培育具有十分重要的意义。较之小学生，中学生的理解能力和自制能力已有大幅提升，已能较长时期专注于一个较为抽象的学习工作。在中学，可以开设独立的思想政治类课程，但也需要将思想政治教育穿插在各门课程之中。从实际教学过程来看，思政类课程依然并非考试的重点，所以其在日常的教学中不受重视的情况较为普遍。尽管政治类课程被有选择性地纳入中高考的范围，但思想政治教育的目的并未得到完全体现，究其原因：一是开设课程的目的是应试，单纯背诵和做题不能从根本上影响学生的思想；二是中学的思政课教师仍然采用的传统教学方法，以书本为主，使用传统灌输的教学方式，这种方式易引起学生的反感，不仅不利于学生对思想政治内容的掌握，而且不利于其树立正确的思想观念；三是中学的政治教育课程尚不足覆盖应进行的思想政治教育范围。

（三）大学思想政治教育现状分析

大学生都已经成年或接近成年，其世界观、人生观、价值观已经初步形成，对社会问题有了自己较为完整准确的判断，独立意识较强，可以进行长时间抽象知识的学习和思

考。对于这一时期的学生而言，应开设适应其心理特点的较为深奥的思政类课程，安排理论与实践相结合的教学环节，为其今后进入社会做好准备。当前，大学思想政治教育存在的问题包括：一是有些教学内容与低年级的内容重复，高校学生对思想政治教育具有的厌烦情绪，尤其是大一学生的思政课如果与中学思政课重复率太高，将严重影响其后续的思政课教学效果；二是有些教学内容相对枯燥，超过了大学生可接受的能力范围，大学生也分成多个阶段，也应有针对性地开展与之相适应的思政课教学；三是高校思政课教育还没有与实践紧密结合，高校作为从学生向社会过渡的重要阶段，思政课应通过社会实践使学生们有针对、有安排、有秩序地进行思政课教学实践。

四、顶层设计在思政课一体化建设中的关键作用

大中小学思政课一体化建设在学校思想政治教育过程中有重要意义，它是解决各级学校思想政治教育方面存在的问题的有效探索。习近平总书记指出，要把统筹推进大中小学思政课一体化建设作为一项重要工程，坚持问题导向和目标导向相结合，坚持守正和创新相统一，推动思政课建设内涵式发展。思政课一体化建设是一项系统工程，涉及学校教育各个层级的互相配合、有效衔接，关系学校教育的诸多方面，需要从顶层设计步步推进、统筹安排、综合运用。

大中小学思政课一体化建设是一项涉及各个学习阶段的综合事业，需要各个阶段所有学校的密切合作，按照教学目标衔接、教学内容连贯、学习难度递进、教学分工合理的原则，每个层级的学校在统一要求的前提下根据自身实际安排思政课教学。顶层设计是思政课一体化建设的初始环节，也是最关键的环节。从主体来看，思政课一体化建设包括党政领导、教育职能部门、学校管理部门，更包括思政课教师与参与课程思政的教师，不同学段的学生也会在一定程度上介入思政一体化建设；从客体来看，思政课一体化建设涵盖课程教材体系、课程内容体系、教师队伍体系、评价反馈体系、人才培养体系、教育教学管理体系等①。要有效推进思政课一体化建设的进行，就需要从顶层设计的角度统筹好各种力量，安排好各个环节的工作，发挥好各级部门的作用，落实好各个学校的任务。

① 卢黎歌，耶旭妍. 规律：大中小学思政课一体化建设的必然遵循［J］. 北京工业大学学报（社会科学版），2020，20（1）：10-12.

高校中国传统思想文化教育的思政内涵

张国培

（重庆工商大学经济学院　重庆　400067）

摘要： 传统文化是我国文化的重要组成部分，是我国文化的源头。我国对优秀传统文化教育非常重视。社会主义核心价值观中的和谐、公正、爱国、敬业、诚信、友善都来自传统文化。高校中国传统思想文化教育可以从爱国主义的传承、良好美德的养成、自然静观心态的形成三个方面开展，从而进行思想政治教育。

关键词： 传统文化；爱国主义；美德；心态

2016 年习近平总书记在庆祝中国共产党成立 95 周年大会上明确提出“四个自信”，对其中的文化自信，习近平总书记说：“文化自信，是更基础、更广泛、更深厚的自信。在 5 000 多年文明中孕育的中华优秀传统文化，在党和人民伟大斗争中孕育的革命文化和社会主义先进文化，积淀着中华民族最深层的精神追求，代表着中华民族独特的精神标识。”由此可见，中国文化由传统文化、革命文化、社会主义先进文化三部分构成，而传统文化是中国文化的源头，教育部《完善中华优秀传统文化教育指导纲要》指出：“中国特色社会主义道路是在对中华民族 5 000 多年悠久文明的传承中走出来的，具有深厚的历史渊源和广泛的现实基础。”此纲要的发出也证明国家对于传统文化教育一直非常重视。

传统文化内涵丰富，难以明确界定。张岱年认为文化由四个层次构成：物态文化层、制度文化层、行为文化层、心态文化层，而“由人类社会实践和意识活动中长期絪蕴化育出来的价值观念、审美情趣、思维方式等构成的心态文化层”是文化的核心部分①。由此可知，高校开展传统文化教育的核心内容应当在“心态文化层”，也就是传统思想文化方面，且是其优秀部分。传统思想文化教育面对的是全体高校学生，并不是某一专业的学生，因此它的本质并不是专业教育，而是思想政治教育。

那么，传统思想文化教育是否可以达到思政教育目的呢？我们从张岱年的论述中可以

① 张岱年，方克立. 中国文化概论［M］. 北京：北京师范大学出版社，2004.

得到肯定的答案："传统文化所蕴含的思维方式、价值观念、行为准则，一方面具有强烈的历史性、遗传性；另一方面又具有鲜活的现实性、变异性，它无时无刻不在影响着今天的中国人，为我们开创新文化提供历史的根据和现实的基础。"① 在5 000年历史中形成的传统文化，包含着诸多超越时代、超越阶级的优秀内容，它们被新时代赋予新的内容，源头却在传统文化中。社会主义核心价值观中公民个人层面的价值观准则：爱国、敬业、诚信、友善，可以说全部出自传统思想文化；国家层面的和谐、社会层面的公正同样可以在传统文化中找到源头，由此说明传统思想文化教育的必要性。笔者以为，高校传统思想文化教育可以从爱国主义的传承、良好美德的养成、自然静观心态的形成三个方面开展，从而进行思想政治教育。

一、爱国主义的传承

爱国主义是中华民族的历史传统，是思想文化的重要底色，意义非凡。习近平总书记指出："爱国主义是中华民族精神的核心。"但是，爱国主义概念是一个历史范畴，且不同时期有着不同的内涵。大致来说，爱国主义可以以封建社会为分界线划分为两个部分。传统文化中的爱国主义是在封建社会及其之前一代代传承下来的精神文化，它主要表现为对中华大一统的坚持、对忧国忧民的坚守，前者伴随着民族气节的推崇和民族融合的形成，后者则主要表现为对"致君尧舜上"理想的执着追求。

在对中华大一统的坚持上，从苏武牧羊到史可法以身殉国，封建社会涌现出来非常多的爱国志士，他们或者是士人、文人，或者是将领，他们的爱国精神都包含着民族气节。当下的历史叙述中，他们被解读为民族英雄，因为他们的爱国精神是有局限性的，其中包含的另一层含义是忠君。这种爱国主义精神最典型的时期出现在宋朝，最根本的原因在于两宋时期一直处在民族对峙中，民族矛盾突出，战争频发，典型的英雄形象包括杨家将、岳飞、文天祥等人物。杨家将的故事发生在北宋初年，杨氏一门在对抗辽兵时战绩突出；岳飞是南北宋之际的抗金名将，同时包括岳家军中的诸多将领；文天祥是南宋末年的英雄，抗元兵败被俘，拒绝劝降而死。贯穿两宋始终的英雄形象的塑造是历史书写、文学书写的结果，其中爱国主义精神逐渐成为精髓，沉淀下来，成为书写的主要内涵，并不断流传。如与岳飞抗金故事一起流传的是他的《满江红·怒发冲冠》，而文天祥的《正气歌》《过零丁洋》也成为后代的经典，尤其"人生自古谁无死，留取丹心照汗青"成为鼓舞后代士人的精神给养。南宋文学也体现出强烈的爱国精神，尤其南渡时期的词作最为明显，这是词史上罕见的。但是两宋时期也是一个民族大融合时期，为后代的民族融合打下了坚实的基础，为爱国精神的接受和传承奠定了基础。从本质上来说，传统思想文化中的爱国主义精神在书写和流传中逐渐摆脱了历史局限。在传统文化教育中，重点是将爱国精神的局限性讲清楚，将爱国主义的精髓讲透彻，明确与新时代爱国精神的传承关系。

---

① 张岱年，方克立. 中国文化概论［M］. 北京：北京师范大学出版社，2004.

爱国主义精神的另一个方面忧国忧民，是古代士人的永恒思想。古代文学的永恒主题，与忧国忧民相伴的是“致君尧舜上”的理想，其本质就是忠君，从这一角度所体现出来的爱国精神同样具有强烈的时代局限性。这方面可以举出的例子很多，典型的如屈原、杜甫等。屈原在文学史上的定位是伟大的爱国诗人，最终以身殉国；杜甫在文学史上的定位是伟大的现实主义诗人，他诗中的现实主义来源于对百姓处境的深切关怀、对时政的深切关怀。屈原、杜甫的精神是古代士人的政治追求，是有良知的表现，在新时代，这种精神同样有着现实的意义。关心民生、关心时政是对当代大学生的基本要求，也是爱国主义的重要内容和表现。

爱国主义是在历史演变和历史书写中形成的，封建时期爱国主义精神在经历革命文化的洗礼后，其精髓得以继续流传；进入新时代，爱国主义又被赋予新的内涵，但坚持中华民族统一和忧国忧民的精髓是不变的，是开展思政教育的重心。

二、良好美德的养成

传统思想文化中伦理道德是由儒家学说建构起来的社会道德规范，在儒家思想的发展中最终凝练成“三纲五常”。三纲即，君为臣纲，父为子纲，夫为妻纲；五常即，仁、义、礼、智、信。这属于儒家文化的伦理道德，是封建社会的核心价值观，它们并非美德。从另一方面说，三纲是封建社会的产物，不属于优秀文化的范畴，而由五常生发出来的诸多行为规范并非凭空想象而来，它既是对当时国民性格的总结，也是对国民行为的指导，而其中就包含着众多美德的内涵，美德在历史中传承且不会被时代淘汰。下面仍以五常包含的内容为例，梳理其中的美德与新时代的契合处。

（1）仁。仁是儒家文化的核心，《论语》中屡次讲到仁，不仅给仁下了定义，而且给出了做到仁的方式方法。“仁者爱人”，这是对仁的一个基本解释，仁首先是对人这个个体的关注、关怀。对于新时代的大学生而言，他们不同于古代的士人，仁者之心需要培养，但达到仁的方法不能是儒家范式，它必须建立在社会主义核心价值观之上，采用新时代的学习方式。由仁生发出的美德包括仁爱、孝悌、忠恕等。仁爱是一种情怀，也是一种高尚的情操，仁爱之心可以带来社会的和谐。孝悌，父慈子孝，兄友弟恭，儒家文化讲究家国同构，因此孔子非常看重家庭中的孝悌，认为这是仁的根本。新时代，孝悌同样是一种美德，与封建社会不同的是，新时代的孝悌观是建立在法制社会的背景下的，提倡孝悌，是改善核心家庭亲子关系的重要方式，也是促进社会和谐的方式。忠恕，忠是尽心为人，恕是推己及人，《论语》中有“己所不欲，勿施于人”，这是对仁的具体运用。当代大学生往往以自己为中心，社会人际关系冷漠，忠恕的提倡可以缓解这种人际关系的紧张感，同样也是建构和谐社会的重要美德。

（2）义。《礼记·中庸》中说：“仁者，人也，亲亲为大。义者，宜也，尊贤为大。”“尊贤”是义的核心，所谓“贤”，总体上指向的是仁。《孟子·公子丑上》又说：“羞恶之心，义之端也。”这明确了“义”包含明辨是非的内涵。新时代下，义值得学习的地方是：它包含合理、公正的价值指向。

（3）礼。在儒家文化中，礼本身就是行为规范，如果说仁是内在的，那么礼就是外在的。礼代表着社会秩序，是儒家思想中结构社会关系的重要形式，因此礼乐文化是中国独具特色的古代文化。从封建社会发展史来看，礼教从宋代开始逐渐走向严苛，严重束缚了人尤其是女性的发展。但是从早期的礼生发出来的并不是只有礼教，也包含着“和为贵”的思想，理想礼制下营造出来的是和谐的社会局面，总体风格是指向谦和的，中国有“温柔敦厚”的诗教传统，其实与礼制下的社会风格也有着直接的关系，中国是世界闻名的礼仪之邦，自然也与此关系密切。在礼的基础上的这些内涵是好的，是值得新时代继承的。《礼记》中有“凡人之所以为人者，礼义也”。《论语》中有“不学礼，无以立”。在个人所处的社会关系和国家所处的国际环境中，讲究礼仪都是非常重要的。高校教育课程中都包括礼仪课程，其实就是对礼仪传统的继承。

（4）智。主要指智慧。《论语》中有“知者不惑”。知即智，在面对人生各种困惑、疑惑时，解决办法是拥有智慧，如此才可以明辨是非、有自知之明。智是实现仁、义、礼的前提，它不仅包含着知识，而且包含着思想、经验等，这一点与大学生思想政治教育最为契合。大学只有学业教育是不够的，新时代的思想政治教育也必须要跟上，这也必须作为智的培养的一部分，如此才能够有坚定的政治立场，才能够树立社会主义核心价值观。

（5）信。诚实守信。《论语》中有“吾日三省吾身，为人谋而不忠乎？与朋友交而不信乎？传不习乎？”讲的就是在与人交往中的诚信问题。在传统文化中，诚与信内涵并不相同，诚是个人内心的一种状态，信是与人交往中的一种状态。当代社会诚信连用，其价值指向是一致的，内心诚而交往才能信，诚信是社会主义核心价值观，是个人道德修养中必备的内容之一。大学生诚信教育已经成为常态，从传统文化的角度去追溯诚信的源头，更有利于大学生诚信教育的开展。

“仁、义、礼、智、信”虽然是封建社会的五常，是儒家伦理道德的支撑，但是五常具体化之后的仁爱、孝悌、忠恕、重义轻利、礼仪、智慧、诚信等美德，是在新时代也并不过时的美德。这些美德是建构和谐社会的美德，是社会主义核心价值观的重要来源，是适合开展思政教育的内容。

三、自然静观心态的形成

中华民族的传统美德主要源于儒家文化。儒家文化是一种积极入世的文化，与儒家文化相对，道家思想文化与儒家文化互为补充，它是一种出世的文化，但并不是消极的文化。道家文化内涵同样也很复杂，从思想政治教育的角度来说，值得关注的是崇尚自然和自然静观心态形成两个方面。

崇尚自然是道家思想的核心观念。老子云：“人法地，地法天，天法道，道法自然。”

自然既指现实存在的自然界，也指万物自然生长、循环的状态。在此基础上，道家提出物我平等的观念，《庄子·齐物论》中说："天地与我并生，万物与我为一。"《庄子·秋水》中说："以道观之，物无贵贱，以物观之，自贵而相贱。以俗观之，贵贱不在己。"从自然界的角度来说，自然生态环境的保护已经成为社会共识，这与道家的崇尚自然的观念是一致的。从更深层次来说，人的自然存在状态更为重要。对于人来说，自然是指见素抱朴、返璞归真，《道德经》中说："五色令人目盲，五音令人耳聋，五味令人口爽，驰骋畋猎，令人心发狂；难得之货，令人行妨。"也就是说，过于陶醉在享受之中，会让人失去自然状态，也就丢掉了人性之真。如果想保住人性之真，应该做到的就是节俭寡欲。这种人生状态在大学生教育中是值得提倡的，崇尚自然，追求真实的自我和初心，这不仅需要积极进取的心态来完成，也需要冷静下来从出世的角度来认清。

归隐心态是古代士人的常态。古代士人一般在思想上都会保持两种状态，一种是儒家心态，这种心态让他们执着于理想，带着"知其不可而为之"的精神去奋斗。另一种心态是道家心态，这种心态是作为儒家心态的调整，在面对仕途失败时，出世的归隐心态可以调节焦虑的心态。在封建社会，士人的命运寄托在帝王身上，由于制度上的缺陷，士人往往是没有安全感的，他们必须寻找到人生的退路。新时代，中国特色社会主义制度为大学生的个人发展提供了保障，大学生有充分发展自己的条件和空间。从这点来说，道家的归隐心态并不是为他们提供退路，而是提供一种面对困境的心态。

任何时代，个人的成长和发展都不会是一帆风顺的，保持美德和进取的精神是必须的，但精神上不能一直保持紧张的状态，从这个角度来说，道家的归隐精神是值得借鉴的。道家的归隐并非全部是消极的，它提倡的是归隐到田园或者自然山水中去，这种归隐绝大多数时候并不是真的归隐，而是心灵上的归隐。以陶渊明为例，陶渊明本人在现实中归隐到田园中去，他的诗歌是其田园生活的写照，文学与田园的初次结合，为后代士人留下的是诗意的归隐生活状态，后代士人的归隐大多数就是建立在对此的幻想上，实际上寻找的是心灵的归宿。

归隐式的心灵归宿是静态的、宁静的，与动态的追求状态是恰当的互补。在当代社会，随着科技的飞速进步，人类的生活节奏也在不断地加快，困境也越来越多。当大学生步入社会并面对各种问题时，拥有正确的价值导向可以让他们保持定力。而传统文化中的归隐心态可以让他们的脚步慢下来，冷静下来，形成静观的心态。

中国传统文化博大精深，其中优秀的部分符合新时代的发展要求，是中国特色社会主义建设中需要的美德。这些美德既有来自儒家文化的，又有来自道家文化的。习近平总书记说："一个不记得来路的民族，是没有出路的民族。"历史需要我们铭记，传统思想文化承载着历史的精神，高校学生的传统思想文化教育应该成为思想政治教育的重要阵地。

新时代大学生劳动教育现状及实现路径

刘　平

（重庆工商大学文学与新闻学院　重庆　400067）

摘要：劳动教育是贯彻党的教育方针、培养新时代全面发展人才的根本出发点，但是部分高校对劳动教育内涵认识缺位、实践定位不准和校园氛围缺失，导致大学生在劳动价值取向、劳动态度、劳动能力方面出现了偏差。把握新时代大学生劳动教育的现状、成因并进行实现路径探讨，能进一步提高新时代大学生劳动教育的针对性和实效性。

关键词：新时代；大学生；劳动教育

2018 年 9 月 10 日，习近平总书记在全国教育大会上首次提出党的教育方针是“培养德智体美劳全面发展的社会主义建设者和接班人”，明确了新时代中国特色社会主义劳动教育的价值遵循。党的十九届四中全会会议指出，中华民族要实现伟大复兴，国家治理体系和治理能力要实现现代化，必须通过勤于劳动、善于劳动的高素质劳动者来实现。2020 年 3 月 20 日，《中共中央国务院关于全面加强新时代大中小学劳动教育的意见》发布，这是中华人民共和国成立以来，国家首次对大中小学劳动教育进行顶层设计和系统部署，充分体现了党和政府对大中小学劳动教育的高度重视，是深入贯彻习近平新时代中国特色社会主义思想，落实党的十九大和十九届二中、三中、四中全会精神以及全国教育大会精神，构建德智体美劳全面发展教育体系的重大举措。劳动教育不仅是培养和提升社会主义建设者劳动觉悟和劳动技能的关键环节，而且是贯彻党的教育方针、培养新时代全面发展人才的根本出发点，也是新时代中国特色社会主义事业发展的客观需要。

高校要实现立德树人的根本任务，就要通过劳动教育提升大学生劳动素养，培养他们成为德智体美劳全面发展的社会主义建设者和接班人。当前，新时代大学生劳动教育的时效性不高，本文从大学生劳动教育现状入手，探讨高校层面成因，并提出新时代劳动教育的实现路径，以期为当前大学生劳动教育实践开展提出针对性建议。

一、新时代大学生劳动教育现状

虽然党和国家对劳动教育越来越重视，但是当前中国大学生劳动教育时效性不高，大学生在劳动价值取向、劳动态度、劳动能力方面出现了偏差。这一问题具体表现在以下三个方面：

（一）劳动价值取向功利化

改革开放以来，市场经济改革步入深水区，社会发生了深刻的变化，当代大学生的劳动价值取向也出现了一些功利化倾向。一部分学生将劳动结果直接与物质报酬挂钩，参与劳动的积极性往往和物质报酬呈正相关，这种导向直接影响了大学生勤工俭学的参与效果，也直接影响了大学生的择业观。调查表明，57.84%的大学生对于物质报酬较为看中，认为劳动的对等结果应该是物质报酬，缺少物质报酬的激励，就降低了劳动的主动性和积极性。当被问及“毕业后选择工作的标准”时，65.83%的受访者将“薪酬福利”作为首要考虑因素，仅有19.08%的受访者表示在择业时“首先考虑国家与社会的需要”。在求职择业时，大学生开始从强调人生价值的实现转向追求个人利益最大化。大学生的劳动价值取向出现了现实大于理想，个人利益位于集体利益之上，眼前利益优于长远利益，由“义”向“利”倾斜，先讲享受再讲贡献，劳动价值观取向功利化现象日益明显。

（二）劳动态度消极化

受传统文化“劳心者治人，劳力者治于人”影响，大学生们往往将劳心与劳力形成绝对的二元对立。部分大学生对劳动的理解有偏差，没有认识到劳动是人的基本需要和基本生活方式，没有意识到劳动对身心养成的功效，片面地认为劳动占据了学习时间，增加了学习负担，进而排斥劳动、不想劳动、不愿劳动。一些大学生消极的劳动态度，具体表现为：对于工作和学习任务应付了事；更有部分大学生崇尚不劳而获等。因没有正确的劳动态度，大学生在学习上就会出现抄袭、旷课、不参加集体活动、沉迷网络等不良行为；在毕业求职时，大学生就会出现缺乏积极的劳动态度与实践勇气，形成挑肥拣瘦、好高骛远、不切实际的择业观。

（三）劳动能力削弱化

高校后勤社会化的推进、高校基础设施建设的升级，客观上为当代大学生专心学习营造了良好的环境，但同时也助长了部分大学生的惰性。学生们到食堂吃饭普遍使用餐盘，不用自己清洁餐具；大学校园的公共区域清洁工作有专门的保洁工人承担，他们不再以班级为单位进行公共区域打扫劳动；有些学生甚至不愿步行到就近的食堂就餐，直接让外卖人员将食物送到宿舍楼下；内务卫生整理不积极，轮流打扫、抽签打扫内务，甚至直接拒绝打扫。新闻报道上还出现过大学生因为生活自理能力差而主动退学的案例。这些现象反映出部分大学生缺乏基本的劳动意识，没有养成良好的劳动习惯，生活自理能力较差。

二、新时代大学生劳动教育现状成因分析

（一）劳动教育内涵认识缺位

劳动教育是培养高素质人才的必要途径，是集德、智、体、美、劳于一体的综合性素

质教育活动。苏霍姆林斯基认为，缺乏劳动教育的教育就称不上是真正的教育，劳动教育的一项重要任务，就是“激发学生主动积极地运用自己的脑力、体力和创造力去认识、改造自然和世界，从而丰富自己的物质和精神生活，更好地认识自己和促进人类社会向前发展”。教育大学生能够辩证地看待劳动，能够以创造性态度对待劳动，这是高校劳动教育的“应有之义”。但是，许多高校教师和管理者对劳动教育这一内涵存在认识上的缺位，劳动教育更多地被作为口号标签，而缺乏实际内容。以高校专业人才培养方案为例，虽然大多数高校将“劳动教育”纳入人才培养目标定位中，但是在人才培养的知识、能力和素质要求中，却缺乏劳动教育的相关内容，因此劳动教育也就没有了相应的课程体系与教学内容作为支撑。

（二）劳动教育实践定位不准

高校的劳动教育是以实践活动为依托的教育活动，在实践活动中，大学生逐步形成和养成自己的劳动观念和劳动情操。在德、智、体、美、劳“五育”中，核心是德育，基础是劳育，“劳动在大学生思政教育中正充当起这样一个行之有效的载体角色，从劳动这个载体和切入点出发才会让我们的思政教育走出说教式的樊笼”。但是，大多数高校的劳动教育实践定位不准，没有真正意识到劳动教育对于立德树人的意义，主要体现为劳动教育实践的价值取向偏差和异化。目前，高校劳动教育实践形式主要是义务劳动、学分劳动和勤工助学。大学生义务劳动属于公益性活动，但是由于缺乏引导，此类活动更多地沦为“拉横幅、竖旗子、摆造型”的作秀，缺乏实际效果；学分劳动以培养学生的劳动技能和创新精神为目的，在人才培养方案中以“素质拓展课程”实现，但是由于定位不准，此类课程沦为“送学分”的课程，缺乏实际意义；勤工助学作为资助贫困学生的一种重要形式，其主要是以获取一定的报酬为目的，并非真正意义上的劳动教育。

（三）劳动教育的校园文化氛围缺失

劳动教育的校园文化氛围包括学校的制度文化或者规范文化、学校的精神文化和学校的行为文化。基于劳动教育的视角，制度文化或者规范文化主要包括推进劳动教育的管理制度或者政策措施，这是对于大学生劳动教育的刚性规定，例如劳动教育的学时、学分、管理、考核等。目前，一般高校都还缺失这方面的具体制度。精神文化主要是指劳动观念、劳动态度、劳动情感在校园文化中的体现，例如在校园文化标识、人文景观、舆论宣传等载体中的劳动教育元素。目前，一般高校都在加强立德树人的氛围中体现对劳动教育的一定程度的重视，但是还没有针对劳动教育的专项校园文化氛围进行营造。行为文化主要是指高校师生的生活方式、行为方式及其基础上形成的劳动习惯，对于劳动教育具有“潜移默化”的效果。但是随着高校服务业的快速发展，本属于师生劳动范畴内的事务逐渐被“购买服务”代替。制度缺席，精神矮化，行为偏颇，高校劳动教育的氛围就这样被逐渐淡化。

三、新时代高校劳动教育的实现

坚持“五育并举”，实现劳动育人，以劳动教育重塑大学生活，已经成为新时代高校落实“立德树人”根本任务的重要环节。因此高校要帮助大学生们树立正确的劳动价值观念，坚定理论自信和文化自信，又要通过劳动实践的熔炉，在增强大学生劳动体力和劳动能力的同时进一步加强其对社会主义劳动价值观、人生观、荣辱观的认同。

（一）引导当代大学生树立正确劳动观念，明确价值判断

高校的劳动教育要让大学生掌握马克思主义这一强大理论武器，深刻理解劳动对学生全面发展的重要作用。高校应该引导大学生形成正确的劳动观念，在为什么要崇尚劳动、尊重劳动的问题上端正立场，在什么样的人是光荣、崇高、伟大、美丽的等问题上明断是非。

从内容而言，在思想政治理论课课堂上，不能割裂拆分讲解马克思主义哲学、政治经济学和中国特色社会主义理论体系中分别的劳动概念以及劳动观念培养，而要讲解“劳动”概念在不同结构体系中的作用，贯通唯物史观这一整体性的世界观理论。讲清劳动及劳动者与经济结构、社会关系间的能动关系，理解劳动推动历史进步的作用，讲明踏实劳动对时代发展、民族复兴的重要意义，使大学生坚定成为社会主义劳动者的理想信念。帮助大学生理解并认同正确的劳动观念是社会主义文化建设的有机组成部分。在此基础上，结合优秀传统文化的丰厚遗产，依托鲜活生动的劳模事例，将革命文化、社会主义先进文化传承下去并发扬光大，在有效理性教化与唤起情感共鸣的基础上培育大学生深厚的劳动情怀和强烈的担当意识。

从方法而言，帮助大学生明确积极的价值观念，在劳动问题上分辨荣辱，也需从正向引导和抵御侵蚀两方面入手。当下，在大学生中，中华人民共和国成立以来所形成的崇尚劳动、尊重劳动的价值观念容易受到多种社会思潮的影响。一方面，历史虚无主义的思潮通过歪曲和否定革命史观中的基本判断与英模事迹，动摇“劳动创造历史、劳动人民创造历史”的基本原理；另一方面，消费主义、个人主义的思潮也通过对个人与集体、劳动与消费合理关系的颠覆来影响大学生们，使其在潜移默化中滋生轻视劳动、贬低劳动人民的错误观念。面对这些现实问题，我们需要在意识形态斗争中果敢“亮剑”；在择业问题上，我们应以“啃老”“月光”之类好逸恶劳、贪图享受的观念为斗争对象，以消费文化氛围中不恰当地抬高某些职业地位的思想倾向为斗争对象，使“劳动只有分工不同，没有贵贱之分”的择业观重回主流。

（二）提升大学生劳动能力，培养其创新思维

劳动教育不仅是如何看待劳动、对待劳动者的价值观塑造，而且需要注重将劳动精神内化于心、外化于行的社会主义劳动者培养全过程。努力学习科学文化知识，掌握过硬技能本领，不断突破创新，是大学生弘扬劳动精神、为投身祖国建设和时代发展所做的必要

准备。

将劳动教育纳入人才培养体系是新时代高校教育教学改革的重要任务。在人才培养体系中，培养方案是核心，应该按照劳动育人的要求改革专业人才培养方案。具体的方式是：在人才培养目标中明确将劳动教育作为重要组成部分，并体现在相应的人才培养规格中；按照劳动教育所要实现的知识、能力和素质要求，构建劳动教育的课程体系，设置适当的课时学分；结合高校的办学特色和地方社会实际，开设劳动教育通识课程，设置相应的理论教学与实践教学环节，并规定合理的考核评价方式。将劳动教育纳入专业人才培养体系，可以有效矫正矮化劳动教育价值的现象，促进劳动教育的实质化。

同时，劳动是创新的孵化器，是创造的基础石。作为引领时代发展方向的劳动储备力量，青年大学生还需要在劳动中发挥开拓精神和创新创造能力。因此，要在劳动教育中注入创新精神和创业意识，与此同时，要改变对创新创业活动的传统理解，不仅要将其理解为创新创业理论与实践的教育活动，而且要将其当成培育劳动观念、劳动态度和劳动习惯的素质提升过程。在具体对接过程中，劳动教育可以与学科竞赛和大学生创新创业训练计划，同步展开，要以培养创新创业意识为主；开展劳动教育课程教学，要以劳动教育为导向，推进创新创业教育。

（三）引导大学生积极参与实践，淬炼心智体质

思想的引领和能量的储备，最终要落实到脚踏实地的劳动实践中；而劳动实践一方面能够强健体格、健全心智、磨炼性情，另一方面能够反过来加深劳动者对积极劳动观、价值观的认同。因此，在大学生中弘扬劳动精神、加强劳动精神教育，同样需要引导大学生关注社会现实问题、身体力行参加社会劳动实践。

鉴于当前不少高校缺乏劳动技能实习和劳动体验实践的系统性培养机制，我们应当在实践体系中，充分利用校园的知识平台和教学实践基地，将劳动教育和劳动精神融入课程学习中，使他们在理论学习中攀登未知领域、在技能学习中获取过硬本领、在政治学习中形成积极观念、在历史学习中继承优秀传统、在文化学习中濡染先进事迹、在艺术学习中体验劳动之美。同时，在由校内劳动、校外实践、家务劳动所构成的实践体系中，应特别强调身体素质、心理健康、人格健全对于合格劳动者的重要性，并在体力、脑力劳动实践中设立综合素质的相关标准，以此不断完善德智体并重的现代劳动精神的价值导向。此外，还应重视学生在校期间参与校外社会实践的价值，把与劳动相关的社会热点问题作为一项重要的议题，引导学生带着问题深入劳动场所、接触劳动群众，深化对社会主义建设一线工作者劳动精神的感性认识；引导他们应用所学的劳动知识和劳动技能，在实践中总结提高、创新创造，促发择业思考；同时在此基础上拉近自身与劳动人民的情感距离，在观察体验劳动人民艰辛疾苦的过程中，树立以所知所学服务于劳动人民根本利益的理想信念。

高校各类课程与思政课建设的协同效应研究

赵晓曼

（重庆工商大学马克思主义学院　重庆　400067）

中共中央、国务院《关于进一步加强和改进大学生思想政治教育的意见》指出：“高等学校各门课程都具有育人功能，所有教师都负有育人职责……要深入发掘各类课程的思想政治教育资源，在传授专业知识过程中加强思想政治教育，使学生在学习科学文化知识过程中，自觉加强思想道德修养，提高政治觉悟。”高校各类课程与思政课同向同行，形成协同效应。2019 年 3 月 18 日，在学校思想政治理论课教师座谈会上，习近平总书记强调指出：“要坚持显性教育和隐性教育相统一，挖掘其他课程和教学方式中蕴含的思想政治教育资源，实现全员全程全方位育人。”

习近平总书记的讲话对我国高校思想政治工作提出了新的发展方向和新的发展要求。切实提升高校各类课程同思想政治理论课的协同效应，才能有效地解决好培养什么人、怎样培养人、为谁培养人这一根本问题。教育的本质属性决定了任何课程教学及其教育内容都应当履行其育人目标。高校应积极整合各类课程的思想政治教育资源，将思想政治教育融入各类课程教学过程和教学改革各环节、各方面，渗透到教学、科研和社会服务各个方面。构建起全面覆盖、类型丰富、层次递进、相互支撑的“思政课程+课程思政”的“大思政”课程体系，使各类课程与思政课同向同行，形成协同效应。

一、专业课程承载思政，思政寓于专业课程

在十三届全国人大一次会议的记者会上，教育部部长陈宝生表示，不能把思想政治课和专业课割裂开来，不能把思政课脱离学生具体的成长环境和过程拔高起来。高校课程体系中的各类课程均体现着它独特的价值意涵，担负着育人的功能与职责。

（一）专业课巧做加法，让专业课飘出思政味

尽管现代高等教育分具体专业、具体课程，但每一个专业、课程的背后其实都渗透着

精神品质和价值观教育，只有当课程体系中的各门课程主动发挥协同、共进的作用，才能确保育人目标的实现①。大学生精神境界的提升、文化涵养的培育、意志品格的练就、政治素养的形成都离不开高校开设的诸多课程，绝非只靠思想政治理论课或者单纯的专业课教学就能解决的。

高校应全力促进思政课程与专业课程有机结合、同向同行。在尊重课程内容安排的前提下，寻找合适的切入点，将“思政”元素自然地融入专业课的教学中，达到润物细无声的效果。上海各高校（如复旦大学）通过示范课展示，推动课程思政建设，破解思政课和专业课教学之间的“两张皮”现象；让专业课程承载思政，思政寓于专业课程。这些积极的改变得益于全国高校思想政治工作会议召开以来，上海市加快推进由“思政课程”走向“课程思政”的教育教学改革，全面铺开“课程思政”建设。各高校通过深度挖掘所有课程的思政教育资源，近两年来形成了以思政必修课为核心、60 多门“中国系列”思政选修课为骨干、500 门综合素养课为支撑、1 000 余门专业课为辐射的“课程思政”同心圆。将“思政元素”融入课堂教学之中，不仅让“知识传授、技能培养与价值引领有机结合”，也让高校课堂绽放出更多精彩，形成了不少“叫好又叫座”的网红课。

（二）搭建专业课教师与思政课教师协同育人平台

专业课教师和思政课教师是高校教书育人、立德树人两支重要的教育力量。但长期以来，两支队伍缺少沟通、各自作战，更谈不上协同、配合。因此，增强专业课教师授课中的思想政治教育意识，明确其责任和义务，推动专业课教师自觉地参与到思想政治教学中，形成同心同向的发展合力是一项长期而艰巨的任务。

（1）增强专业课教师协同育人意识，以及协同育人的责任感和使命感。习近平总书记在学校思想政治理论课教师座谈会上谈到思想政治理论课改革创新要坚持“八个统一”，这既是对思政课教师的要求，更是对全体教职员工的统一要求。专业课教师与思政工作者都要不断提高自身工作水平，因事而化、因时而进、因势而新。大学生专业课学习时间占整个大学阶段的 80%以上，专业课教师发挥着不可或缺、不可替代的育人作用。专业课教师应在教学过程中始终贯穿着全员、全程、全方位的育人原则，做到以德立身、以德立学、以德施教，坚持言传和身教相统一，把思想政治教育当作课堂之魂。专业课教师要跳出本专业学科教学的局限性，以全局观、大局观、全人观摆脱专业发展的思想局限性，积极主动寻求可以与思政教学产生协同效应的教育要素。在重视学生专业素养提升的同时，更要注重学生思想政治素质、综合能力的提升，培养专业素质强、思想素质高、实践能力强的时代新人。

（2）思想政治理论课教师与专业课教师互进课堂、互相学习，共同进步。要鼓励专业课教师进入思政课堂，也要鼓励思政课教师进入专业课课堂，着力形成专业课与思政课程同向同行的协同效应，实现思政课教师与专业课教师的协同教学、协同育人机制。高校也

① 石丽艳. 关于构建高校课程思政协同育人机制的思考［J］. 学校党建与思想教育（高教版），2018（10）：41-43.

应将课程思政教学协同机制建设纳入教学的日常管理中，组织专业课教师、思政课教师进行相关的教育培训，建立相应评价机制，提高教师们对课程思政的认识。在发挥各类课程协同效应的过程中，教师们不再生搬硬套地做到课程加思政，开始主动挖掘课程中的思政元素。实现各育人主体的优势互补、互相协作，各类课程的同向相行，把正确价值引领、共同理想信念塑造作为社会主义大学课堂的鲜亮底色，真正做到各类各门课程都“守好一段渠、种好责任田、协同育好人”。

二、“思政课程+课程思政”，构建“大思政”协同育人格局

在注重专业课和思政课协同建设的同时，还应着力于“大思政”格局下的“课程思政”建设，促进其他各类课程与思政课的协同。大学生思想政治教育从来就不是孤立存在的，在发挥思政课思想引领、实践育人作用的同时，也要发挥好利用好心理健康教育、就业指导、党团课及通识课等“大思政”课程协同育人的积极作用。这样才能构建“大思政”协同育人格局，使思政课程与非思政课程同向同行，形成互促互进的协同育人效应。

（一）以人为本，实现心理健康教育与思政课程的协同

苏联教育家苏霍姆林斯基说过：“没有心理上的修养，体力的、道德的、审美的修养就不可想象。”健康的心理使学生更易接受正确的三观，并将其内化为自己的信念和行动。心理健康教育是高校思想政治工作的重要内容，无论是从理论还是从实践来看，心理健康教育与思想政治教育都是改造人的主观世界，塑造人的精神世界，促进个人与社会全面发展的活动，二者之间有着密切的联系。心理健康教育在大学生思想政治教育中起着不可替代的作用。目前我国大学生心理健康教育和思想政治教学还没有形成一套完整的体系，两者在协同的过程中存在许多问题和困难，但二者的协同育人不仅是一种可能，而且是不断发展和完善大学生思想政治教育工作的必然选择。

坚持以人为本，就是要从学生的实际情况出发，尊重学生的主体地位和个性需求，尊重学生从大一到大四不同阶段的成长发展规律，制定跨年级延续的心理健康教育和实践教学方案。在进行思想政治教育时，应恰当引入与大学生心理相融合的教育元素，通过巧妙的教学设计、融洽的课堂氛围、高尚的人格魅力等心理健康教育方面的环境设计，直接或间接地对大学生心理和思想产生影响。反之，将心理健康知识融入思政教学中，使思想政治教育更贴近学生实际，满足大学生的思想追求和心理需求。以心理咨询中心为依托，构建心理健康教育立体网络，开设实践课程和心理指导课程，开展形式多样的心理咨询与辅导、心理健康教育活动等，建立大学生心理档案，做好大学生心理教育和思政教学的工作。

（二）培养大学生就业能力，实现就业指导课与思政课的协同

就业是民生之本。促进就业应是高校各学科教学的目的之一。思政课在培养大学生的就业素养方面发挥着不可替代的作用，但是当前高校思政课与大学生就业素养培养存在各

行其是的现象，影响了学生参与思政教学课程的积极性，阻碍了学生就业能力的提升。思政课教学在提升大学生能力方面还存在不足，如实践操作性不密切、与大学生思想特点及社会形势结合不密切、教学内容滞后、方法单一缺乏创新等，思政教学要与就业指导课协同起来，进行有针对性的改善，从而使思政课为学生提供更多更实用的知识，在提高学生思想觉悟的同时，提高其就业素养，使其适应社会发展的需求。高校要充分重视思政课教学，这关系着学生思想道德的建设，更关系着每位高校毕业生未来的就业。只有把高校思政课教学与大学生就业指导协同起来，实现二者之间的良性互动，才能够真正地培养出更多优秀的高素质人才。

另外，高校里党团课、军事训练、通识课等综合素质类课程，是许多高校进行思想政治教育、国防教育和实施人才强国战略的主要途径，和思政课一起发挥着协同育人的重要作用。除了这些第一课堂外，第二、第三课堂的各种社团活动、志愿服务、公益活动、社会实践等与思政课教学效果也相互影响、相互促进。思政教育应该立足“大思政”格局，把立德树人作为中心环节，推进全员全程全方位协同育人，采取多种形式、多种方法、多种途径开展思想政治教学，努力开创我国高等教育事业发展新局面，培养有理想、有本领、有担当的新时代大学生。

三、统筹协调，完善全方位一体化“大思政”协同育人体系

大学生思想政治教育教学是一项相对复杂的系统工程，高校各类课程要与思政课协同建设，离不开高校各职能部门、院系的互融互通、保驾护航。要推动建立党委统一领导、党政齐抓共管、教务部门牵头、相关部门协同联动、院系落实推进、全员协同参与的工作格局。

首先，高校领导层应该高度重视。高校应成立校党委领导牵头的思政课建设领导小组，由学校党委书记、校长担任组长，聚集“散落”在不同学科、不同课堂、不同部门的优质思政资源和元素，组织力量对遵循“三大规律”、引导“四个正确认识”等进行深化研究，并在此基础上积极探索通过第一课堂变革以及第二、第三课堂协同实现思想政治理论课的创新发展。领导干部应该带头走进课堂、走上讲台，带头推动“思政课堂+课堂思政”教学。各职能部门、各院系相互配合，宣传处、人事处、教务处、图书馆、马克思主义学院等机构共同建设，将教书育人、管理育人、服务育人结合起来，将全员协同育人、全过程协同育人落实到具体的管理活动、教学活动、社会实践中。

其次，高校应该给予相关政策支持。高校各类课程与思政课协同建设发展是高校教学工作和思想政治工作不可逆转的趋势。高校要细化学校各职能部门的具体工作任务，协助开展相关教学活动。结合学校自身的特点和人才培养目标，将思政课教学纳入学校各专业的人才培养方案中。课程思政建设重在思政，如果课程资源没有思政教育内容、功能，课程教学就会迷失方向和失去灵魂。各职能部门、院系应多与马克思主义学院沟通协调，努

力实现思政课教学与大学生专业课教学、综合素养课教学和实践活动的融合，确保各门课程“同向向行、协同育人”的理念和举措真正落到实处。

最后，高校要完善好、落实好“课程思政”协同机制的考评。对高校各类课程与思政课协同建设的考评，是“课堂思政”实施效果的最终检验，同时考评又对课程思政的改进起着重要的推动和导向作用。长期以来，高等教育中的“重课内、轻课外，重专业、轻思政”的现象没能得到根本的改变。这导致课程思政在考评机制方面始终不健全，缺乏对高校领导和职能部门的相关考评，缺乏对老师协同教学工作的相关考评，考评内容、标准不全面、不科学。学校管理层和有关教育行政主管部门应该积极完善、健全专业教学与思想政治教育并重的“大思政”教学考评机制，把课程思政建设成效纳入“双一流”建设评价、本科教学评估、“双高计划”评价等，构建多维度的课程思政评价体系。

高校思想政治课教学评价机制改革研究

秦筱萌

（重庆工商大学马克思主义学院　重庆　400067）

所谓教学，是指教师传授和学生学习的共同活动。课程教学评价则是在课程教学活动过程中，根据专门的教学目标、科学的评价标准、特定的技术手段，对课程教学过程及结果进行测度并给予价值判断的行为和过程。高校思想政治课（以下简称“思政课”）教学评价，既具备一般课程教学评价的普遍规律和原理，又因其学科特点而与其他课程评价有不同之处。目前高校思政课教学评价在某些方面还存在一些问题和不足，因此笔者试图从宏观的角度，以及从提高高校思政课教学评价的完整性和科学性的角度来探索高校思政课教学评价机制的完善和改进措施。

一、思政课教学评价机制内容

（一）思政课教学评价机制内涵

机制，“又称机理，本来是机械学上的概念，意指机器的内部构造、运转过程中各零部件之间的相互关系及工作原理，现已广泛应用于各学科的研究。在自然科学领域中，机制的含义引申为事物或自然现象的作用原理、作用过程及其功能。在社会科学领域中，机制用以表示社会的政治、经济、文化活动各要素之间的相互关系、运行过程及其形成的综合效应或社会组织、机构的内部结构及运行原理”①。从中我们可以看出，机制包含了各个组成要素及各要素之间的结构关系和运行方式。思政课教学评价机制就是指，在思政课教学评价过程中各构成要素及其内在联系和运行规律。

（二）思政课教学评价机制构成要素

根据思政课教学活动所涉及的各环节，思政课教学评价要素包括教学评价主体与客体、教学评价目标、教学评价指标和内容体系及教学评价运行几个主要方面。

（1）思政课教学评价主体与客体。教学是教师传授和学生学习的共同活动，因此，思

① 邱伟光，张耀灿. 思想政治教育学原理［M］. 北京：高等教育出版社，1999：205.

政课教学评价应该包含对教师“教”的评价和对学生“学”的评价。一方面，在对教师“教”的评价中，教师就是评价对象，即客体，而评价主体不仅包括直接参与教学活动的学生，而且包括为促进教学活动高水平开展的督导专家组成员、同行和保障教学活动正常开展的学校相关管理工作人员。同时，教师自己也应该是评价主体。另一方面，在对学生“学”的评价中，学生就是评价对象，即客体，作为直接参与教学活动的教师就是评价主体。同时，学生自己也是自己学习的评价主体。思政课的学习不仅是知识的学习，而且包括正确的世界观、人生观、价值观的形成。思政课教学效果涉及学生学习和生活的诸多方面。因此，与学生和学习生活密切相关的管理工作人员也应纳入评价主体。

（2）思政课教学评价目标。关于思政课教学评价目标，学界有很多观点，其中大量观点集中在“以评促教”，希望通过教学评价，提高教师的教学水平。教师教学水平的提高和教学效果的增强，必定会对学生学习产生很好的促进作用，但是仍然不能代替“以评促学”这一目标。教学活动作为教师“教”和学生“学”的共同活动，其终极目标依然是为培养合格的人才服务，通过“以评促教”最终实现“以评促学”的思政课教学评价目标。

（3）思政课教学评价指标和内容体系。思政课教学评价指标是指为实现思政课教学评价目标而设置的具体教学评价标准参数，而教学评价内容体系则是在这些标准的框架内进行的具体内容描述及在此基础上建立起来的一套系统的评价方案。从前述教学评价主体与客体和评价目标分析中我们可以得出，思政课教学评价指标应包括教师的“教”、学生的“学”。教师的“教”这一评价指标的内容主要包括教师的理论素养、个人品格、教学组织能力，教学技能、教学效果等方面。学生的“学”这一评价指标的内容主要包括学习态度、学习能力、分析解决实际问题的能力、学习效果等方面。

（4）思政课教学评价运行。思政课教学评价运行是指在教学评价目标指引下，制定教学评价的指标和内容体系，采用一定的教学评价方法，并采取专门的程序步骤保证其顺利实施的动态执行过程。

以上四个要素构成了思政课教学评价机制的有机整体，它们相互联系、相互影响。每个要素的存在状态以及相互之间发挥的影响力，都影响着思政课教学评价机制的整体状况。

二、传统思政课教学评价机制特点及存在的问题

（一）教学评价主客体相对比较固定，忽视教学评价客体的自主性特点

在教师“教”的评价中，重视学生、督导专家、同行的教学评价主体地位，忽视教师自评。在学生“学”的评价中，重视教师的教学评价主体地位，忽视学生自评。

（二）教学评价目标比较单一

如前所述，思政课教学评价目标应该包括“以评促教”和“以评促学”两方面的目

标。但是传统思政课教学评价目标比较单一，注重“以评促教”，将教学评价的目标锁定在提高教师教学水平、教学能力和教学效果上。教学评价的目标单一，导致即便很多学校开展了评学活动，但是最终流于形式，没有真正将评价内容整合到思政课教学评价中去。因此，传统的教学评价更多是对教师的评价，而不是对课程教学的完整、科学的评价。

（三）教学评价指标和内容体系相对成熟，但是仍存在一些问题

（1）重视重点评价，忽视全面评价。在实际的思政课教学评价中，一方面，高校大多采用对教师的“教”的评价来代替课程教学评价，甚至仅仅用学生对教师课堂讲授情况的评分来代表思政课教学评价。更有不少学校在评价指标和内容体系中，将学生对课程的满意度与对教师的满意度捆绑在一起。影响学生对课程满意程度的因素，绝不仅仅是教师的“教”，学生自身的学习状况和效果、教学运行管理部门提供的管理和服务情况等都会对学生的课程满意度产生重要影响。然而实际操作中，一些学校仅仅抓住了某一重点，并没有进行综合评价，从而造成思政课教学评价的不完整。另一方面，虽然部分学校有对学生的“学”的评价，但是仅仅在形式上进行了评价活动，且其在思政课教学综合评价中所占的权重非常小，甚至并没有计入思政课教学综合评价中。

（2）重视定量评价，忽视定性评价。思政课课程的思想性非常强，不仅需要学生掌握知识，还需要使学生树立正确的世界观、人生观、价值观，定性评价可以运用思辨方式对评价对象进行综合分析和有针对性的描述。在实际操作中，定性评价的主观性让人们质疑定性评价的科学性，因此很多学校基本上就采用定量评价。虽然一些学校设置了定性评价的环节，但是其权重也很小，甚至最终的评价结果里面并不包含定性评价。

（3）重视静态评价，忽视动态评价。静态评价是指在一个相对稳定的时间对评价对象进行评价。动态评价是指把评价对象置于思政课教学全过程中去进行评价。目前的思政课教学评价以静态评价为主，比如学生对教师的“教”的评价；在课程结束后，学校督导专家对教师的“教”的评价通常是随机抽查听课，这类评价往往关注评价当时评价对象的状况。

（4）重视各学科教学评价共性，忽视思政课课程性质特点。各学科教学活动有其共性的地方，但思政课必定有其独特的地方。但是，一些高校在实际操作中往往不分学科性质、不分课程性质，全部按照一个标准进行教学评价。

（5）重视学生对教师“教”的评价，忽视学生学科背景及年级等因素。学生学科背景差异，会影响其对思政课教学的评价。根据笔者至少对十个学期的学生评教观察，同一门课程、同样的评价规则体系和同一个任课老师，艺术类和理工科类学生的评教分数普遍低于经管文类学生的评价分数。通常，低年级学生的评教心理状态与高年级学生评教心理状态也有一定差别。学术界不少研究发现，高年级学生的评分普遍比低年级学生的评分高。

（四）教学评价运行整体顺畅，但也存在一些细节问题

一方面，有固定的评价运行程序和步骤。在学生评教方面，学校会在固定的时间内发

布教学评价任务，动员学生参与教学评价，并将其作为学业的一部分强制性义务。在督导专家听课方面，也有相应的文件要求具体的到堂听课实施细则。另一方面，仍然暴露出一些程序规范性问题。首先，若干教学评价指标、内容体系、实施细则的制定并未采取相关人员听证或者其他意见征集方式，而仅仅靠教学管理部门工作人员进行制定。其次，公布的教学评价指标和内容体系事前很少经历公示环节，在运行过程中也很少听取有关方的意见和建议。最后，评价结果公布后，缺乏各方信息反馈和沟通机制，甚至缺乏评价对象的申诉机制，在面对有争议的评价结果时，并没有专门关于教学评价的申诉制度保障。因此，各方从各自的角度出发解读评价结果，而不加强沟通交流，无论是“促教”还是“促学”的评价目标都达不到预期的效果。

三、思政课教学评价机制改革初探

针对上述对思政课教学评价机制内容、特点及问题的分析，笔者在此做出如下的改革完善建议。

（一）充分重视思政课教学评价主客体多元性特征和提高评价主体综合能力

（1）充分重视教学评价主客体多元性特征。在对教师的“教”进行评价时，重视教师自评，通过合理的指标和内容设置、权重设置以及最终各主体的评价结论来综合判断教师的“教”。毕竟教师对自己的整体教学情况是有发言权的。同样，在对学生的“学”进行评价时，既应当调动教师和与学生学习生活密切相关的管理工作人员评价主体力量，又要调动学生本人。为提高自评结果的科学性，学校需要科学完善指标和内容的设计。

（2）提高评价主体道德素质。良好的道德修养是评价主体在评价活动中应该具备的基本素养。在对他人的评价中，教师不能因为与学生在某些观点上有分歧就全盘否定学生，学生也不能因为教师在教学管理中的严格要求、批评或者观点不一致而进行报复性评价，督导专家和同行也不能因为某些人情关系或者利益关系而失去评判的公正性。在对自己的评价中，也应充分做到实事求是，对自己做出尽可能客观的评价。主体评价素质的提高除了各方自身努力，还需要学校进行正确的宣传和引导。例如，在学生评价时，告知学生本人给教师的评价不会被教师看到，这样做的原因是：让学生没有顾虑地评价，但是过度提示也容易造成“我随便怎么说也不会有人知道是我评的”这样的错误信号。因此，在评价之前的提示应既强调保密性，又强调责任性，告知评价主体他做出的行为对下一步教学的影响，进而引起评价主体积极的回应。

（3）提高评价主体专业能力。这里的专业能力主要是指评价主体具备的教学活动认知能力和专业水平。正确的认知和基本的专业水平，有助于评价主体形成客观合理的评价。思政课是针对全体大学生的公共必修课，然而学生的专业背景是各不相同的，学生对课程的认知水平也是有差异的，甚至有些学生在接触这门课之前已经有了很多先入为主的评判，在情感上带有一定的偏见，这就更加需要对学生进行正确的课程引导，纠正偏见，修正认知偏差，尽可能引导他们客观评价思政课教学活动。同时，对于因缺课率高而无法对教师的“教”做出科学评价的同学，应当取消其评价资格。督导专家在评价时需要跟其他专业课程评价相区别开来，立足于思政课的学科特点，对思政课教学活动采取专门的评价。对于同行而言，则遵循学习优秀、帮助不足、共同进步的原则，做出专业公正评价。在对学生学习的评价中，评价主体也应实事求是地根据学生具体学习状况进行客观而专业的评价，而不应该带有某些学科专业或其他偏见。

（二）保证思政课教学评价目标的正确方向

充分认识思政课教学评价的根本目标。如前所述，思政课教学评价的目标包括“以评促教”和“以评促学”两个维度，“以评促教”既是阶段性目标，又是实现“以评促学”的重要手段，而“以评促学”则是教学评价的根本目标，即教学评价最终要达到实现学生学业进步的目的。所以我们应当改变教学评价的目的就是提高教师上课水平这种观念，真正认识到教学评价的目标是让学生学有所成。

（三）建立科学专业的思政课教学评价指标和内容体系

（1）重点评价与全面评价相结合。教学评价既有对教师的“教”的评价，又有对学生的“学”的评价。同时，对教学运行管理部门的“管理和服务”评价和学科专家组的“指导和帮助”等方面的评价也可以作为一部分评价指标纳入整体的思政课教学评价中去。

（2）定量评价与定性评价相结合。对于不仅需要学生掌握知识，还需要其树立正确“三观”的课程而言，必须将定量评价与定性评价相结合。对于教学双方的评价，都需要既有客观性数据化的分数评定，又有主观评价性评定，这样才更显科学、全面。

（3）静态评价与动态评价相结合。对思政课的教学评价，不仅仅是在一学期课程结束的时候进行，更多的是应该在整个教学活动开展过程中，可以按照教学各主题板块进行阶段性评价。这样就避免了到课程结束时，受到近因效应的影响对最近的教学情况做出评价而忽视了最初阶段的教学状况。动态评价的另一个好处就是阶段性的评价产生后，可以及时地进行沟通交流、交换信息，不断完善教学活动进而实现培养人才的目标。

（4）重视思政课课程性质特点，专门制定评价指标和内容。如前所述，思政课不同于其他课程性质，教师在课堂上不仅要传授知识，还要给学生讲解更多的科学理念；学生在课堂上不仅要学习知识，还需要形成正确的世界观、人生观、价值观，培养解决实际问题的能力。因此，思政课教学评价指标和内容应充分结合课程具体情况进行设计。

（5）充分考虑学生学科背景及年级等因素，力求做到指标内容和权重设计合理、科学。在教学评价指标和内容体系制定过程中，应当充分考虑到学生学科背景和年级等细节问题，根据专业和年级进行差异性设计，力求做到指标内容和权重设计合理科学。

（四）保障思政课教学评价科学规范运行

首先，重视整合多种教学评价方法。将静态评价与动态评价、定量评价与定性评价、重点评价与全面评价结合起来，共同服务于思政课教学评价运行进而提高教学评价机制运行效果。其次，重视对评价主体的动员与培训。例如在学生在进行教学评价之前，让学生认识到教学评价是他们的权利而不是为了完成任务的强制性义务。思想上的端正和高度重视，有利于行动上的积极配合。应该对进行相关培训，让学生具备基本的评价素质和能力，尽量避免因认知偏差而导致的误判对教学活动产生负面影响，保证教学评价结果的客观性。最后，若干教学评价指标和内容体系及实施细则的制定应该事先征集意见，广泛听取参评各方建议，在制定初稿后举行相关人员代表听证会。教学评价指标和内容体系等相关文件应该进行公示，重视听取有关方意见和建议并适时进行修订。在评价过程中，按照实施细则进行评价，保证透明公开。评价结果公布后，对于反馈的各种问题进行积极有效的沟通和解决。在面对有争议的评价结果时，设置专门的教学评价申诉制度。利用规范的程序保证教学评价机制科学高效运行。

总之，高校思想政治课教学评价机制是一个系统工程，合理、科学、高效的运行程序必定会促进思政课程的建设。虽然，思政课建设涉及方面广、细节复杂、操作难度大、在实际运行中存在不少问题和困难，但是我们仍然应该结合课程教学的特征和时代的发展要求对其不断进行改革创新，最终让思政课建设得越来越好。

参考文献：

[1] 邱伟光，张耀灿. 思想政治教育学原理［M］. 北京：高等教育出版社，1999.

[2] 骆郁廷. 高校思想政治理论课程论［M］. 武汉：武汉大学出版社，2006.

[3] 曲洪波，王晓旭. “以学评教” 模式的思政课教学质量评价探索［J］. 沈阳干部学刊，2016（6）：50-52.

[4] 钱树斌. 提高思政课学生评教工作质量对策研究［J］. 2013（3）：247-248.

[5] 周丽萍，孟凡. 论高校思想政治理论课学生评教体系特点及改革进路［J］. 湖北社会科学，2014（3）：180-184.

[6] 武晓玮. 关于高校思想政治理论课学生评教问题的调研报告：以山东某高校为例［J］. 改革与开放，2015（10）：3.

[7] 周继良，秦雍. 高校学生评教行为偏差基本类型及其与学生相关背景特征的关系［J］. 复旦教育论坛，2018（6）：65-73.

[8] 张评浒，魏海燕. 新时代高校课堂教学评价机制改进策略研究［J］. 中国教育信息化，2018（11）：45-47.

[9] 周琴，徐能雄，杨甘生，等 . 基于大学课堂教学特点的教学督导评教机制［J］. 中国地质教育，2018，27（3）：19-12.

[10] 陈浩，王晓芹，周克复. 高校教学质量评价体系中的同行评教探析［J］. 黑龙江教育（高教研究与评估），2019（5）：67-69.